叶梦尘在霍普金斯大学主校区

叶梦尘在霍普金斯医院
（霍普金斯大学医学院附属医院）门口

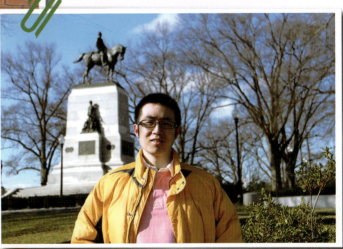

叶梦尘在霍普金斯大学所在城市巴尔的摩市中心

叶梦尘在霍普金斯大学医学院

叶梦尘在波士顿的瓦尔登湖

叶梦尘在美国首都华盛顿

叶梦尘在旧金山大桥上

叶梦尘在哈佛大学医学院

叶梦尘在圣地亚哥海边

叶梦尘在巴尔的摩港口

叶明与叶梦尘在波士顿（哈佛大学所在城市）的瓦尔登湖

孟燕与叶梦尘在旧金山

叶明、叶梦尘、孟燕在巴尔的摩（霍普金斯大学所在城市）

学会研究:享受科学生活

叶 明 著

东南大学出版社
SOUTHEAST UNIVERSITY PRESS

·南京·

图书在版编目(CIP)数据

学会研究:享受科学生活 / 叶明著. —南京：东南大学出版社,2019.11
ISBN 978-7-5641-8537-4

Ⅰ.学… Ⅱ.①叶… Ⅲ.①留学教育-概况-美国 Ⅳ.①G649.712.8

中国版本图书馆 CIP 数据核字(2019)第 192354 号

学会研究:享受科学生活　Xuehui Yanjiu:Xiangshou Kexue Shenghuo

著　　者	叶　明
出版发行	东南大学出版社
出 版 人	江建中
社　　址	南京市四牌楼2号
邮　　编	210096
网　　址	http://www.seupress.com
经　　销	全国各地新华书店
印　　刷	兴化印刷有限责任公司
开　　本	787 mm×1092 mm　1/16
印　　张	15
字　　数	336 千字
版　　次	2019 年 11 月第 1 版
印　　次	2019 年 11 月第 1 次印刷
书　　号	ISBN 978-7-5641-8537-4
定　　价	38.00 元

(本社图书若有印装质量问题,请直接与营销部联系。电话:025-83791830)

序言 Preface

  儿子在2010年8月赴美攻读博士学位到2017年8月通过博士课题结题报告,整整7年。在这期间,我一如既往秉承写作《学会学习:享受留学生活》时确立的宗旨,继续关注儿子海外的留学生活,理解儿子艰难的成长过程,同时开始认真研究美国科学教育体制,充分了解美国科学研究的运作机制,希望能像一位称职的老师那样,引导儿子的身心与学业的健康发展,起到提醒、监督和批评的作用。在向《傅雷家书》致敬的基础上,我陆续写作了约50篇家书,记录了儿子从一个青年学子成长为一位职业科学家的心路历程,从而构成了《学会学习:享受留学生活》的续集,就是本书《学会研究:享受科学生活》。

  说实在的,我一直处于战战兢兢、如履薄冰、诚惶诚恐、担惊受怕的状态:虽读过硕士,但没有读过博士;虽多次出过国,但没有在国外大学学习过;虽然是工科出身,但几乎不了解现代生物科学。这就需要诚恳虚心地从头学起,全面、深入地了解、理解美国的生活习惯与生活方式、美国大学的教学体制与运行机制、现代生物科学的研究范式与创新机理,否则,很难与儿子有一个可以平等对话,并对其激励引导的机会与基础。

  当然,没有留学经历,没有读博经历,我们也不必仰视我们的孩子,我们有我们的优势。我是恢复高考后的第一届本科生,后来又在中国科学院(以下简称"中科院")院士、南京工学院院长和江苏省社会科学院院长的门下攻读硕士学位,在科技政策领域从事过三十年的科学研究,有过在中国农村、工厂、科研所、高等学校的多重磨炼,有在教育学、管理学、经济学、哲学等学科教学与指导研究生的丰富经验,还是可以对儿子的健康成长提供有价值、有意义的引导、提醒、鼓励与指点。同时,还可以将从前辈学者那里学来的精粹,有选择地传授给我可爱的儿子。因此,本书主要讨论在美国一流研究型大学如何顺利攻读博士学位,具体可分为如何安全地生活在美国社会(生活篇)、如何在顶尖研究型大学完成严格的科学训练(学习篇)、如何在世界著名实验室从事高质量的学术研究(研究篇)三部分。此外,有侧重地选择儿子就读或工作过的两所大学的学长,特别是从中国赴美攻读博士学位的留学生,介绍他们在生活、学习、研究三方面的经历与经验,给儿子作为学习与借鉴的榜样(榜样篇)。全书的四篇紧紧围绕"学会研究"这一主线,着力展现"享受科学生活"的主旨。

"生活篇"主要讨论如何安全幸福地生活在美国社会。在顶尖研究型大学医学院攻读博士学位,首先遇到的严重问题就是美国顶尖医学院所处的社会环境通常是不安全的都市、治安较差的城市。所谓社会环境,是由文化价值观、规则、习俗和资源组成。根据美国社会学长期大量实证研究,以及我自己在美国顶尖医学院附近居住的直接体验,有一个基本判断:一个地区的治安状况与聚居人群的贫富状况有着密切关联。一般富人区的治安较好,而穷人区的治安较差。我们开始意识到自身的经济状况会影响到自身的安全:如果能住在富人区,则会比较安全;如果只能住在穷人区,就得忍受醉鬼骚扰甚至人身威胁等种种麻烦。一种可能的经济学与社会学的解释是:美国的社区治安管理是相对自治的,税收制度也是取之于社区,用之于社区。富人区能够提供更高的地产税,就有更多的经济资源支持安保工作,雇佣更多更好的安保人员;同时,富裕者相对更有教养、更有秩序感,能相对友好地处理人际关系,很少对他人造成伤害。穷人区的安保资源严重缺乏,治安相对混乱,形成了不负责任、法纪松弛的文化。物以类聚,人以群分。富人区与穷人区在同一城市或城镇的区隔现象,是日常生活需要面对的重要社会环境。人们会倾向于相信,富裕或者财务自由是秩序与安全的基础。居住的社区安不安全就看你在哪个阶层。阶层歧视与地域歧视紧紧相联。所有这些关于歧视的观点,对于出境观光或学术访问的人而言,是不太能体会与认知到的,而实际居住与仔细观察的人则不会回避和搁置这一问题。我们在霍普金斯大学①医学院与哈佛大学医学院附近居住过一段时间,更加深刻地体会到地域歧视与阶层歧视是一种客观的存在,无论你承认与否。租房或购房都应该尽可能选择治安状况良好的区域,安全至上是第一原则。留学美国,必须对美国的文化价值观、规则、习俗给予足够的尊重并遵守它们,否则就会出问题乃至造成人身伤害。

"学习篇"主要讨论如何在顶尖研究型大学完成 PhD 学业(课题论文研究,放在"研究篇"讨论)的基础阶段。首先,"学习篇"澄清了 PhD 的性质与要求。"PhD"是 Doctor of Philosophy 的缩写,一般译成哲学博士。目前,国际上绝大多数学科的最高学位都是 PhD,亦即博士学位。PhD 是学术学位,与 MD(医学博士)和 JD(法律博士)等专业学位有明显的区别。一般来说,PhD 和其他职业学位的本质区别就是:科研(research),不仅是现象的描述,而且应该透过现象"试图寻找"蕴含的机理,"试图解释"为什么这样、探讨现象背后的潜在原因。PhD 需要对现实问题的前提或基础做批判性的质疑。通过观察、实验或直觉对现实问题的前提或基础做批判性的质疑,大胆提出自己的科学假说,然后经过归纳与演绎、证明与反驳、分析与综合、分类与比较等逻辑与数学的方法,认真、严格地论证自己的科学假说,并将经过验证的结论逐步丰富与完善上升为科学理论,系统化、形式化后形成科学体系。感性直观、

---

① Johns Hopkins University 通常译为约翰·霍普金斯大学,而准确地应译为"约翰斯·霍普金斯大学",少一个"斯"是误译,本书以后直接简称"霍普金斯大学"。

知性分析、理性综合构成了PhD的思维脉络,三个环节、两度否定、终点向起点复归推动科学认识的发展与进步。PhD的研究工作有两个要求:一是试图完整掌握一个科研领域,二是试图在这个领域开创出新的理论。PhD的研究工作是以问题为导向,培养提出问题的习惯和能力。

其次,"学习篇"展示了霍普金斯大学医学院人类遗传学PhD项目的培养计划与实施过程,并详细说明如何做好每一个重要环节。在已有的几本书与文章中对美国研究型大学的理科博士培养大都是一般描述,基本上是介绍博士培养的几个要素或环节,缺乏个案研究与实证分析,所以,通常使人觉得语焉不详,不能作为"程序"实际"运行"。由于儿子入读的霍普金斯大学是美国第一所研究型大学,是美国第一所提供博士学位的大学;霍普金斯大学医学院又是美国最负盛名的顶尖医学院,因此,选择霍普金斯大学医学院人类遗传学项目作为研究对象具有典型意义与实用价值。在《博士培养的基本构架》中,从教学计划、学生来源与师资构成等方面,较为深入地讨论了人类遗传学专业博士项目,以期把握博士培养的基本构架。课程学习、实验室轮转、文献研读、课题研讨(seminar)、学术报告、暑期学校、综合考试等多个环节,构成一个相互支撑、有机协调的整体构架,为实施博士论文的选题、实验、写作、答辩等奠定扎实的基础。美国研究型大学的博士训练远比英国、加拿大、法国、中国等更强调课程学习,不仅必须有一定数量的课程(必修与选修),而且每门课程都是由多人讲授,每位教授只讲自己最擅长领域的核心知识与最新进展,而且都是以经典文献与最新文献作为授课的主要线索。这是一种真正的研究型学习。通过学术研讨会与报告会的平台,扩大学生的学术视野与研究兴趣,使其广泛涉猎本专业及其相关领域,这种涉猎同时又是较为深入的与新颖的。在这一过程中,训练学生的口头表达能力与论文写作能力。在理工科(尤其是实验性的理工学科)博士生的培养过程中,实验室轮转可能是最重要的,是真正学习、掌握科研方法和技巧的过程。实验室轮转是对博士生进行科研能力训练的途径,也是学生全面了解学科、进行师生互选的过程。轮转结束时学生根据自己的兴趣和通过轮转获得的感受选择自己感兴趣的课题。在选择和确定自己的研究兴趣之后,再去寻找能够指导和帮助你实现理想的指导教师。在《选谁做导师?》中,从学术背景(导师自身科学训练的厚度)、科研成就(导师团队已经达到的高度)、培养学生(指导博士成长具备的深度)等几个方面,在实验室轮转的指导教师中,评估选择谁来做导师相对合适。当然,选谁做导师,首要的是当事人的直接感受,主要是所选的导师要人品正派、性格宽厚,还有就是研究兴趣的匹配,等等;其次是听取实验室的师兄(姐)们的间接反映。

"研究篇"主要讨论如何在世界著名实验室从事高质量的学术研究,这是如何在顶尖研究型大学完成PhD学业的主导阶段。"研究篇"按照博士论文研究的基本程序展开,从论文选题、开题报告、科研札记、评审委员选择、参加会议、科研道德、年度检查、课题总结、论文发表、毕业答辩等各个环节逐一做了较为详细与深入的研讨。这一部分内容是本书的主体,文章不仅数量多，而且篇幅也大，基本可以分为紧密关联的四个层面。

首先，扎实走好科研的每一步骤。儿子入学的是霍普金斯大学医学院遗传医学研究所的人类遗传学的博士项目，但是，由于所选的导师是霍普金斯大学医学院神经科学系的神经科学项目上的导师，在客观上博士二年级以后就是转系、转专业了。所以，我就更加注意引导儿子要认真对待、扎实走好科研的每一步骤。当课题的选择处于"心灵探索的灰暗期"时，我强调坚持选题视角的独特性、选题内容的原创性、选题追求的挑战性等要求，从而实现美国顶尖大学神经科学/神经生物学专业的博士培养目标：把学生培养为有全面神经科学视野，并有某一方面特长的、可以独立工作的神经科学家。在论文开题这场"热身赛"中，主要是检验博士研究生的研究能力(主要包括：学术眼光、风险意识、实验能力)与研究纲领(构建的基本模式："深井"模式、"目录"模式、"地基"模式)。开题以后，每年有一次年度检查，是博士论文研究必须要过的众多关口之一，也是博士论文指导委员会严格把关博士论文的一项重要职责。在美国很多著名的研究型大学研究生院中，博士论文指导委员会也是博士论文评审委员会(Dissertation Reading Committee)，承担对该博士论文的全程指导与有效监督的任务，从开题报告开始，经过几次的年度检查，最终到论文答辩、审核批准毕业。在指导方面，其主要协助导师、弥补导师知识结构或研究经验的不足；在监督方面，监督导师的指导工作是否尽职尽责，监督博士候选人的课题研究是否全力以赴，通过监督可以很好地了解博士候选人及其导师的研究工作的质量与进度，把握他们各自对论文的贡献。

其次，拉大参加学术会议的附加价值。对于参加学术会议，从儿子第一次在罗得岛上聆听并做海报展示到应邀去香港做简短演讲(15分钟)并获得"优秀海报奖"的第一名(共45份墙报)，登上了国际科学交流的平台，这也是一个青年科学家逐步成长的过程。戈登研讨会与其他学术会议的最大区别就是研讨的主题十分集中，不是一个学科，而是一个研究领域，甚至仅仅是一个研究问题。与会者都是小同行，可以围绕会议主题展开多学科、多角度的深入、极富启发意义的自由讨论；可以通过充分展示自己的研究成果、主动了解同行的研究思路、积极寻求未来的合作伙伴等三个基本途径，拉大参加学术会议的附加价值。儿子的这项研究成果，得到了 NIH 与 HHMI 的资助，它是在两所大学的学术氛围中做出的，一个是霍普金斯大学医学院，一个是哈佛大学医学院(《在浓郁的学术氛围中》)。在 8 年期间(2008—2015 年)，哈佛大学医学院始终排在美国大学医学院的第一名，老大的地位一直没有被动摇过；霍普金斯大学医学院稳定排在美国大学医学院的前三名，虽然没有得过第一名，但第二名得过三次，第三名得过五次。在 8 年期间(2008—2015 年)，哈佛大学的神经科学/神经生物学专业排名第一名七次、第五名一次，稳居第一的地位，在最近一次下滑，但是整体综合第一的地位还是没有任何悬念。霍普金斯大学的神经科学/神经生物学专业稳定排在美国大学的前五名，第三名四次、第四名三次、第五名一次，总排名依然是第三名。还有很重要的是，在导师与多位师兄、师姐们十多年来该方向上共同努力的基础上，儿子初步推进并有所发现、有所进步,才取得了今天的成就。

再次,瞄准学术论文的质量标准。为了更深入准确定位儿子的学术论文究竟可以达到什么样的水平,在《美国一流大学大学理科博士究竟可以达到什么样的水平?》中,专门讨论了儿子所在的实验室,霍华德·休斯医学研究所、霍普金斯大学医学院神经科学系、哈佛大学医学院神经生物学系所隶属的,由美国人文与科学院院士、美国国家科学院院士大卫·金蒂(David D. Ginty)教授主持的实验室,仅仅选择该实验室培养出的中国留学生做具体的分析讨论,可以有参照性地分析该实验室培养博士的实际状况,研究了解博士论文需要达到的质量标准。自2001年毕业第一个中国籍博士研究生到2016年的15年里,金蒂实验室一共毕业了8位中国籍博士研究生,除1人是硕士研究生之外,其余7人都是中国大学的四年制的本科毕业生:北京大学(5人)(其中1人是中国科学院的硕士研究生)、清华大学(2人)的生物学专业,还有一位是香港科技大学生物化学专业。综合8位学生的情况,我们可以得出如下认识:杰出的学生可以发表一篇第一作者的CNS(IF:31—32)论文完成博士学业。黎莉诗(Lishi Li,2013年毕业)于2011年在《细胞》(*Cell*)发表一篇研究论文(research article)(第一作者,合作作者11人);刘音(Yin Liu,2013年毕业)于2012年在《科学》(*Science*)发表一篇研究论文(第一作者,合作作者8人);白玲(Ling Bai,2016年毕业)于2015年在《细胞》发表一篇研究论文(2人共同第一作者,合作作者9人)。优秀的学生可以发表一篇第一作者的本学科顶级刊物论文(IF:13—15),还有一二篇合作论文(研究论文或综述论文),方能完成博士学业,还能有机会获得国家优秀自费留学生奖学金。例如,郭霆(Ting Guo,2010年获奖者,2011年毕业)于2011年在《自然》子刊《自然—神经科学》(*Nature Neuroscience*)(IF:15.531)发表一篇研究论文(第一作者,合作作者6人);陈溪(Xi Chen,2005年获奖者,2006年毕业)于2005年在《神经元》(*Neuron*)(IF:14.304)发表一篇研究论文(第一作者,合作作者10人)。可能比较弱的是没有第一作者的研究论文而获得博士学位的黄斯奕(Siyi Huang,2013年毕业)。2015年,已经是哈佛大学医学院博士后的黄斯奕才将自己博士论文的研究成果发表在*eLife*(第一作者,合作作者5人,IF:9.322)。值得注意的是,该实验室的中国留学生尚未在《自然》(*Nature*)发表一篇第一作者的研究论文。

最后,提倡科研道德的严格遵守。早在1937年,美国科学社会学之父默顿就提出"科学的精神气质"中有一个基本准则:无私利性(Disinterestedness)。该准则要求科学家从事科学活动的唯一目的是发展科学知识,不应以科学谋取私利。因此,要求科学家不把从事科学研究视为带来荣誉、地位和金钱的敲门砖;提倡求知的热情、好奇心和对人类利益的无私关怀;认为对真理的爱甚于对研究的爱,谴责运用不正当手段以在科学竞争中压倒对手。从事科学研究的人就是追寻自然界(包括人类社会)的真理。在很大程度上,做科研真正的乐趣是在寻找自然世界真相的过程中得到乐趣。背离诚信将最终剥夺你可能从科学研究中得到的乐趣。青年科学家在任何实验室接受训练的时候,重要的一课就是学会如何记录和保存科研数据:将实验中获得的数据忠实地记录到记录簿上;将原始数据作为重要档案妥善保存,防止被窜改,防止被人带走或销毁。即便现在大多使用计算机记录数据,也要将数据以文件夹的方式长期保存备份,并在数据被记录成文件后同时自己备份或者发给实验室管理者。文件夹上标注获得这些数据的日期。总之,科研数据要遵循"永不改动,永不删除"的原则。三位30岁左右的日本、德国、美国青年科学家在科学研究的起步阶段就做出具有冲击诺贝尔奖的工作,但在实验数据的处理这一基本问题上是否背离科学的社会规范,其结果是冰火两重天!《青年科学家,且研且自重!》)在科学研究上,容不得半点虚假,尤其是开发临床应用的药物更是如此,人命关天,诚信和真实是不可逾越的底线。当一个事件发生以后,要判决这一事件属于科研不端行为必须符合以下三个条件:(1)该行为与科学界公认的、为保持科研记录真实性的准则有足够的差异;(2)该不端行为是有意识的,或是不顾后果地不在乎公认科学行为准则;(3)该行为是可被占优势的证据所证实的。任何科研不端行为都可能成为科学家学术生涯的污点,从而阻碍其进一步的发展。

"榜样篇"有侧重地选择儿子读博期间待过的两所大学的老师与学生,特别关注中国赴美留学的博士研究生,介绍他们在生活、学习、研究三方面的经历与经验,给儿子作为学习与借鉴的榜样。有本很有意思的科学集体传记《师从天才:一个科学王朝的崛起》,浓墨重彩地描述了美国国立卫生研究院和霍普金斯大学的著名科学家群体构筑的医学世界(生理学、药理学、神经学等),展现了师承链(香农→布罗迪→阿克塞尔罗德→斯奈德→珀特)在科学研究上如何一代代地传承研究风格,取得了一个个开创性的重大发现(抗疟新药、微粒体酶、阿片受体与成瘾机制等),并获得了一项项诺贝尔奖、拉斯克奖等重大奖项。整本书描写的是,学生在导师影响下成长为导师,然后又将学到的知识传给自己的学生。长此以往,科学研究的薪火——包括科研的能力、态度、风格——便代代相传。导师是强劲的发动机,是门徒崇拜与学习的榜样。门徒从导师那源源不断地得到前进的信心和精力,也热切地盼望某一天能像导师那样无所不能。他们相信,那样的目标是可以达到的,他们乐意为此不分白天黑夜在实验室度过。《师从天才:一个科学王朝的崛起》试图探讨并回答科学研究过程中普遍面临的几个问题:(1)我们应该做什么样的研究?(2)我们应该怎样做研究?(3)我们应该如何指导学生?《师从天才:一个科学王朝的崛起》用朴素平实的语言,记录了一群热爱科学并执着于此的著名科学家的科研生活,描述了一个科学王朝的崛起与科学风格传承的过程,探讨了科学与科学家的本质以及科学精神的核心。我们不仅对研究本身感兴趣,而且对搞研究的人和事也感兴趣。所以,在着重讨论科学研究(研究篇)的同时,有必要研究一下从事科学研究的人和事(榜样篇)。了解科学精英的人生经历,可以从中感受到他们令人炫目的工作和跌宕起伏的命运,感受到真正的科学精神。

"榜样篇"可以分为两个系列与两个群体。在"霍普精英"系列中,主要描述了从诺贝尔奖得主摩尔根、格雷德,到神经科学、医学遗传学学科的开创者斯奈德、马克库斯克,再到华裔杰出生命科学家蒲慕明及其学生宋洪军、明国莉夫妇，特别是详细描述了"从来没认真去想什么时候会得诺贝尔奖"的施一公的成长经历与学术成就。他们中既有霍普金斯大学自己培养的博士，如摩尔根、蒲慕明、施一公，又有多年在霍普金斯大学当老师的格雷德、斯奈德、马克库斯克、宋洪军、明国莉。在"哈佛精英"系列中，主要是刻画了在哈佛大学工作的科学家休伯尔、施扬、庄晓威、金蒂、何志刚等如何做出世界一流的、能写进教科书的科研成果，还有一位既是哈佛大学的博士，同时又长期在哈佛大学做老师的袁钧瑛，袁钧瑛与金蒂同为2017年当选的美国国家科学院院士。"榜样篇"还有两个群体，主要介绍了有华裔背景的麦克阿瑟奖得主与国家自费留学生奖得主，他们都是在各自领域（远超出了生物医学领域）取得杰出成就的学术精英，很值得今天的博士研究生好好学习。在探索自然奥秘的过程中，往往需要调动科学家的全部美德，不但要有高超的智慧，还要有勇气、坚韧、正直、谦逊等一系列品质，以及对人类生存状态的无限关怀和对科学真理发自内心的无比敬畏。也正是在探求自然奥秘的过程中，科学家磨砺了智识，锻炼了意志，升华了品格，在接触到自然奥秘真谛的那一刻，体验了人世间罕见的喜悦，同时成就了自己壮丽而美好的人生。

在享受科学的过程中，如果说"生活篇"是享受科学生活的潜在阶段，"学习篇"是享受科学生活的主导阶段，那么"研究篇"则是享受科学生活的自身显现，而"榜样篇"是将生活、学习、研究三个过程融为一体。

一个在黑暗中摸索、在学术道路上受过挫折，吃过无人指点的亏的父亲，天真地希望他的孩子能够免于无助的困苦，绕过暗礁陷阱地走好每一步，不为五斗米折腰，不为眼前的蝇头小利所迷惑。我的努力是希望儿子能够有一个幸福的人生，我的辛苦是期望他少走一点弯路。明明儿子面对的世界已是我们不甚了解的世界，却会担心他重蹈自己的覆辙；明明儿子拼命地渴望独立，却总会觉得孩子是无依无靠、孤立无援。我的努力与关心几乎用处不大，但只要有一点微薄的作用，我就心满意足了。这就是一个守旧的父亲的局限，也是对自己孩子的无限热爱。一切深爱，其实都不过是自我完成与救赎。

目录 CONTENTS

序言 / 1

生活篇

无垠的地平线 / 3
留学美国，安全至上 / 5
为了"乐业"，需要"安居" / 8
赴美签证记 / 13
惊喜阵阵——迈向成熟之路 / 17
谢谢你，我的儿子！/ 21
返美签证记 / 24
"扎根派""科学精英""精神贵族" / 29
灯光，在隧道的尽头 / 33
在新的转折点上 / 35
耐心的等待 / 37

学习篇

找对人与事 / 41
科学创新的智慧之光 / 46
博士培养的基本构架 / 49
选谁做导师？/ 57
是否可以来东南大学做一场学术报告？/ 67
贯通、悟性与善辩 / 69
关于大学期间获得奖励表述的讨论 / 71
小鼠研究的麦加圣地 / 74
PhD 姓博还是姓哲？/ 77
做好博士论文的总结 / 81

研究篇

如何度过"心灵探索的灰暗期"？/ 85
打好论文开题这场"热身赛"/ 89
撰写科研札记：积累博士论文素材 / 92
导师组的功能与结构 / 95
罗德岛上戈登会 / 99
学术不端的灰色地带（gray zone）/ 102
移师哈佛医学院 / 105
年度检查：显示进展与寻求指点 / 108
拉大参加学术会议的附加价值 / 110
青年科学家，且研且自重！/ 113
在国际科学交流的平台上 / 117
在浓郁的学术氛围中 / 126
美国一流大学理科博士究竟可以达到什么样的水平？/ 130
生命科学领域的顶级期刊 / 135
向《自然》发起冲击 / 139
论文上了《自然》"正刊"的"长文"（20190923）/ 143
关于博士后实验室选择的讨论 / 151

榜样篇

实验室人生 / 159
好奇心驱动 / 161
科学神仙眷侣 / 166
科学超级巨星 / 169
医学遗传学之父 / 173
中国神经科学的营养因子 / 177
从来没认真去想什么时候会得诺贝尔奖 / 180
探索脑的奥秘 / 189
发现第一个去甲基化酶 / 192
拿下"第一城"/ 197
独立青年科学家的楷模 / 201
细胞凋亡研究领域的开拓者 / 206
高淳漆桥走出的神经科学家 / 209
有华裔背景的麦克阿瑟奖得主 / 213
奖励：以国家的名义 / 216

后记 / 220

生活篇

生活篇

无垠的地平线

> 少壮太努力,长大 PhD;
> 长大还努力,终生 Faculty。
>
> ——佚名

4年前,在你进入多伦多大学读本科的开学之际,我套用胡风名诗的题目写下了《时间开始了:迈向大学生活的贺词》;现在,我借助艾略特(T. S. Eliot)《四个四重奏:小吉丁》(*Little Gidding in Four Quartets*)结尾处的一段隐喻,表达我写这个开学贺词的宗旨,你将面临一片崭新的世界和一段无垠的地平线:

> We shall not cease from exploration
> and the end of all our exploring
> will be to arrive where we started
> and know the place for the first time
>
> 我们将探索不息
> 我们探索的终点
> 将是我们启程的新起点
> 是生平第一遭知道的地方

通过加拿大求学4年的历练,你开阔了眼界,为今天的飞越重洋奠定了基础,做好了充分的准备。对你来说,对生命世界的探求、对遗传机理的揭示,则落在了马里兰港湾的东巴尔的摩(Baltimore)校区。

今天,在博士研究生开学之际,我衷心希望你能做一个有崇高理想、有广阔胸怀的人,同时又是具有扎实功底、能苦干实干的人。如果没有崇高远大的理想,就没有毅力,没有方向;如果没有脚踏实地的苦干精神和解决具体问题的能力,任何伟大的目标都是会变得遥不可及。

从事科学研究对于一个青年学生来说,或许是最优选择,但对孤独者而言却是个不佳选择。在你攻读博士学位的过程中,你会经历高兴和激动,也会经历痛苦和失望。

孩子,你慢慢来!(龙应台)你的能力得慢慢培养,你的阅历得逐步丰富。

崭新的世界里有鲜花,也有荆棘。请你记住,爸爸妈妈是最爱你的人。人类之所以比其他生物高明,可能就是因为他进化出母爱和父爱。

怀疑、假设、验证是实验室人生的三部曲。必须是一天之中八小时在做实验,这样你才有生存的机会。只有有了自己的科学发现,你对自己的未来才有了某种程度的掌控。

实验室人生的理想开端,在于从事一个你感兴趣的科研项目。你需要做的是,在你的领域中最热门且又可能还被忽略的地方开展科研,并以此作为目标毫不放弃。识别一个你能够适应的实验室是颇具幸福感的。

同样的识别还在于你选择"匹配"的指导教师。良好的师生之交带给你的收获可以达到惊人的程度,请你记住这一点。

你应当遵守科学共同体的规则。你不仅要会说,而且也得会做,做得果断及时。

你应该是谦虚宽容的。要与人为善,要从容不迫。

我不知道,为什么在你的随机箱里会携带着一本《纯粹理性批判》。这本被视为康德的"哲学全书",聚焦了三个问题:"我能够知道什么? 我应该做什么? 我可以希望什么?"难道你想要在自然科学时代具有"世界公民"性质的实践哲学中获得什么神秘的启示?

> 你转身走去
> 牵去了一盏星光
> 星光伴着你
> 消失在地平线上
>   北岛《星光》

留学美国，安全至上

留学美国，什么东西是至关重要的？

凤凰博报中有篇博文提供了一个案例："旧金山居民李某在自家门口用 iPhone 手机打电话，遭到几个非裔青年抢走手机，李某稍加争夺，便被殴打受伤。警察来到现场，对李某说，首先，你就不应该在街上用 iPhone 手机打电话；其次，你就不应该和抢劫犯争夺。"（一娴《在美国遇到劫匪怎么办？》，凤凰网，2010-05-12）

真是没有天理了？在自家门口的街上打电话有错吗？被抢的时候争夺一下不可以吗？我们不是提倡见义勇为、与坏人坏事做斗争吗？其实，警察是为了提醒受害人首先要保护好自己，不要犯危险的错误。最好是乖乖把钱物都交出来，也不要和劫匪争夺。劫匪如果一分钱也得不到，也许会恼羞成怒动手打人甚至开枪杀人。前些年一个留学生在餐馆门口打电话，劫匪抢手机被留学生拒绝，劫匪二话不说就开枪打死留学生。

我没有来过美国，但这个道理我在三十多年前就知道了。1973 年，周恩来在中共十大上的政治报告中转述过列宁《共产主义运动中的"左派"幼稚病》中的一个著名比喻："有各种各样的妥协。应当善于分析每个妥协或每个变相的妥协的环境和具体条件。应当学习区分这样的两种人：一种人把钱和武器交给强盗，为的是要减少强盗所能加于的祸害，以便后来容易捕获和枪毙强盗；另一种人把钱和武器交给强盗，为的是要入伙分赃。"列宁为了能使新生的苏维埃政权有一个喘息的机会，被迫同德国及其同盟国（奥匈帝国、土耳其、保加利亚）签订《布列斯特-立托夫斯克和约》（以下简称《布列斯特和约》），不仅使俄国丧失了将近一百万平方公里的土地和近五千万居民，而且在被占领区有全国 90% 的煤炭开采量、73% 的铁矿石、54% 的工业以及 33% 的铁路。签署"丧权辱国"的不平等条约是列宁为首的布尔什维克党为保存新生的苏维埃政权而被迫采取的暂时妥协性行动，使俄国尽早退出了第一次世界大战，为巩固苏维埃政权、恢复和发展经济、建立红军赢得了喘息时间，为后来消灭抵抗苏维埃政权的国内武装和击退 14 个帝国主义国家的武装干涉进一步奠定了基础。《布列斯特和约》签订后几个月，第一次世界大战结束，苏维埃政府于 1918 年 12 月 13 日宣布废除《布列斯特和约》，收回了被德国占领的领土。列宁后来回顾这段历史时指出：《布列斯特和约》的重大意义在于我们能够在极端困难的情况下，第一次大规模地利用了帝国主义之间的矛盾，以空间换时间，使社会主义终于占了便宜。

钱财是身外之物，生命才是最宝贵的。不要与劫匪讲理，更不要以命相搏。遇到抢劫，当务之急是放弃钱物，不要拒绝或者与之争夺，其次才是找机会迅速报案。

报案是民众一项应尽的义务，但是以为报了案就会有什么结果，那就"很傻、很天真"了。像这类小案件，往往就是登记备案，很少有下文，通常是别的案件被破，偶然会涉及此类案件。

保护生命安全是最重要的，对付犯罪分子是警方的事情。但如果大家都不报案，劫匪、盗匪就可能一直逍遥法外，那在某种程度上是"鼓励犯罪"。

总的来说，巴尔的摩不是个安全的都市，被评为治安差城市，但从安全的绝对性上，美国人和中国人的标准是不一样的，在美国的"非常不安全"，并不一定有中国人想的那么惨。写下那些"城市安全指南"的，要么是那些搬弄文字、哗众取宠的，要么是久居美国，已经接受了美国"安全标准"的人。

一般人到巴尔的摩之后，周边的人一定会不停地警告：不要去市区（downtown），没事别出去。据说，霍普金斯大学的主校区霍姆伍德（Homewood）校区的治安较好，校园里有保安人员不停巡逻，比较安全。但是，医学院在东巴尔的摩，霍普金斯医院（Johns Hopkins Hospital）就坐落在一个犯罪率相当高的贫民窟，因此晚上最好不要外出。所以很多人都宁愿住在霍姆伍德校区，每天坐校车（shuttle）上下班。在东巴尔的摩的医院和医学院的楼里还是比较安全的，因为周围有24小时的治安岗亭，进去必须有胸卡（ID）或登记。因为学校的所有建筑的大门和仪器都要用ID感应才能进入和使用。所以有ID挂在身上，才能表明自己的身份，有了困难，医学院的人才会热情地帮助你。看一看胸卡就知道哪些人是医学院的，这就把不同的人区分开来了。在美国一些地方，尤其是黑人多的地方，有很多抢劫者。要注意自己的财产安全，即使我们对黑人并没有偏见。

当然，带着胸卡有时也会带来麻烦。有人写过：

下了宿舍楼要穿过一条马路，我正寻思着怎么路上一个人、一辆车都看不到时，我发现一个转角处一个黑人冷不丁地冒出来，吓我一跳。定睛之后才看清是一个二十多岁的陌生年轻人。"How are you doing？"我礼貌性地问了一句。"Good."他答道。然后他开始问我去哪里。我撒了个谎说去图书馆看书。他然后问我住哪里，我说就在学校里面。然后，他就看到我脖子上挂的医学院ID，就问我是否是这个医学院的学生。我说是啊。最初，我还以为他是给国际学生宣扬基督教的传教士。这个时候我开始有点害怕了，路上一个人都没有。但我不能表现出害怕，也不能就这么跑了。于是，我就开始想怎么摆脱这个"不明物体"。他又问我是不是医生。我说不是的，只是一个学生。接着，他又问我学什么的。我心里太害怕了，手心都有汗了，但我仍然努力装得很友善，我怕我的一个不对让他找到理由或者爆发点。

于是,我大概地介绍了我的专业。"What is that?"他很迷惑地问道。我于是微笑着问道:"你对此也感兴趣吗？你可以去旁听啊,不过那些教授都讲得很糟糕的。"他边笑边连声说:"No…"看来这个小幽默还是起了点作用的。笑过之后,他终于进入主题:"Do you have some quarters(quarter 就是 25 美分的硬币)?"我迟疑了几秒,他又说了一句:"Do you have some changes?"意料之外也是意料之中的事。只要他不抢我包就行了(我的钱包里面有两百美元还有很多证件)。我从裤兜里掏出三四个 quarters,很友好地递给他,"That's all."然后故作尴尬状地说,"You know, students are always poor."。然后,我主动把手伸过去和他握手,心想反正他从 ID 上看到我的名字,于是说道:"I am Kou, and you can call me Bruce. I am from China. And nice to meet you."我想无论谁看到我这么友好而且有礼貌,都不会有更坏的想法的。也许他认为我确实是新学生,也没什么钱,又这么有礼貌,他反倒被我弄尴尬了,然后回了一句:"Nice to meet you too."我赶忙乘势跟他招手,"So, have a nice weekend, bye!""Thank you, bye."他也招了一下手。(《"华科小牛氓"的美国初体验》,http://pping.ycool.com/post.2424611.html)

一般是晚上独自在外行走比较危险,在家里还是比较安全的,因为很多美国人都有枪,按照法律规定,如果有人擅自闯入你的私人领地就可以开枪,所以歹徒一般也不敢擅闯民宅。

我不明白,霍普金斯大学医院是全美最好的医院,霍普金斯大学的医学院始终是全美排名前三的医学院,地段这么差,生活质量这么差,又如何吸引那些优秀医学科学家与医生在这个"鬼不生蛋"的地方发展的呢？

或许没有那么悲观。人们常说,长江三角洲是中国最安全的地区。可是,我们在媒体上经常看到的都是抢劫、扒窃、车祸等,至于毒大米、"一滴香"也时不时充斥着我们的生活。是生活就是如此,还是我们的视野存在某种偏见？

不过,在观念上重视,在生活上注意一点,还是很有必要的。

为了"乐业",需要"安居"

> 有恒产者有恒心。
> ——《孟子·滕文公上》

我们夫妻二人终于在这个问题上达成高度一致:为儿子提供在美国购买住房的经济支持。

原本妻子想为儿子在南京买一套酒店式公寓,让儿子携女友体面地过上小资生活,但是遭到我的强烈反对。我认为,在现行政策与经济环境下,不仅没有买房的必要,而且我们也没有买房的精力,即我们没有购置商品房的资金与经验。况且,最近几年,如果儿子回国的话,停留的时间不会很长,多购置一套住房实在是一种比较奢侈的消费。更重要的是,现在我们还是希望尽可能一家三口住在一起,享受更多的天伦之乐。目前,在我的名下有两套住房,都是从学校"分配"得到的房子:一套是具有房改性质的高层住宅,另一套是具有集资性质的跃层住宅。此外,还有一套是挂在我父亲名下但是由我支付房款购买的房改性质的多层住宅。如果以后真有必要,我们可以将这套房子收回不再出租,重新装修之后提供给儿子回国度假居住。

在中国各大城市房价一再飙升之际,美国各大城市的房价却一跌再跌。既然在中国买不起房,何不到美国另辟蹊径?儿子开始在美国霍普金斯大学医学院读博士,至少需要5—6年,如果再做1—2期博士后,至少需要3—4年,那么近10年内他都会在美国度过。难道还像在加拿大读本科那样,他一直靠租房度过未来十分艰难的学术研究起步的阶段?所以,我们希望能够尽绵薄之力和儿子一起在美国"供房"一套,不知是否可行?

我们不是投机。目前(2010年)美国房市处于40年来仅见的低房价时期,又适逢人民币汇率上升,在目前美国失业率攀升、房地产业持续下滑的情况下,许多人希望美国空置的房产能更多地被购买力极强的中国市场消化。不过,我们根本就不会趁美国"两房"引发的次贷危机之际去美国"抄底",企图"吃进"美国的不良房产,还不至于这么用中国人的思维方式看问题。华侨银行举办的探讨在高通胀下的中国经济格局的"春天论坛"(2011年4月22

日)会上,经济学家谢国忠认为,对于老百姓如何抗通胀,去美国买房是一个很好的选择。虽然美国5年内房市价格不会上涨,但由于正处于价值洼地,故有很好的保值功能。

其实,美国的房屋是要收房产税的,那是房产屋主每年向当地市政府交纳的税种。一般讲,房产税是用于市政、学区、社区大学及其他政府机构,属联邦个人所得报税扣税项目,也可用于抵扣州所得税扣税项目。房产税一般按年计,房价越贵,房产税越高;一般每年要缴纳总房价的2%,而且房产税是根据房子的实际价值来征收的,房子升值了,如果在税率不变的情况下(税率通常并非是固定的2%),房产税值也随之增加。这部分税费往往比月供还要高。

生活篇

我们也不是投资。我们对中国仍然极具升值空间的房地产业,都没有兴趣与能力做投资,怎么会飘洋过海来到这个几乎不存在房地产业的国家投资房产进行保值与增值?美国的地产与房产是两个产业,因为美国对土地和地面建筑物是分别征税,房款仅仅是购买住房的一部分,当然仍然是支付的主要款项。此外,购买者还要缴纳土地税、契税、印花税以及增值税,房产交易都要通过专业的第三方服务机构,包括律师、房地产经纪、验房师等,这也是一笔必要的费用。像儿子这样还不是美国公民的人还需要额外缴纳一定的房产税,所有这些费用占总房价的1%—1.7%。一旦拥有房产后,每年还要交房产税、物业费、房屋保修费等税费,每年平均支出的税费约房价的2%左右,当然各州的征税标准和税率各不相同。不过2009年通过的《美国复兴法案》规定,对购买第一套自住房的贫困家庭给予一定金额的课税扣除。该优惠政策不知现在是否还在延长期?

我们只是单纯地为儿子能够"安居乐业",顺利地完成学业,在美国能够健康生活。为了"乐业",需要"安居";当然"安居",不是终极目标,而是一种途径。有了房子便成了"地主",让儿子感到在这个世界上有了一个属于自己的空间,稳定高于一切。有研究表明,拥有房产能够使人们的社会参与度更高,他们的孩子在学校的表现也更出色。美国是鼓励消费的国家,目前在美国坚持买房的人群大致可以分为三类:一是外国移民,购买房产能使他们获得安定感,赢得社会尊重;二是收入较高、较稳定的中产阶级,他们有购房置业的基础;三是持有传统观念的美国人,他们把拥有的房产看作个人最大的财富。对于他们来说,买房比租房更合算,他们喜欢买房,也买得起房。在美国买房大多数是买二手房,很少有买新房的。在美国拥有房产与是否是美国公民或永久居民无关,外国人不需任何社会担保或其他许可证,只要提供身份证明,获得签证合法入境,就可以购买房产。

我们假设购置一套住房需要10万美元。美国买房的大多数是有固定收入的年轻人,一般房价为家庭年收入的5倍是一个合理的水准。儿子现在每年有净收入2.7万美元左右,所以假定的房价在13万美元之内都可以说是合理的,我们取相当保守的额度。我们夫妻支付3万—5万美元(约合人民币20万—30万元)作为首付使首付额高于20%,因为低于房价的20%,还得付贷款保险费;其余由儿子自己通过贷款来支付。美国银行房贷方式灵活,大家都在互动之中寻找适合自己的方式。与中国不同的是,美国借贷要考虑的是工作、收入稳不稳定,与年龄完全没有关系。美国最长可以贷款30年。儿子现在是医学院的博士生,是一位有稳定收入且信用良好的优质贷款客户。他手上现在有第一年助学金的节余约1.5万—2万美元,每个月可以节余0.15万—0.17万美元(包括原本应当支付的房租500元美元);若有多余的房间可以出租,通过几年的努力,他将没有悬念地还清贷款。这样,当儿子在霍普金斯大学医学院取得博士学位之后,如果去别的城市做博士后或者取得工作许可,那么就可以将房子卖掉再去他学习工作所在地购买一处住所。

我们想通过购买房产培养儿子的理财观念。购买房产需要了解美国的房产制度、税收规则,这样儿子就能真正深入了解美国的社会制度,就有可能提升对资产的认识,包括如何还贷,买房如何抵扣个人所得税(个人所得税大约占年薪的20%—40%)等。美国各级政府对买房者提供诸如免税、低息贷款等多种优惠。个人因为买房将月收入付了银行利息,就可以减免税,而租房是不减免税的。而加拿大租房却可以退税。

当然,在这个过程中也能够初步培养儿子的社会责任感。支付购买房产的贷款,需要将他每月的助学金的大部分拿出来;需要合理地支配自己的生活费用,开始真正意义上的"自己养活自己",这也是联合国教科文组织提倡的教育理念——学会生存!"给他一个家,让他有牵挂。"(叶欢)既然有了自己的房子,就要做长远打算,这就是"有恒产者有恒心"的意蕴。这里将来会成为他"亲手缔造并直接指挥"的第一个家。住,是一种文化,美国的住文化是诸文化中极为重要的一部分。既然在美国学习与工作,那么熟悉、学习这种美国文化就是一种必然!

在时机上也是比较可行的。当年儿子去加拿大多伦多大学读本科的时候,不仅是我们无力购买住房,而且他的学习也很吃紧,根本无暇顾及房子的事情,重中之重是学习。现在,读博期间的课程学习即将完成,在艰苦单调的实验室研究过程中,不仅可以有一定时间,而且也是给他找点事情做做,深入接触社会,不要在实验室待得太久而与社会脱节很多。

当然,我们还有一点私心,就是我们退休后来美国看望他的时候,我们可以住在"自己"的家里,无论是否需要睡地铺,都是属于我们自己的,而不是寄人篱下。我们可以在美国拥有房产,一个"小地主"的梦想——在美利坚安一个家!这是实现"美国梦"的一个重要标志,是一个人"美好和成功人生"的象征。

接下来的任务是了解美国购买房产的步骤:

第一步是确定购房的要求。根据你的需求和价格范围,设定2到3个最重要的条件,在网上搜索本地房屋信息、照片等。

第二步是准备购房款。在你的银行户头中存入足够的资金,不够的当然还需要房屋贷款。在正式贷款前,一般先要提供你的收入、信用(在美国信用分数非常重要,其分数高低会直接影响到你贷款的利率)、银行存款、负债等各种资料以申请预批准(pre-approval),这样一是给你提供你能贷到多少款项的信息,二是能够避免你进入购买程序后却发现无法从银行贷到足额贷款的尴尬。对于我们来说,这不是一个问题:如果贷款额度较低的话,那么我们就支付更高的首付就可以了。

第三步是签署意向合同。通过实地看房考察找到合意房屋后,那就要签署意向合同(sales binder or offer),其由房产经纪递交给卖家。这份意向合同上面会有买方的出价(offer price)[签正式合同(contract of sale)时需付定金(cash deposit,正常是10%),房屋成交日支付余款(cash at closing)]。意向合同上还有一些附属内容,比如买方希望的交房日期,买方的律师联系方式等。签订这份意向合同时,你需要以支票的形式交纳一定数额的出价诚意金(good faith deposit,通常是房屋总价的2%—5%),如果以后讨价还价没有成功,诚意金支票通常会由经纪退还。特殊情况下,有些房主还会要求提供买方的付款能力证明(proof of funds)。买卖双方达成共识后(短至1天内,长达1个月),屋主会在最终的意向合同上签字确认价格。

第四步是验收所购房屋。联系有专业执照的执照工程师或执照验屋人员(验屋费用约几百美元),在屋主同意的日期验屋。验房过程需要几个小时,一般1—3天之后出验房报告。如果发现问题,可有理有据地再与屋主协商,或修缮或减价或中止交易。

第五步是拟定购房合同。由双方律师准备正式合同,买方先签合同并支付总房价的10%作定金。购房定金这笔钱通过卖方律师存入第三方保管账户内。买家如果无正当理由单方中止合同,将会失去这笔定金。

第六步是房屋产权调查。买方律师会在卖方签合同后马上委托产权调查公司进行房屋产权调查(title research,调查费用由买方支付,通常几百元美元),包括调查房屋的历史交易、付税情况,房契、户主资料,以及有无任何尚未解决的法律纠纷问题,这一般需2—4个星期。有时买方律师也会在买方授权下提前开始产权调查以节省时间。

第七步是办理交房手续。在过户前两天或最好前24小时,经纪人带着买方再次查看房屋(final walk-through)。确定自上次看房到现在房屋无大的变化及损坏。在约定的过户日,通常会在卖方律师的办公地点(若有贷款则可能是银行律师指定地点),买方需带好自己有效身份证明(如驾照、护照或绿卡等)及现金或支票,会面办理交房手续,付清剩余房款和房屋过户费(closing cost)。相对办理贷款的买家,现金买家所付房屋过户费用很少。过户手续结束后,买方可以从原屋主手中接过钥匙成为房屋的新主人,并会在1—3个星期内收到正式房契(original recorded deed)。

许多留学生在谈及在美国买房与在中国买房有何不同时,他们都说,相比中国人,美国人买房要轻松、快乐了许多。更重要的是,美国关于购房的法律保障体系健全,比较安全。例如,关于"从业人员的准入制度"是最严格的法令。执行法令的是州房地产委员会,其职责包括拒发执照、扣留执照和吊销执照等。各地还有专门监察机构对从业人员的行为进行监督,一旦经纪人或销售人员发生违反职业道德的行为,就会被暂停或吊销执照,很难再继续从事这一职业。

为保障交易安全,许多州都专门设立了房地产复员基金制度,用于经纪人因自身错误而造成的不能赔偿的损失,房产通过第三方"中性的中介人"来交易,买方的钱汇到他们那里,卖方也从那里取钱,房产中介也是通过这个机构来取钱,从根本上杜绝了中介的欺诈现象。此外,美国的房地产中介行业实行独家代理制度,即一个经纪人只能代表交易的一方。买卖双方都拥有各自的经纪人,由两个专业人士进行交易谈判。交易成功,双方经纪人各收取3%的佣金。

生活篇

赴美签证记

自从儿子不远万里来到多伦多求学,我们一家已经6年没有在一起过年了。所以,我们计划明年春节赴美国去看我们亲爱的儿子。届时,我所在的学校已经放假,儿子也完成他的博士论文的开题,儿子妈妈也退休开始新的生活。

10月底,我写信给儿子,要求其提供邀请我们两人赴美探亲的邀请信(时间:2013年1月21日—2月20日)、他所在研究所负责人出具的在读证明,以及他的学生证(卡)的扫描件。我希望儿子先将邀请信用有医学遗传所标识的信纸写好,扫描成电子稿发给我,便于我办理手续,并尽早预订飞机票;邀请信与在读证明的原件,随后尽快邮寄给我,便于办理签证。

填写网上申请

2012年11月10日,收到儿子发来的邀请信与在读证明后,我立即登录美国驻上海领事馆的官方网站,在网上填写DS-160表格,几乎花费了一个晚上的时间。

首先是进行照片检测。按照美国驻上海领事馆的官方网站的要求,将符合规定(照相的电子版,或者将以前的照片修改成51 mm×51 mm的规格)的照片上传并通过检测。接下来,就可以填表了。

填写我自己的信息,什么求学经历、工作履历,还有那些犯罪记录询问之类的,几乎没有费时间,特别是还有中文辅助工具的帮助,减少了核查英文字典的麻烦。不过,有几个专有名词,还是有点难度。例如,关于护照的性质,中国的一般分类是外交、公务、因私三大类,但是官网上提供的第三个选项是"regular",意思是"规则的",反复查找之后,最后还是将信将疑地选择了"regular"。

还有就是姓名的电报码,起初我选"不知道",后来觉得不妥,就在网上询问,才知道应该这样:输入"电报码查询",再输入姓名,就得到其电报码,分别为叶→0673,明→2494。此外,原本可以在填完我的表之后,在确认页(Confirmation Page)选择"Continue a Family Application",因为同行的还有我的妻子,我申请的数据中有一些就会自动导入她的申请里,可以稍微节省点时间。只是，开始我没有在意，没有选"Continue a Family Application"，在她的申请中关于我的信息与家庭信息，我又重新输入一遍，多花费了不少时间。

在填写网上申请时，特别要注意的是要记得安全问题的选择内容与条形码编号，它们是再次进入申请系统中进行查询、修改、提交、打印等必须要输入的两个数据；在电话预约面签时，需要向客服代表提供条形码编号。此外，应当在填写过程中，经常注意保存填好的内容，不要怕麻烦，每填好一页，就保存一次，尽管需要占一点时间与手续。填完之后，还需要检查一遍，有时可能在选项上不小心会有移位。确定无误之后，提交并打印，再给自己的邮箱中发PDF版的确认页，以备后用。

这个条形码很重要，领事馆将会多次用它来扫描。一张占有污渍的、褪色的、撕破的或者不完整的条形码将会延迟签证申请，应当确保计算机打印设置和纸张大小不会切断条形码。

预约电话面签

次日(周一,11月11日)，我带上护照的复印件(主要是银行需要确认护照号与英文姓名，不得有误)，去学校附近的南京中山路348号中信银行办理支付美国签证费的业务与购买预约用的电话卡。签证费是160美元，大约1024元，密码预付卡买的是54元、12分钟的那种。因为我是两个人一起签，需要提供较多的信息，所以36元、8分钟的那种一般时间上会来不及，就需要重新预约，既费时又费钱。在预约前，应该做好功课，将客服代表可能要问的问题一一写在纸上，以便及时回答。

当天下午，就在办公室电话预约。客服代表办公时间：周一至周五上午7点到晚上7点，周六上午8点到下午5点，中国假日除外。

电话预约流程：

拨打 4008 872 333→选择语言→中文→跟随电话提示并选择密码选项(电话卡密码，先刮开电话卡显示出16为密码号)。第一次，输入电话卡密码，即可通话。第二次，在输入电话卡密码之后，再输入电话卡的卡号，可以得知电话卡的余额。

当卡的密码被确认后，就可以听取录音信息或与客服代表直接通话(选择与客服代表通话)。

如下是询问与回答：

何种签证(B2)；是否符合中信递送条件(否)；申请费号码(就是中信银行收费发票的号码)；以前是否被拒签过(否)；6个月前中国的居住地(南京)；选择面签地点(上海)；面签人数(2人)；护照号；护照签发国(中国)；预约时间(11月15日下午2点)；身份证号码；性别(男)；中文名；拼音；条形码编号(AA002Q7XIH)；等待(给出申请编号：记下这个号码，以便以后电话查询核实)；提供联系人的联络方式(我的手机号与邮箱地址)。

基本完成预约后，客服代表重复一遍——核实，我一一肯定回答。

然后客服代表再问另外一位同行的签证人，如上同一问题、同一流程，只是有关信息换成她的数据。

整个电话预约签证，几乎要8—10分钟。由于准备得比较好，还是很顺利的。

领馆签证面谈

11月15日上午，我们坐10点发车的高铁11点半左右到达上海，打个车直接到梅陇镇广场找个地方吃个中餐，之后就去排队。这里我已经来过两次，一次是我因公赴美，那次预约还被校外办以加急等理由"敲"去几百元，另一次是接儿子回国去面签。现在规定提早半个小时至上海市南京西路1038号梅陇镇广场奉贤路那里排队。请勿过早到达，领事馆严格遵守预约时间段，只有到了预约时间才允许申请人进入等候室。

其实，我是跟着预约时间是下午1点半的队伍上楼的。下午，实际上是预约时间为1点、1点半的人都在一起排队，1点半开始一并进入领事馆等候室。

在排队的时候，看到有旅行社的人帮申请面签的人拿着包去存，过安检时不能随身携带任何电子产品，包括手机，也不能带背包，只带跟签证申请有关的文件。我就到队伍最前面的保安那里问在何处存包，不过，心里还是有点忐忑，包里有手机还有照相机。保安说，那个存包处有公安局发的许可牌照，大可以放心。我们出了奉贤路右拐走几步，见到存包处。那里有几个老师傅在登记、存包，存一个包20元，而且还是与几个包放在同一个铁柜子里的那种，100元的才是存一个独立的铁柜。这里是先存包，取包时再付钱。

回到队伍后面，有人递了个快递单过来。我原以为拿着快递单，等面签完了再填，我上次就是出来时再填的。可是，现在改变了，必须及时填好，填了快递单之后随着队伍移动，很快便拿到一个紫色牌子。在这个紫色牌子上有四项要求：申请确认表、签证申请费收据、护照、快递回执。将中信银行给的签证申请费收据一联用回形针夹在DS-160表格确认页正下方空白处。原来还需要附上一张照片，现在已经不需要了。紫色牌子上面的号码只是随机的编号，没有什么实质性意义。在安检之前将它交给保安，表示你是刚排队过来的。

走到队伍的前端处，告诉工作人员我约的时间，还报出前一天收到的电子邮件里"入馆单"上给出的编号(♯829)。她在花名册上找到入馆单上的编号，并将这个编号写在确认单上。然后到8楼又排了会儿队，这次排队的时间感觉不长，估计时间在10分钟左右。之后安检，安检时要脱鞋。

跟随工作人员的指示排队，进去后，最里面的墙上有程序提示：材料预审→叫号拿回自己的材料→留指纹→面谈。因为人比较多，所以接收材料预审的地方多设了几个窗口。后来发现，预审材料还有抽样详细审核，那要去1号窗口排队。大多数人如我们，工作人员简单地看看递交的材料，只是将我夹上的确认页的第二页取出，那页上只是一些领事馆的例行说明，没有签证申请者的信息。然后，她就让我们去排队留指纹。我一年前在这里留过指纹，便问工作人员需不需要再留指纹,得到的答案是,只要是不同性质的签证就需要再留指纹。

于是,到2、3号窗口排队,轮到我时,我将确认页高举到窗口扫描,听到"嘟"一声,表示收到信息,就可以指纹扫描了。双手收集指纹信息的顺序是先左手四个指头,然后右手四个指头,最后两手的大拇指并在一起。最后就来到指定的面签窗口,等待接受面签询问。

我们左边的那个窗口,签证官一直在与一位中年男子对话。最后,她慢条斯理地说:"你不能去美国啦,你可以回家啦。"说完,将他的护照从窗口里面递出。这就是传说中的"拒签"。在我们右边的好像是打算一家人出国旅游的,也被签证官反复询问,因为其中有位女性,小孩才5个月,居然抛下孩子自己去旅游,让美国人难以理解。他们说了很多,最后还是通过了签证。

轮到我时,签证官是一位20多岁的漂亮女士。她问:"你们是什么关系?"我回答:"夫妻。"

"去美国干什么?"

"看儿子,在中国传统的节日——春节;儿子在美国读书。"

"读本科吗?"

"读博士,在霍普金斯大学医学院。"

此时,我觉得已经没有什么问题了。可是,她还是在计算机上查询了一下,说:"可以了。"

我立即将我们两人的材料袋子递进窗口,说了声"谢谢",就走了。

面谈结束,前后不过二三十秒。我在另一个袋子里还放了有存款记录的存折、工资单、房产证明等,证明我们肯定不会滞留美国;邀请信与在读证明,以及邀请人——儿子的护照与签证复印件;与邀请人——儿子的关系证明,即出生证明、三人合影、我们一家的户口本等。这些补充材料都没有用上,但是,我们还是做好了准备。

在离开领事馆的电梯里,几个做旅游签证的人在议论,有个人英语说得结结巴巴,结果被拒签了。而我们直接说中文,就是纯粹的旅游,很快就通过了。

当天,我们离开上海去苏州。周五去天平山雨中观赏枫叶,周六、周日,我开始软件学院(苏州)软件工程硕士课程的讲授。次周一,在网上查到邮政特快专递已经到达南京。周二,收到投递员的短信与电话,问何时在家领取护照快件。周三,拿到获得一年签证的护照。

赴美签证,前后一周时间办好。

今天是我可爱的儿子24岁生日,顺手写下生日贺词:
在喧哗与宁静的国度里寻找理想的坐标,
在繁忙与稀疏的人流中迎接现实的挑战。

惊喜阵阵——迈向成熟之路

> 有你在的冬天总下雪
> 我不知道冷就算再寒冷
> 春来了花开了你走了
> 我留在这里哪里也不去
> 可是我好爱你
> 想和你能永远
> 永远在一起
> 你在地球的另一面
> 我怎么告诉你
> ——刘沁《I'm fine》

回到南京之后,我一直被在美国度假一个多月延续的感动情绪所缠绕:在惊喜之中真切地感觉到你在成熟的道路上走得顺利与坦然。它促使我想把这种感受告诉我的同事,告诉我的朋友。但我最急于想告诉你,我可爱的儿子。我近年来的担忧与烦恼终于可以一扫而光了。我越来越深刻地感觉到"美帝国主义"这个"大染缸"是可以把你锻炼得我们无论如何都想象不出来的上进与优秀!

在华盛顿马歇尔国际机场的接送轿车里,我问,去年年底(2012年)要我提供你的大学本科成绩单与 GRE 成绩单是为什么?其实,我是担心你放弃博士学位转去读个硕士直接就业。你告诉我们,那是申报霍华德·休斯国际学生研究奖学金用的,现在学校已经出线,2月7日前向霍华德·休斯医学研究所基金会提交正式申请。

这是一个多么大的惊喜啊!

在你 2010 年 8 月离开南京赴美之后,我一直十分想知道你的博士前阶段到底是否适应,具体达到什么样的水准。在本科阶段,我们还可以利用各科成绩与 GPA(平均学分绩点)来衡量你是否能很好地完成学业;甚至用每学年能否得到"多伦多大学学者"荣誉称号来了解你在整个学生群体中的位置,是否处于成绩排名前10%的行列。那时,在每学年中,我都一直在担心,直到暑假的时候得知你获得正式荣誉称号之后才松开长长一口气。

可是在进入博士项目之后,我一直不能真切地了解你最近二三年的学习与研究的真实状况与质量水平,因为缺少客观指标来衡量与比较。显然,课程成绩虽然可以基本反映学习效果,但是,由于各人基础与专业的不同,美国大学与其他国家大学教学内容的不同,实际上难以揭示你的学习成效。况且,在博士阶段,重点应该由学习转向研究。

现在终于有一个较为客观的指标,可以表征你在博士生、准确地说是国际学生博士生中的大致位置。因为,霍华德·休斯国际学生研究奖学金规定,全美国60个邀请特约单位(高等院校、科研机构)的生物医学相关专业的二、三年级博士生才有资格申请,每单位推荐几名申报者,最终确定不超过50人获奖(前两届一次是48人,一次是50人)。获奖者会得到每年43 000美元的财务支持,连续资助3年。你们医学院现在共有PhD学生870人(MD、PhD/MD学生除外,因为他们中几乎没有国际学生),每届大约145人;符合申请条件的必须是二、三年级的学生,约有290人。如果按20%录取国际学生,大致应该58人。再加上文理学院、公共卫生学院等院系还有一些专业符合要求,大概有70人左右。实际情况是45人申请,7人出线。从学生本人条件的角度看,没有申报或申报了但没有通过,至少表明这些学生当前研究的质量与水平没有达到基金会规定的要求。据此可以推断,你在国际学生中居于前10%之内,基本上应该是属于上乘。如果再从推荐人的角度看,你的推荐人是两个半霍华德·休斯医学研究所研究员(2个现任,1个卸任),而你们学校霍华德·休斯医学研究所研究员一共也不过10人。你能得到你们学校的20%—30%的霍华德·休斯医学研究所研究员的支持,能够较为充分地说明你在老师们心目中还是一位优秀的学生。从你申请奖学金的申报书中,我看到了你过去的研究成就、今天的研究进展,还有就是未来"全球视野,人类关怀"的研究构想,真让我刮目相看。

当然,并不是说我就认定你获奖有很大的把握,平均每个单位1个获奖者都不到;但是至少说明你在这么好的医学院(全美排名没有出过前三),前三年的努力基本上没有白费,并得到了认可。2009年5月,也是你最悲观的时候(那个学年你的成绩"一落千丈"),我坐在你的床边对你说:也许你不是最优秀的本科生,但是你是最合适的"准博士生"。现在我要对你说,尽管获奖的可能性很小,但学校出线就是成功,就是胜利!获不获奖还是要看"天时、地利、人和",还要看点运气了。第一届预定的是35人,后来申报者太优秀了,就扩容至48人。如果今年再扩容,那才增加一点点获奖机会。现在只管安心做自己的研究,余下的事情交给那些评委们去评判吧!

接下来你带我们去东西海岸的旅行让我们更为惊喜。你对美国大卖场(奥特莱斯)、普通市场(梅西百货)、奢侈品市场(第五大道、查尔斯街、比弗利山庄)似乎了如指掌,对其规则运用娴熟。买你的裤子以学生身份打八折,购我的鞋子与别人分享买一赠一的优惠,买妈妈的寇驰新款包发个好评就可以再打个七五折,当然还包括服饰与拎包之间的搭配,鞋子与裤子之间的组合,你已经能够自主、独立地选择合适的"衣服"。在吃的方面,一路上,你尽量为我们选择各具特色、营养丰富的美食,有墨西哥菜、意大利菜,当然也有川菜、粤菜。你自己平时吃"糙米",煮稀饭,荤素得当,追求健康的饮食生活,相比以前的生活方式大为改观。以至于我回国后现在向你看齐,每天都用你给我买的保温饭盒带饭菜到学校作为午餐之用。在旅途中,你安排了家庭旅社、汽车旅馆、星级酒店等多层次、多方式的住宿,让我们对美国社会生活有一些真情实感的体会。尽管在安全的前提条件下,我们还可以住得更好、更方便一些,不过,我对你出于节约的考虑,还是很满意的。因为你兼顾了出行方便与就餐习惯,我为你能合理、有效地统筹兼顾、精打细算感到十分欣慰。在安排旅行线路上,你已经能熟练地利用网络、手机,合理交替使用飞机、长途大巴、游船、地铁、自驾车、出租车、公交车,还有就是租车等多种出行方式。除了基本的衣食住行之外,还有参观、娱乐。你带我们看了百老汇的歌剧,上了游艇,还有就是参观了那些免费但十分精致辉煌的博物馆,为我们的观光增添很多趣味。这真的让我们为你的精心策划、用心良苦而感动。在你20岁时,我曾写了三句诗作为贺词:"昨天,我搀扶着你,步履蹒跚;今天,我们相互扶持,风雨兼程;明天,我跟随着你,浪迹天涯!"现在已经变为现实。

尽管去乔治城的出租车或许安排得不甚合理,实际走一走即可;还有就是在纽约安排去奥特莱斯的班车,时间上有点紧张等之外,总体上比你大学毕业时我们的"三顾枫国"巡游要进步很多啦。以后遇到类似的情况,稍微冷静一点,想一想就可以避免失误的。经历多了,就不会有什么问题,大不了损失一点金钱而已。

其实,经过多年的摔打,我对你在美国的生活已经没有什么好担心了。只是再次提醒一下康荣叔叔(南京邮电学院77级微波专业学生)对你的教导。在美国生活准则有如下的顺序:第一是安全,确保生命与身体不要受到伤害。第二是快乐,满足自己的兴趣并感到开心。第三是时间,不要浪费更多的精力与青春。第四是金钱,在满足前三个条件的前提下,再考虑节约与收益,不要因为金钱而失去或减少安全、快乐与时间。这是一个在美国生活了20多年的过来人的切身体会,也是一个长辈对晚辈的谆谆教诲,请一定要理解与切记。

最让我们惊喜的是你与女朋友交往的经历。我们一直期待你有一份稳定和谐的感情生活,当然,及时分手也是一种正常的选择。我们没有具体、直接的意见发表,因为我们面临的是不同的社会背景与人生轨迹,现在可以提供的仅仅是一般性的间接意见。

30年前,我在媒体上参加过一个讨论(后来发表在江苏、湖南的报纸杂志上),依据《电路分析》的原理提出过"三个原则":匹配原则——这是获得最大功率的基本条件。"门当户对",不仅是各自的家庭、生活背景的大致类似,而且是各自的生活经历、习惯,特别是价值观的类同,否则很容易发生矛盾与冲突。互补原则——在现实而非理想状态下,尽可能在性格、事业、生活上能够互相弥补、相互支持,在整体上实现和谐。同步原则——并不一定要求同相位、同频率,而是在成长的过程中保持共同发展的态势。匹配原则是基础,互补原则与同步原则是两翼,共同构成一个协调的整体。这是一个典型的科学主义交友观,或许已经不合时宜,但还是可以表达作为父母的基本想法与立场,我们提出来只是与你分享,供你参考,并非一定要你接受。

当然,我们也同时深深地赞成"宁愿听从感情的引领,而绝不信任所谓思想的加减乘除法则"。这种事情只有你自己亲身经历、真实体验,不是靠说教的,即使多走些弯路,摔几个跟头,甚至是头破血流,那也是必要的成本与代价。因为那是你要的人生、你要的情感,你并不是为我们生活。或许多分手几次,才能真正认识到自己到底需要什么、什么样的情感值得珍惜、什么样的人合适,总比造成难以弥补的伤害要好得多。所以你只要听从自己心中的旨意,不必过于在意别人的观念与看法。看来我以前是过于操心了,你比我想象的更独立、更能干。爸爸相信你会处理好的!我一直对你抱有很大的信心。还是那句话,"孩子,你慢慢来!"

我相信,在走向成熟的道路上,你还会不断给我们带来更多的惊喜而不是惊吓!我虽然"有插队这碗酒垫底,还有什么不能对付!"不过当年的锋芒早已顿挫,现在的承受能力大大不如从前了。我的担心也许是多余的。

在不久的将来,你或许将带给我们韩剧《爱在哈佛》或者是美剧《风雨哈佛路》之类的惊喜吧!

我们期待着!

生 活 篇

谢谢你，我的儿子！

亲爱的儿子：

在你四分之一世纪的生日之际，诚挚地献上我们的祝愿：身体健康，幸福快乐，学业进步！

在刚刚过去的感恩节，我曾写下签名："感谢儿子促使我逐步走向成熟，逐渐懂得责任；感谢儿子的辛勤努力，带给我们夫妻安度晚年的愉悦心情与心理支撑。"

25年前，当我在工人医院第一次看到你的时候，心中的震撼是难以言表的。首先是遗憾，一直坚信你是个"男小囡"的，带我长大的外婆也在你出生前几天离世而没能见上你一面。其次是惶恐，你的嘴唇边残留的紫药水明显可见，那是刚刚做完割去舌攀手术的痕迹。看到你那么弱小，又那么无助，我心中涌起十分强烈的愿望：一定要竭尽我的全力使你健健康康地长大成人！

本着"亲手缔造与直接指挥"相统一的原则，与大多数同龄人不同，我们是独立自主地抚养你，几乎没有人相助。每天给你洗澡、喂你牛奶，熟悉你的气味，了解你身体的细微变化；时时教你说话、走路，天天陪你晒太阳，经常带你到省委大院、古林公园溜达，感觉你一天天地长大。正因为此，我也难以外出参加当时的热门社会运动，也婉拒了国外媒体的约稿，当然也就避免了可能带来的麻烦。为了挣"牛奶钱"，我开始接各种活——走穴上课、承揽项目、向媒体投稿，这同时激励我进入了学术研究的高峰。1989年，中国科学院某重要刊物打破惯例，在同一期内发表我的两篇论文，主编来信要求只能一篇署真名，另一篇必须署笔名，我实在起不出笔名，只好用你的名字——那是我唯一起的笔名。在那期间，还有几次也是一年内在同一刊物上发表多篇论文，不得不多次使用我起的这个名字，直到你上小学后，我再也不用这个笔名。我还曾听到有人说起，不知为什么"这个人"在学术界销声匿迹了。这些论文分属政策科学、经济学、哲学等多个领域，不仅构成了我晋升教授的代表著作的核心，而且至今还是被学术界与网络媒体反复引证的重要文献。

在被东南大学幼儿园小托班拒绝接受入托——规定女老师的孩子可以上，男老师的孩子却不可以上，这也是一种性别歧视，我与我师兄、现在某大学党委书记，在南高院向园长恳求未果后，我们只好自己想办法。经过多方努力，顺利让你进入省委幼儿园的小托班。由于我下午上课或开会经常较晚来接你，你因此常常被老师冷落与责怪，我只好将你转入省级机关第二幼儿园。后来，你妈妈机智地将你送进原南京军区勤联部的三八保育院，那里环境与老师都很好，可以早七晚六，一天三餐，你在那里度过了一个快乐幸福的幼儿时代。

接下来，上小学的面试中，你受到"重创"。面试结束后，面试老师十分疑惑地质问："你儿子怎么'4+8=？'都不会，也不识汉字。"我毫不犹豫地顶回去："那不是上小学才学吗？"由于面试老师是你同学的妈妈，她是出于关心，才苦口婆心地叮嘱我赶紧带你去超前补习，否则你上学后就可能会跟不上。"这不是偷跑、抢跑？怎么能这样！"我本能地反感这所学校的教育理念。后来，在我的师姐妹（年龄比我大，入门比我晚）的帮助，以及省委某部副部长夫人的协调下，成功将你"择校"进入南京市最好的小学。我以自己的优势为他们干了一些他们学校干不了的活，从而免除相对高额的"择校费"，也算是等价交换的"易货贸易"。你在这个学校愉快教育的氛围里度过了你幸福的童年时代，避开了你的学姐（南外 2005 届）章早立、李萱在《在拉萨路小学的两年和四年》中描述的"监狱一般的校园"生活。有幸的是，当年你同学的母亲中有华东政法学院的毕业生、有在省妇联少儿权益部工作的，时常就以儿童的权利与校方抗争，为你们的健康成长提供了必要的保护。

20 多年来，我一直以你的幸福成长为唯一考量，不仅要考虑进什么学校，能否顺利进入什么项目，还要考虑能否顺利完成学业，能否过好这一阶段的学习与研究生活，能否尊重你最基本的权利——生存权、受保护权、发展权、参与权[联合国《儿童权利公约（*Convention on the Rights of the Child*）》]，为你的健康成长提供必要的引导、激励与鼓励（参见《学会学习：享受留学生活》）。你的愿望，就是我的愿望。我为你担忧，也与你分享。

转眼你读 PhD 已是第四年了。博士研究是这样一个非常窄而深的过程。外部的世俗世界当然精彩，可是为了弄清楚人类遗传学或神经生物学的一些机理，获得一点与人类疾病相关的发现，只有抵御各种诱惑，排除各种干扰，非常勤奋、非常专注地对一个很小的学术问题反复钻研坚守下去才能有所收获。这样，你的思维自然会变得固化，阅读的视界自然会变得狭窄。记得，当年梁启超告诫在宾夕法尼亚大学学建筑的儿子："你该挤出一部分时间学些常识性东西，特别是文学或人文科学，稍稍多用点工夫就能有大的收获。我生怕你因所学太专一的缘故，把多彩的生活弄得平平淡淡，生活过于单调，则生厌倦心理，厌倦一生即成苦恼之事……书宜杂读，业宜精钻。"梁任公提倡的在主业精钻与业余杂博之间保持必要张力的教诲，你是否可以参考？

25 岁生日对你而言是成人的一个重要转折点，你那张青春勃发、踌躇满志的脸，终于显示出你长大了。你带给我们的有烦恼更有快乐，还有无垠的牵挂、无限的欣慰。

作为父母的我们，是从一个不公平的社会走过来的，我们经历了极为波澜壮阔的社会变革，我们经历了几乎完全不同的两个时代。虽然我们做得不够好，但是我们努力了，做了我们该做的事情。除了比你们多一些社会教训以外,我们没有什么可以在你们面前炫耀的资本!信息没有你们丰富,所受过的教育没有你们扎实与严格,对科学的理解与对新事物的认知没有你们敏锐。作为你的父母,我们也开始渐渐变老,开始渐渐落后于时代。我们唯一可以做的,那就是看着你往前走,偶尔提醒你一下,不时地给点叮嘱。

每代人有每代人的使命,每个人都有自己适合的位置,每个人都需要靠努力拼搏去争取自己的未来。可爱的儿子,你现在已长大成人,在以后的日子里要承担起属于你的责任,勤勤恳恳、脚踏实地搞好自己的事业与生活。你在生活上、经济上已经基本独立(如有需要,我们定会鼎力相助),现在主要在学术上要真正独立起来。博士研究生作为导师学术谱系中的一个节点,有责任传承守护,更有义务发扬光大、开拓与超越,那是本质意义上的传承。你可以整合分子遗传学、人类遗传学、神经生物学已有的训练基础与学术积累,开拓新的学术方向,尝试超越导师,超越师兄(姐),避免重复性研究,避免雷同的课题。

我还有一个"非分"之想,如果你博士后去斯坦福大学(Stanford University)或哥伦比亚大学医学院(当然以你事业发展为主要考量),那么我就有机会与理由去斯坦福大学的胡佛研究所或者哥伦比亚大学的东亚研究所,去研读"中华民国"的文献与民国人物的口述资料,弄清楚我们家的先贤叶楚伧(1887—1946年,著名的南社诗人,国民党元老、右派,曾任江苏省政府主席、国民党中央党部宣传部部长、秘书长、中央政治会议秘书长)与国共两党的恩怨情仇。

那时,《爸爸去哪儿?》——在胡佛塔里,在 Starr 图书馆。

谢谢你,我的儿子!

返美签证记

> 过一个有意义的暑假:从离开美国抵达香港科技大学出席分子与细胞神经科学戈登会议(2014年6月29日)到第二届夏季青年奥林匹克运动会闭幕日(8月28日)再次返回美国,整整两个月在中国的土地上学术交流、探亲访友、故乡游览。
>
> ——题记

这是一个一波三折、诸多不顺的煎熬过程,从签证准备到领事馆面签再到领取护照,几乎每个环节都遇到了不大不小的问题,真是一言难尽。

签证准备

3月初,我们得知儿子暑期要到香港开神经科学的一个国际会议(当时我并不知道这是一个什么样的会议,下一篇将写会议介绍)。5月8日,儿子写电邮要我去问问中信银行,是面签还是递签,各自需要办理的流程与利弊。我立即去学校附近中山路上的中信银行南京分行,问了几个职员,大都语焉不详,因为他们都只是按照领事馆提供的文字照本宣科,几乎没有设身处地考虑每个申请签证人的具体情况,或许他们经验不多(主要是接触上大学或旅游观光的签证申请者),或者因为是非银行业务也没有多少利润,他们都比较轻视这种咨询业务。签证准备主要依据美国大使馆提供的要求,并综合他们的只言片语做比较务实的解读,具体步骤与说明如下:

1. 填表。儿子在美国国务院网站(https://ceac.state.gov/)在线填写 DS-160 表格,与此同时上传近照(应该符合使馆规定的规格),选择面签或递签的地点。如果选择递签,则签证申请地点选择广州。如果选择面签,由于我们是江苏省的户籍,则签证申请地点选择上海。将一系列问题填写结束后提交 DS-160 表格。

理论上说,儿子应该选择递签。他 2010 年赴美签证是在加拿大蒙特利尔领事馆获得的,所以 2011 年年底回国,那就必须到领事馆面签并留下指纹;此次应该不可以面签而只能递签。但是，一般递签当时不能知道结果，快递在路上花的时间多。选择面签比递签更为有利。由于儿子2013年换了大学以及居住的城市，这样就符合面签条件了。中信银行的工作人员却不能理解这种情况。

2. 申请。儿子到美国驻华大使馆网站(http://www.ustraveldocs.com)进行签证申请，并获得CGI(Reference Number)参考号。CGI是一串数字，通常为730…。由于儿子与我都没有中信银行的银行卡，所以我在得到儿子传来的CGI：730114843424后，只能选择中信银行网点柜台(需要携带护照复印件、CGI网站打印的美国签证费付款单)缴纳签证费。缴费后获得美国签证费收据号码(Receipt Number)，它也成为唯一号码：1406068386726189。中信银行根据我所提供的CGI参考号码生成了缴费收据号码，生成后有效期为一年，但不可以退款。我将缴费收据号码1406068386726189发给儿子，让他使用这个唯一号码返回网站(http://ustraveldocs.com/)进行再次确认。

3. 预约。儿子登录网站后，选择"预约面谈"。在接下来的流程中，儿子会遇到相关免面谈的问题，回答此类问题后，系统会自动判断您是否符合免面谈的要求。经系统判别需要面签后，儿子可以进到预约面谈日历页面进行预约。但是，中信银行工作人员提到签证确认单的有效期是一个月，即从签证确认单生成到其到达签证官手上的时间。所以，只有等到6月初，再预约面签时间。据中信银行南京分行营业部的人说，现在的面签预约是一周放一次时间表，有时可能是一个月一放。6月初我就开始问预约时间，直到6月15日，我还在询问是否预约了；6月18日，儿子回电说他预约了7月7日中午1点在上海领事馆面签。

4. 备料。面签之前还需要准备好相关证明材料，即护照(护照的有效期需超出在美预定停留期至少6个月)、DS-160申请表确认页、一张照片[2寸正方形(51 mm×51 mm)彩色正面证件照，最近6个月内拍摄，白色背景]、已缴签证费收据(在我手上)。中信银行南京分行营业部的工作人员反复强调资金雄厚的重要性，还有就是需有银行的流水账证明资金的合法性与合理性。如果没有的话通常需要按要求补上。我告诉他，2011年面签的时候，就用了I-20表格与博士项目负责人的证明信与成绩单，没有什么资金证明，也没有银行明细。因为在I-20表格中证明学校每年稳定资助7万多美元，其中包括支付学费4万多美元，生活费与保险费3万多美元。我认为，由于现在已经不是上课阶段，除了I-20表格与项目负责人的证明信与成绩单，还需要研究计划(用开题报告)、简历及相关的学术成果(论文)，以及导师的网页介绍(含电话号码、邮箱地址)。问题是在读证明需要霍普金斯大学医学院与哈佛大学医学院各出一份，I-20表格也应该是新近的，能够反映出实验室的迁移状况。最后就是确定护照返回地点，应该填写的地址是中信银行南京分行在我们家附近的支行，并留下我的手机号码以便联络。最后，打印DS-160表格与面谈确认信。

领馆面签

7月7日,我们一家三口坐高铁到上海,直接打车去梅陇镇广场,吃了中餐,儿子就去排队准备进领事馆,我们夫妻就去梅陇镇广场顺便逛逛。半个小时后儿子向陌生人借了电话约我到大厅里巨大的变形金刚前见面。我立即赶到那里,他检查在资料夹里是否有DS-160申请表确认页,发现确实没有,只好去打印社上网下载。我们在附近找到一家打印复印社,里面也有一位年轻人在上网找DS-160,然而,正好网站服务忙,进不去系统。儿子找了一台计算机,先在网上搜寻登录密码,然后进入签证系统,下载并打印好DS-160表格。

儿子再次排队进入领事馆,不一会,儿子再次找陌生人借电话找我,说见到一个新手签证官(visa officer),没问几句就打发回去补寄相关证明材料,就是我事先给他列出的他及其导师的学术介绍。原本我提醒儿子要把资料准备充分,但是,我觉得儿子能力也强了,2011年的面签也是他自己一人办理的,这次当然我也不便强求儿子按照我理解的规则办理,他总要自己面对未来的一切。就算是吃亏上当、跌几个跟头,也都是必要的经历与体验。有过来人说,要求提供个人CV(即简历),导师的CV以及研究介绍的这种情况,基本就肯定行政审核(check)过了。面签无非就是走个过场,让签证官看看申请人是不是形容猥琐,像不像恐怖分子。可能唯一有希望争取一下的是,如果有机会选择签证官的话,尽量选择年纪较大看起来经验丰富的签证官。资深签证官更有可能通过自己的专业判断来避免申请人被check,而资历浅的签证官总是采取蒋介石惯用的"宁可错杀三千,决不放过一人"的策略,多check多保险。

当天晚上,整理好相关资料并打印好。第二天将资料递交给中信银行南京分行营业部。由于递交的资料是不退还的,只退还经过签证的护照,所以I-20表格原件是不能提交的,于是我们复印了I-20表格一并提交。看到资料袋上注明邮寄上海领事馆,我们才放心离开。据说递交文件后中信银行会给收据,上面显示有可以追踪文件处理进度的号码,但我根本不知道到哪里去查。

领取护照

回来后,我就开始在签证系统(https://ceac.state.gov/)输入面谈地点和DS-160表格条形码编号AA0045THQS,在线查询儿子的签证申请状态。一般在该系统将经历如下变化:No status(无状态)→Ready(准备)→Administrative Processing(行政审核)(所谓的check)→Issued(签发)。其中"No status"与"Ready"我没有见到过。第一次查询显示的是:7月3日,系统建立档案,7月11日系统更新过一次。这就意味着我们补缴的材料已经被收到了。以后就是进入Administrative Processing,意味着签证被check,也就是行政审核。

我看到过几个被check的人写的情况,与我们大致相当,都是第三次赴美签证。第一次被录取,当然没有行政审核的必要。第二次,是在上课阶段,行政审核的必要性不大。所以读本科、读硕士的,几乎没有行政审核这回事。但是都是第三次,也都是申请人以为自己有经验,准备得也不充分,无一例外地都被 check。当然,因为已经进入研究阶段,美国认为就有必要审查审查,看看你有没有做危害他们国家利益与国家安全的事情了。

一般 check 正常需要三周时间,有几个朋友的孩子最近几年内被 check 都是 20 天左右。不幸的是,从 7 月 11 日领馆收到补递的材料,到媒体传出"美签证系统故障波及全球"的消息,不得不改签原定 7 月 27 日回美国的飞机。美国《华尔街日报》当地时间 25 日报道称,数日前,用于审批、签发赴美签证的美国官方计算机数据库"领事综合数据库"出现不明原因的故障,导致护照、签证等证件的申领工作受到"严重影响",数次出现短暂中断。26 日,美国国务院在官方网站上发布公告称:"国务院领事事务局的签证系统仍存在未能解决的技术难题。为此,我们的运营效率受到明显影响……我们正加紧排除这一问题,并希望系统能很快恢复运作。"此次技术故障影响广泛、波及世界各国,而故障本身并非是针对某一国家或某一特定类型的签证种类。美方尚不能确认全世界共有多少赴美签证申请人受到系统故障影响,而系统何时能恢复正常运作也尚未可知。美国国务院领事事务局数据显示,该机构平均每年要受理数百万份签证申请文件。数据库的故障导致大量申请文件积压,而积压的申请文件又增加了系统负荷,反而不利于故障的排除。美联社称,数据库的运行故障最早出现在 7 月 19 日,经检测、排查后该系统于 23 日恢复使用,但运作效率仍呈现出"大幅下降"的状态。美国"领事综合数据库"是基于"甲骨文"公司技术研发出的最大的数据库系统之一,存有上亿条签证记录、7 500 万份照片资料,平均每天能办理 3.5 万份签证业务。该系统在前一周的一次常规维护后出现运行故障。造成这次系统故障的责任方既有可能是"甲骨文"方面的工作人员,也有可能是美国国务院方面的信息技术人员。7 月 28 日,美国驻华使馆签证处表示,美国签证系统故障已修好,签证业务可以正常办理。

了解签证状态还有一个途径:在美国驻华大使馆网站(http://www.ustraveldocs.com)上用申请签证的护照号码查询护照状态。如果一切顺利,护照状态将经历:Delivered to Post(寄往使领馆)→In the Post(在使领馆中)→Origination Scan(护照从使领馆中取出)→Ready for Pick up(可以在指定的中信网点领取)。"Delivered to Post(寄往使领馆)"与"Ready for Pick up(可以在指定的中信网点领取)"两个状态,我始终没有见到。如果护照在使领馆中超过两个星期,这个自动查询的系统将无法再查询到护照信息,不用担心,一旦护照从使领馆中寄出,护照信息将可以再次被查到。具体查询方式可以有两种:一是直接在网页指定的地方输入护照号码,进而看到护照的状态;二是给签证系统给定的邮箱写信,在邮件的标题栏里直接写上护照号码,等几分钟就可以收到回信,得知护照的状态。

在等签证的几个星期里的大部分时间,我都在强迫症式地刷查询签证状态的网站,还去中信银行"骚扰"工作人员。这期间,几乎所有的催签方法我都使用过:不断地给领事馆打电话。对方的态度不错，但是永远都问不出什么来，总是让你去网站上查询。给领事馆发邮件，永远没有回信。

等签证是很痛苦的，主要是原定香港开完会回家度年休假十多天：7月5日到7月27日，其中7月5日、6日与26日、27日是双休日。如果逾期，虽然是因为签证的问题，导师也能谅解，之前的师姐们也有被行政审核的经历，一般关系不大。但是，导师心里难免不爽，可能影响到良好的师徒关系。我只好敦促儿子给导师写信说明情况，同时表示就算将明年的休假时间提前用掉，回去后还要用几周双休日加班弥补。还好，儿子的研究课题只是他一个人自主选题与自主探索，并不与他人合作协调，也没有很强的时间进度。同时，儿子并不需要担任教学工作，否则，逾期会影响正常的教学任务。不过，5月，他与师姐共同指导一位哈佛大学文理学院的三年级本科生的暑期研究，该生是一位很有研究经历且成绩优秀的学生，儿子整个7月、8月都不在实验室，没有给予必要的指点，白白担了指导教师的名声。

直到8月21日，在网站上查到信息被更新了，我很兴奋，应该是通过签证了。8月22日，签证系统网站查到我儿子的签证是"issued"，也就是说签证已签发。"final processing（最后审核）"应该是制作签证的最后阶段或者签证已经制作好，准备送出之前的那个阶段。23日上午9点30分，用护照号码查询，邮箱回复："你的护照发放的现状：正在扫描"，网页显示"护照已从领事馆那边收回，目前正在安排运送"。以后一直显示这个状态，直到今天依然如此，并没有显示传说中的"Ready for Pick up（可以在指定的中信网点领取）"。然后多次打电话给中信，如果由邮政快递直接发给本人，那么多次改期后的8月25日就可以如期返美。不巧的是，中信银行双休日的23日、24日不办公，快递公司就是拿到护照也不会送，让人无语的中信银行代传递业务！让150美元又打水漂了。26日去中信银行取回护照，27日中信银行客服才来电话通知去取护照。

结束本文的时候，请允许我向美国驻上海领事馆、美国国务院签证系统及其行政审核系统、中信银行、快递公司献上我最诚挚的"诅咒"，并感谢他们带给我一个漫长煎熬的暑假以及几千元人民币的经济损失，也让我与儿子有较为深入的交流，让我能够比较全面地了解儿子三、四年级的研究进展与生存状态。同时，一直以为签证下来就应该改签机票立即返美，我们都没有任何较长距离的旅游，只好在南京走绿道、爬钟山、登城墙、看江景，增加一点爱祖国、爱家乡的教育。

生活篇

"扎根派""科学精英""精神贵族"

今天是你的生日,我可亲可爱的儿子!你在中、加、美三国艰难而幸福地度过了 26 个春夏秋冬,现在将迎接更为严峻的挑战,迎来更为幸福的生活!我和你妈妈在南京,向在波士顿的你,送上我们最诚挚、最衷心的祝福与期望!

在你生日之际,我该说点什么?好像该说的我都说过了,似乎没有什么可以再说的了。一个月前,我的一位大学同学何蔚星,就是那年我和你妈妈去美国到北卡他家去的那位[中山大学的硕士、南京大学的讲师、伊利诺伊大学芝加哥分校的博士候选人(没有完成学业,其后来投身商海),现在奔波于中美之间做工程],与我谈了几个小时,其中很多是关于你、你的未来发展。这给了我很大的启发,再加上我的理解与体会,以及你妈妈的想法,现在写给你,供你参考与借鉴。

努力做一个"扎根派"

何蔚星特别强调,希望你把在美国的根扎得再深一点,对美国文化有更深刻的理解,对美国科研体制运作精髓有切肤的体悟,关注与熟悉美国科学界那些创新的精英。只有根深才能叶茂,只有对美国的创新文化真谛有透彻的理解,才能在美国科学界生存与发展得游刃有余。40 年前,我就是一个上山下乡坚定的"扎根派",在中国社会最底层、最黑暗的区域,观察中国社会的运行与变迁,了解中国人的生存命运与悲欢离合。虽然后来我上调回到城市,进入地质研究所、上大学、进工厂、读研究生、在大学任教,但是几年的农村插队生活依然是后来学术研究与事业发展的重要基础与原创动力。

在中国文化中,做学术就要深挖一口井,只有挖得深,才能打出甘甜的水。现在人们普遍认为博士的知识面较窄,就是要"深刻的片面"。真正地"沉下去"是科学创新的基础。经济学家常常建议"不要把所有的鸡蛋都放在一个篮子里"——要尽可能地分散风险。但对于科学研究来说,结论可能恰恰相反。2011 年诺贝尔生理学或医学奖得主、美国斯克里普斯研究所基因学和免疫学教授布鲁斯·A.博伊特勒(Bruce A. Beutler)说,正确的决策可能是应当把"所有鸡蛋都放在一个篮子里",才能连续地从事某项研究工作,才能做出原创性的尖端成果。

从你今年提交给香港戈登会议论文的参考文献上可以看出,你的研究方向是你们实验室部分师生10年多来苦心经营坚持的研究领域,他们是在交感神经信号传导领域深深地沉下去了,具体的科学工作是由你的师兄、师姐在博士、博士后期间完成,研究目标由你们的导师牢牢把握,从而带动了一个学科的发展,其科学影响力与威力是巨大的。这就是你们实验室在神经科学领域的学术地位。你依然需要向导师、师兄、师姐好好学习,培养自己对本专业的直觉和敏感,跟着他们学会如何发现问题,学会如何逻辑地论证自己的观点,甚至学习他们的惯用语言。学会自己导师及其弟子们的"看家本领"后,再根据专业方向和个人兴趣转求多师。无论他们取得的学术成就如何,你都必须继承并发扬光大,善于总结行之有效的治学方法,或者能归纳出一套可供操作的学术范式,一方面是提升演绎能力,努力对实验结果的深层科学意义深度挖掘。首先是实验设计应当尽可能是原创的,即使是受别人启发,也必须从科学原理上理解做这个实验的独特意义,牢牢把握理论本身的深层结构。其次是从深层理论上推演出可能的结果与具体的实验间的内在关系,从而把实验与理论纳入同一个科学理论的基本框架。这样,表面上实验是发散性的,但能在深层次上显现科学研究目标。这是在实验上沉下去的具体要求。另一方面是提升归纳能力。在理论深度和实验深度不断提升的条件下,在应当有远大的科学研究目的的情况下,有明确可行的科学研究的具体目标,或者是用实验验证有争议的结论,检验现有理论的有效范畴边界,目的是指向发现边界外的科学理论;或者将原来零散的理论和实验研究结果归纳到一个更有包容性的、多个可能的深层结构性科学理论,把新的理论结构与已有的尚待做出深层次理论解释的实验结果包含进来。无论是演绎能力还是归纳能力的提升,都源于对自然科学基础理论及科学研究基本哲学理念的把握的深层化、本质化、科学化。只有沉下去,才能取得实质性的科学成就。

努力做一个"科学精英"

在美国丰润的科学创新土壤上成长,还有一个区位问题。区位问题,在马克思学说中是级差地租;在国际贸易理论中是比较优势。在科学社会学中有两个重要的理论:一个是带头科学理论,一个是科学中心转移理论。在我20多年前的第一部个人著作《科技宏观分析》中有比较详细的论述。我现在借助这两个理论,并将它们做一个缩编。可以这样描述,当代生物医学(或者主要是神经科学)是21世纪的带头科学,科学中心依然在美国,主要在三大优势区域:华盛顿地区(华盛顿特区与马里兰州部分)、麻省波士顿地区与加州旧金山地区。我们也可以称之为当代生物医学研究的"核心圈"。就像世界杯足球赛那样,只有进入32强、16强、8强乃至决赛圈,才算是进入核心圈,才是世界足球的精英或劲旅。你有幸已经在华盛顿地区学习三年多,又有机会在麻省波士顿地区研究一年多,可能需要一二年,如果做博士后或求职似乎应该再去加州旧金山地区(斯坦福大学或者加州大学旧金山分校),那么就可以真正地体验生物医学研究的"核心圈"。在这些"核心圈"里，才能方便地了解什么是科学前沿，什么是真正的、有价值的科学问题，才能方便地与相关科学家建立广泛的学术交流与交往关系。你已经站在前沿的领域，但你依然不能放松。"抬头是山，路在脚下"：前者强调一个立志向学的人都应树立崇高的学术理想，确立自己远大的学术目标；后者强调必须坚定地一步一步朝自己的目标迈进。学术的"无限风光在险峰"，既有登山的决心，也有探险的勇气，还有相应的拼劲、毅力、恒心。如果没有付出持续的努力、没有流下拼搏的汗水、没有流下痛苦的眼泪、没有"为伊消得人憔悴"的艰辛，任何梦想都将成为昙花一现的空想，人生的美梦将成为折磨我们的噩梦。

要想成为一个科学精英，首先，要了解自己的所长和所短，再来学会如何扬长避短。要用其所长就必须识其所长，通过"博览""习试"和"旁通"等方法来不断试错，是一个博士候选人认识自我的基本途径。其次，既要自信自立，又不能自满自夸。在学术分科越来越细的今天，只要能将自己某一长处发挥到极致，你就能成为某一领域的顶尖专家。最后，强调向别人学习时不能丧失自我，做学问更不能在时代大潮中趋时跟风，任何环境中都要能坚守自己。因此，看一个博士候选人是否能独自成家，一是要看他是否形成了自己的学术个性，二是要看他是否提出了自己的学术问题。你现在的个人研究基础很好，你已经站在国际研究前沿，就应该继续走下去，在自己喜欢的方向上做出原创性的"有趣"的成果，成为某一领域真正的科学精英。

努力做一个"精神贵族"

从小，你妈妈一直希望将你培养成为一个"贵族"，并且一直这么努力去做，尽可能避免世俗化。何蔚星也希望你不去随波逐流，被现在那些庸俗的社会潮流所误导，追逐短期的名声与利益。所谓"精神贵族"指的是一种具有高尚的人格理想、高贵的精神气质和高雅的审美情趣，极富智慧、宽厚爱心、悲悯情怀的人。"精神贵族"自觉地坚定自己的志向，以百折不挠的精神勇往直前，耐得住寂寞、孤独、曲折甚至打击。"精神贵族"的高贵之处就是干净地活着，优雅地活着，有尊严地活着。内心世界就不会变得浮躁，功利心对自身的干扰也就轻一些。"精神贵族"必须有"三个自"：首先是自尊，自我确立和守持人生的尊严与骄傲，不为环境所影响和主宰。其次是自律，就是遵守规则，一定不能越过道德的边界，要维系社会的共同契约。最后是自明，有较好的学养与修养，了解历史和世界，也了解自己的位置与有限性。"人贵有自知之明"，因为知道天高地厚，便不敢唱高调，不讲大话，不自我膨胀。

"精神贵族"就是要清高一点。高质量的友谊总是发生在两个优秀的独立人格之间，其实质是双方互相由衷的欣赏和尊敬。社会是一个使人性复杂化的领域。对于那些精神本能强烈的人来说，节制社会交往和简化社会关系乃是自然而然的事情。正因为如此，他们才能够越过社会的壁障而走向伟大的精神目标。尊重他人，亲疏随缘。一切好的友谊都是自然而然形成的,不是刻意求得的。再好的朋友也应该有距离,太热闹的友谊往往是空洞无物的。不擅交际固然是一种遗憾,不耐孤独也未尝不是一种很严重的缺陷。

  我们这一代做父母的,个个都无比焦虑。在"失联"两个月后,你写下:"我一切都好。最近课题进展不错,所以有点忙。不用担心。"我才长长松了口气。我是知青一代,在我的成长过程中很少得到父母的关心与关注,他们被革命、"运动"折腾得自顾不暇。希望你能体谅我"过度担忧"的心态。我们现在也要试试看,能不能把一颗焦虑的心轻轻地放下,去体会那种只用眼光欣赏,只提供鼓励和支持的父母之爱。

  你一直走在探索未知的路上,需要合理分配时间和精力,需要在兴奋、精力充沛和疲倦之间找到平衡,万万不可迷失方向!似乎也没有特别轰轰烈烈的事情,我们总是在平凡的岁月里过着平凡的生活。慢慢走,慢慢品,生活道路上的风景是你一生的财富。

  只有对自己有深刻的审视与严格的约束,才有广阔而光明的未来!

生活篇

灯光，在隧道的尽头

今天，又是一个开学日。

亲爱的儿子，祝贺你迈进攻读博士学位的第六年！

美国芝加哥大学社会学系的阿伯特教授，在每年开学时都要给他的研究生写一封邮件，邮件的末尾总有这样一句话："Light at the end of the tunnel."（灯光在隧道的尽头。）这个比喻用在攻读博士学位的莘莘学子身上实在是再贴切不过了。攻读博士学位的隧道的确很长，从最开始的课程学习到资格考试（qualify），再从第二年进入导师实验室到论文开题（general），最后从实验完成到论文的发表与答辩（final），每一关都不容有偏差失误，每经历一关都得脱一层皮；几乎难以看见成功的曙光，稍有不慎就会陷入黑暗深渊。今天，在迈向博士六年级的日子，多年来在眼前或隐或现的神秘灯光已经变得愈来愈近了。

2012年毕业于斯坦福大学计算机系的郭伽（Jia Guo）写过一本电子书《博士磨难：一个博士生的回忆录》(*The PhD Grind：A PhD Student Memoir*)，回顾了自己6年的博士生涯，满篇都是他的煎熬、无助和废寝忘食。不过，他认为博士训练是人生一段宝贵的经历，它让莘莘学子在激烈竞争中变得愈发强大。人的成长是需要这样一个历练的体验过程。

人生路上面临多种选择、多种诱惑。如果选择有了偏差，多数时间就会很不开心；如果选择了适合自己的路，再苦再累，痛并快乐着。这种枯燥而且可能无望的生活，常常会将许多人逼疯甚至半途而废。但最后坚持下来，并且有所成就的人，一定可以从中有所收获。现在，离"Dr. Ye"这个梦想中的称号更近了一步。横亘在你面前的就只剩下结束实验并完成毕业论文了。

接下来的一年时间里，你需要内心深处对自己努力的渴望和情绪的控制，远离喧闹的文化都市活动，回归到"文章不写半句空"的精神境界，这样才能忘我地投入到论文写作中，完成一篇具有里程碑式、可以写进神经生物学教科书的原创论文。未来要发表出去的文章上印着自己的名字，就一定要对数据负责；半点强求不得，一定要经得起实验检验与同行质疑！辩证哲学大师黑格尔以自身经历与体悟坦言："只有经过长时间完成其发展的艰苦工作，并长期埋头沉浸于其中的任务，方可望有所成就。"

在开学之际,你应当潇洒地对自己说声"加油"。想想过去5年,那么艰难的岁月都熬过来了,还有什么困难不能克服的呢?其中,看似"无用功"的工作,其实可能会"无心插柳柳成荫",为你今后高层次的工作打下坚实的学术基础。我只想说,感谢这段经历和生活带给你的磨炼和塑造。

或许实验性学科的艰难、烦琐、细致,富有挑战性的博士候选人的生存状态,其中隐藏着许多不为人知的苦恼与喜悦,诚如九叶诗派成员之一、普希金诗歌的著名译者穆旦(原名查良铮,金庸同族的叔伯兄弟)《诗八首》中所描绘:

> 静静地,我们拥抱在
> 用言语所能照明的世界里,
> 而那未形成的黑暗是可怕的,
> 那可能的和不可能的使我们沉迷。
> 那窒息我们的
> 是甜蜜的未生即死的言语,
> 它底幽灵笼罩,使我们游离,
> 游进混乱的爱底自由和美丽。

是的,light at the end of the tunnel!

面对明天,你依然充满着一腔激情,因为你的思想是自由的,你依然可以去追逐,去奋斗,开辟属于你自己的学术事业与生活道路。

坚定的信念是人生的灯塔和方向标。

生活篇

在新的转折点上

又到了你的生日,我的儿子!这个生日,对你而言是非同寻常的。自从出国求学,已经是第十个年头,我们作为父母十年没有和你一起过生日了,真是一件憾事!

但是,值得欣慰的是,这个生日也将成为你人生中一个新的重要转折点。

在直接层次上,这个生日是你从博士候选人向博士学位获得者过渡的转折点。在今年年底前后,你将完成全部实验,从而充分论证你在2013年做出的重要发现。如果顺利的话,你会在明年上半年如期完成博士课题答辩;与此同时,你还要在导师的指导下写出可以刊登在 CNS(*Cell*,*Nature*,*Science* 的缩写,即《细胞》《自然》和《科学》)上的原创性论文。

科研不是为了发表论文,但发表论文是做科研的直接结果,其目的是展示自己的学术成果,让更多的同行知道自己的研究进展,所以应当遵循学术的因果关系与科学的公有性准则。白纸黑字背后代表的是一个科学家的学术成果。严谨的科学论文是人类知识体系的重要组成部分。目前,无论是科学共同体还是一般公众对 CNS 论文是比较推崇的,尽管我们不能盲目崇拜 CNS。但是实事求是地说,CNS 论文基本都是本学科的上乘之作,是在世界上首次开展某科学问题研究的成果,为人类深入认识自然与生命作了应有的贡献。我们要做的应该是以见贤思齐的态度,力尽所能攀登科学高峰。"CNS 可能是学术领域最具有影响力的学术期刊,有最广泛的来自各个学科的科研读者群,也就使得自己的论文更显眼(visible)、在学术界更有影响力。"(颜宁)对于一个科学领域的新进入者,有 CNS 论文还是更重要一些。对于你而言,如果在生物医学领域开始自己的职业生涯,那么,在《细胞》上发论文似乎更有意义了。

在上述工作的基础上,整理、完善获得博士学位的学位论文,经导师与博士学位论文指导委员会成员们的审核,正式向校方提供一份系统、完整的博士学位论文从而结束博士求学生涯,最终获得美国顶级医学院的 PhD。我还要提出更高一点的要求,你即将提交的博士学位论文,应该写成一部学术专著的缩简本(类似你中学读过的译林出版社出版的那些英文名著的简写本),待以后研究的丰富、扩展、完备最终形成一部具有原创意义的学术著作,也可以在不久的将来建立自己的独立实验室时成为实验室的研究纲领与建设方向。

在深层次上，这个生日是你从优秀学习者向独立科学家演化的一个转折点。虽然你已经在博士课题的选择确定、设计实验以及论文初稿等方面做过很好的努力，但是作为独立科学家，首先是能够独立选择科研方向，独立确定科研课题，具体指标就是独立写出申请 NIH 或 NSF 等的科研项目标书，并能拿下课题获得资助直至完成。你在博士后申请方面的准备工作，就是尝试独立写出科研项目的标书，可以借鉴你导师已经获得资助的 NIH 申请书，检查对照一下，自己是否可以做到：发现重要的科学问题，提出独到的科学假设，设计有效的实验方案，撰写高质量的学术论文。这种科研项目标书，既可以作为申请博士后的研究计划书，又可以作为申请外部与校内博士后基金资助的项目申请书。一定要做好切实的准备，不打无准备、无把握之仗，机遇只青睐有准备的头脑。获得基金资助也就是获得科学共同体的认可，也是你寻求博士后合作导师的基础条件，而不是成为单纯完成导师课题的"雇员"。

在拟定好博士后研究课题的基础上，接下来就是寻找合适的合作导师。博士后的合作导师与博士的指导教师有显著的区别：他应该是能够构建一个更高的平台，使你的学术视野更开阔，研究目标更宏大，未来的学术生涯更顺利。这就要求他不仅自己的研究对你有很好的辅助与拓展，而且要求他在科学共同体中有更好的声望与影响，成为你科学事业的强有力的"第一推动"。具体指标大概是能有效地支撑你在博士后期间至少完成一篇 CNS 论文，从而顺利拿下美国生物医学排名前十大学的（终身轨）教职。此外，还应该考虑合作导师是否能提供一些条件与机会，包括：完整讲授相关专业的课程，独立指导博士研究生、硕士研究生进行研究，参与同行评议（论文审稿、科研基金的审稿等）的服务活动。此外，领导力（leadership）和驱动力（motivation）都要有。应主动地、有意识地加强职业发展方面的训练，并进行由内而外（from inside out）的人生哲学和气质的修炼。

这些也是作为独立学者所必需的要求。

2014 年末，由美国国家科学院、美国国家工程院、美国国家医学院研究院组成的科学、工程与公共政策委员会（Committee on Science, Engineering, and Public Policy）发表了一份题为《重审博士后经历》（*The Postdoctoral Experience Revisited*）的报告，这份报告中提出的几点建议，值得你好好考虑。

几天前，《自然》刊发长文，对美国学术体系中过多的博士（尤其是生物医学方向）和较少的研究岗位之间的现状表示担忧。这些分析也可以作为风险分析对其加以参考。一般来说，经受博士后的训练能使博士们在通往终身教职的道路上更有竞争力。但做博士后在哪里都是个艰辛的活。在成为独立科学家"崇高"的理想背后，却是多少有些"骨感"的现实。

希望你能够在"骨感的现实"里坚持"丰满的理想"！

生活篇

耐心的等待

好久没有你的信息了！爸爸虽然十分焦急,但是依然耐心地等待,充满信心地静候佳音。

现在,你已经挺进博士学业的第七年！经历了课程学习、论文开题、实验研究、论文撰写等多道关口。你在五月份说,可能到七月份才能投稿,今天已是九月中旬,不知你准备发表的论文是否已投出在耐心等待专家的评阅意见。你是否在忙于撰写完成博士学位的毕业论文？爸爸急切想知道究竟进展到什么阶段。

去年我们来美国的时候,你告诉我,在2015年7月最后一次年度检查汇报会上,博士论文指导委员会要求你在2016年6月至9月完成博士课题研究,也就是说在2016年的1月与4月之内结束研究工作,进入论文写作阶段。可是我们一直不了解你工作大致进展到哪一步了？

课题实验研究应该完成了吧？科学研究在本质上是探索性的活动,尽管可以有大致的时间进度表,那不过是在实验顺利的情况下的合理预期。通常情况下,科学研究由于存在不确定性,总是会出现反复或者意外,需要科学工作者有思想准备、足够的耐心冷静面对挑战。

原创性实验论文应该投稿了吧？你曾经说过,你的实验研究成果写成论文应该可以满足《神经元》刊物的要求,要想上《细胞》还需要在导师的指导下进行提炼与升华。我知道,就选题而言,你的论文并非是热点,不能以新颖性取胜。一个老课题是否能开出新花完全取决你是否能够做出原创的成果,你已经做到了。而且你也参与你们实验室多篇在CNS刊出论文的写作讨论,熟悉了它们的质量要求与学术偏好。现在的问题是你是否耐心地与你的导师沟通,倾听他的意见,在更为宏观的视野上发掘研究成果的科学意义与学术价值,讲好这个神经信号传导的故事。

学习篇

找对人与事

> "当我还是个十几岁的孩子时,我读了一本书,它展示给我通向幸福生活的秘诀——找到你喜欢做的事,然后找到愿意雇你做这件事的人。"
> ——N. 格里高利·曼昆(N. Gregory Mankiw)

在理工科(尤其是实验性的理工学科)博士生的培养过程中,有很多必经的重要环节,如课程学习、研讨会(seminar)、文献研读、实验室轮转等,其中实验室轮转可能是最重要的,是真正学习、真正掌握科研方法和技巧的过程。

实验室轮转(laboratory rotation)是获得博士学位必经的培养训练环节,旨在为学生提供更广阔的学习空间、开阔学生的知识领域、加深师生间的了解,为更好地进行师生间双向选择打下基础。

美国霍普金斯大学医学院马克库斯克-内森斯遗传医学研究所(McKusick-Nathans Institute of Genetic Medicine)规定:博士研究生进入人类遗传学与分子生物学专业之后,立即参加实验室轮转。轮转是由学生根据自己的兴趣选择实验室。每年9月,举行一系列非正式的导师与学生的午餐会,为学生与老师提供相互了解的机会。在选择博士研究课题(博士论文)之前,学生至少要做两个轮转,一般是三或四个,每个实验室至少要待上三个月时间。在确定博士论文研究的实验室之前,这些实验室轮转为学生提供体验几个相近的人类遗传学领域实验室的机会。

在每个学年结束时,一、二年级的学生需要提交实验室轮转的汇报,主要概述其在轮转中获得的体会,并与其他学生、实验室的指导教师们交流与分享。这样做的目的是给学生将自己的体验获得对别人宣讲的机会,也给其他学生提供了了解该实验室主要学术思想的机会。每位做汇报的学生可以立即获得老师们关于改进口头宣讲技能的反馈意见。

实验室轮转是对学生进行科研能力训练的途径,也是学生全面了解学科、进行师生互选的过程。轮转结束时学生根据自己的兴趣和通过轮转获得的感受选择自己感兴趣的课题和自己喜爱的导师。

有位自称是"华科小牛氓"的人在其博客中对美国大学医学院(疑似贝勒医学院或梅奥医学院)的实验室轮转做过栩栩如生的描述,读起来有身临其境之感。他在一个独立的、人超级少的医学院读PhD,各类人等合计不足2 000人,其中学科教授(faculty)600人。研究生入学的GPA(平均学分绩点)都要3.7以上,录取率在10%左右。学校很小,大概和华工(疑似华中科技大学同济医学院)东校区差不多大。学校很分散,和整个城市融为一体。他历经三个星期的介绍和考察之后,进入实验室的轮转计划(Laboratory Rotation Plan)。实验室轮转计划的理念就是自由、对等交流和提倡兴趣。100多个实验室、9个研究大方向是怎么在三个星期内介绍完的?这100多个教授又是怎么费尽心思向这一届33个学生展示他们的实验室,并吸引学生轮转的?33个新生又是怎么从100多个教授中挑选出中意的人选进行轮转的?你也许会问什么是实验室轮转?轮转之后又怎么办?怎么确定一年之后的博士论文导师?可以有两个导师吗?如果不满意自己的导师又怎么办?

我认为,实验室轮转对学生的未来发展有如下功能:

首先是获得科研能力训练的基本途径。

研究生在选定的实验室做轮转,首要的任务是体验一个较为完整的实验过程,以获得对科研的感性认识。这个过程对你而言,在性质上几乎没有全新的意义,仅仅只是数量的增加。你已经有过三个实验室研究经历,其中全时有两个为期四个月(每个为期四个月)的科学训练,半时的有一个为期八个月的科研训练。那是在加拿大读本科期间,本质上或许只是研究领域的拓宽。而现在你进入的表观遗传学(Epigenetics)实验室,那是个比较有前途的新领域。当然,也有一定科研强度的提升,在一个完整的实验过程、一般的研究方法、主要的仪器使用等方面,对你而言,几乎是驾轻就熟。在与老师、学长们打交道方面,你也有一定的经验。在实验室里,你仍然需要熟悉环境,准备实验,既能得到学长的帮助,又能随时接受教授的指点,以便更快地融入科研团队,缩短师生双方的距离。在轮转中的训练扎实了,以后不论面对怎样的环境,你都可以独立思考,快速上手开展研究。

需要注意的是,你应该特别留心表观遗传学与遗传学在研究视角与方法上的区别,关注表观遗传学的特殊问题,例如:DNA甲基化(DNA methylation)、基因组印记(genomic imprinting)、基因沉默(gene silencing)和RNA编辑(RNA editing)等。

对于你来说,这个获得科研能力训练的基本途径,不仅仅是有利于你迅速成为合格的研究人员,重点是需要你和你未来的导师在一开始就把自己的优势和强项展现给对方,这对双方的互相确认可以起到促进作用。

其次是选择感兴趣的与有意义的研究课题。

实验室轮转其实是研究课题选择的"预演",多转转才能知道自己到底想学什么,想做什么,什么已没有必要做,什么别人已经开始做了,等等。

怎样选择研究的课题,或者选定了课题后做什么实验?在信息爆炸的时代,阅读大量的文献仍然是必要与重要的。但是,同时也会被文献的"汪洋大海"所淹没:不能有效选择和消化文献,为自己的研究所用。一个科研新手往往很难判断文献的可信度及其意义,大量信息难免给人造成不必要的困惑(最近常有论文被撤销的新闻出现,表明有的文献可能是"伪造"的,完全不值得一读的),甚至还会造成窒息性的伤害(读大量文献有碍生理、心理的健康!)。现代神经科学研究已经表明:科研的"创造力"与"信息量"可能是成反比的。每一个新录入大脑的信息,都是对创造性的新约束。信息或知识累积愈多,头脑中的"格式塔"框架就愈多,它们正好构成创新的障碍;当然完全缺乏信息或知识,显然也无从创新。因此,对文献积极、谨慎、筛选性地吸收,可能是保持创造力的关键环节。

那么怎么办呢?蒲慕明提出的科研选题的"前瞻式"与"回顾式"研究,十分具有启发与指导意义。"前瞻式"与"回顾式"研究是从"向前看"与"向后看"两种截然不同的策略开始,都可能促使青年科学家对科学做出贡献,同时又享受到探索与发现的乐趣。

"前瞻式"研究首先是彻底检索感兴趣的领域的文献,精读最新最"热"杂志里最"热"的文章,搞清楚这个领域里已解决的和未解决的问题。接下来,有选择地针对未解决的问题设计自己的实验。这些问题常常是最近"热"文章尚未涉及的下一步。这是一种常规的科研方式。但是,这种研究对一个科研新手或刚进入新领域的青年科学家是有问题的,因为在你完成你梦想的实验之前,类似的实验很可能早就被已有成就的实验室先发表了。很显然,大多数未解决的重要问题的下一步工作,必定已在许多实验室中进行。一个新手要和他们竞争,显然是处于极为不利的地位。

蒲慕明认为,对科研新手来说,"回顾式"研究则比较合适。"回顾式"研究首先要求把所有"热"杂志"热"文章都暂搁一边,读几篇所选的领域里最近的权威综述,从这些综述中选出几个你感兴趣并且在这领域里已被公认的、接受的概念和假说。接下来就是试图寻找这些假说所依据的原始文献。在仔细阅读这些文章后,开始设计一个新的实验,用过去没有的新技术或方法,再度检测这个假说。实验的结果可能有两种类型:一种是可能证实了旧的实验结果是正确的,因为你使用了新的实验技术或方法,为一个公认的重要假说提供了新证据,对这个领域是有相当的贡献,因而你的论文可以发表在高水平的杂志上。另一个可能是你的实验结果与旧的实验结果不符或甚至相反,那你就"中奖"了。你的证据可以对目前公认的假说提出质疑,流行的概念与假设需要被重新考虑,你可以发表一篇"热"文章,一连串的新研究课题也将从此诞生。科学的进展就是不断对目前流行的假说进行修正的结果。

概而言之,"前瞻式"研究从累积新的信息来迫使假说修正。"回顾式"研究则从检测已知信息的可靠性直接指出假说的破绽。这也就是体现波普所阐明的"科学在本质上就是证伪"的科学研究方法。

所以,我建议,你在实验室轮转的过程中,尝试蒲先生提出的"回顾式"研究,在你做实室轮转的主要相关领域,阅读综述→梳理概念→回溯文献→设计实验→验证或证伪假说→撰写论文。

最后是寻找心仪的博士论文的指导教师。

在选择和确定自己的研究兴趣之后,再去寻找一个能够指导和帮助你实现理想的指导教师。当然,这是一个极其困难与复杂的问题,别人的经验与分析可以参考,但不能作为定论。

有人还专门写过《选择成功生物医学老板的八大准则》(http://www.sciencenet.cn/blog/user_content.aspx?id=41732),其中意见也是可以参考的。

首选诺贝尔奖获得者,或有相同科研实力的教授。你所在的医学院就有2009年诺贝尔奖得主卡罗尔·格雷德(Carol Greider),以端粒和端粒酶的研究闻名于世,有可能涉及癌症与抗衰老等领域的基础研究,你也做过一点抗衰老基因方面的研究。还有就是"像发现很多Oncogene 的 Bert Vogelstein 教授(霍普金斯大学)做的是诺贝尔奖级的工作。"(饶毅) Bert Vogelstein 也在你的医学院里。当然,他们是否招生或者是否同意接受你,还是个问题。同样,他们的工作你是否感兴趣,你是否愿意找他们,仍然是个问题。但是,至少对你而言,机会与条件还是很好的。

次选 HHMI 研究员(HHMI Investigator)。一般说来,HHMI 的研究员肯定都是该学科的领军人物,其手下的学生只要肯干,成为教师的概率很高。在你医学院里也有几位 HHMI 研究员,例如,那位发现大脑回路的控制器段的大卫·金蒂(David Ginty)教授,他的研究团队通过联合运用现代分子生物学和一项古老的可以回溯到136年前的科研技术,成功地发现了哺乳动物的大脑如何巧妙地回访并再利用相同的分子路径,以达到控制脑内复杂回路的目的(《自然》,2009-12-24)。他还在揭开神经末梢定向生长的秘密方面有过重要贡献(《细胞》,2004-7-23)。不知你是否可以转向神经科学?

再选院士、研究中心主任、系主任。新的研究中心主任、一流大学的系主任都很厉害。你现在正在轮转的实验室指导教师、做表观遗传学的 Andrew Feinberg 博士,刚建立起常见人类疾病表观遗传研究的新的、多机构的研究中心。美国国家人类基因组研究中心和国家神经健康中心提供了500万美元用于中心的建设,该中心的研究人员将致力于开发研究所需的工具,然后系统地研究自闭症和躁郁症(bipolar disorder)等疾病的表观遗传信息。这是一个前途远大的研究领域。

此外,同一行业的大腕、新星教授,也是一种选择。例如,1999年(获得 Fu 奖学金)进入哈佛大学攻博的葛慧(Hui Ge),北京市的高考状元,博士学习期间成绩突出,发表多篇有关蛋白质相互作用和发育生物学方面的一流文章。在2004年博士毕业后只做了半年博士后就直接成了全球顶尖生命科学研究所——麻省理工学院怀特海德生物医学研究所(Whitehead Institute for Biomedical Research, Massachusetts Institute of Technology, CMIT)的研究员(fellow)，这个 fellow 实际上是给予极少数非常优秀、非常有潜力的青年科学家们独立领导一个实验室的机会，入选的研究员直接跳过博士后这一段经历，一下子就开始独立科学实验。她当年的导师就是蛋白质相互作用方面的大腕和超新星哈佛大学肿瘤系统生物学家 Marc Vidal 副教授。

当然，教授的人品极为重要。《鉴别生物医学老板的十大原则》(http://www.sciencenet.cn/blog/user_content.aspx? id＝41733)一文中提出，有如下行为的教授是不足取的：自己抢做第一作者，老是登广告招人，实验室总是换人，实验室没有出过教授，人品口碑极差，网页上学历经历不完善，被人揭发过有不良记录，孩子或亲戚也在他的实验室，出身和学历背景较差，面试时很奇怪。这些都是值得注意的。不过你们院系里这类教授应该很少，因为那样的人是难以立足的。一般来说，欧洲教授、美国白人教授思想敏锐(华裔教授中只有蒲慕明、詹裕农等中国台湾去的教授比较好)，科研操作、管理实验室的方法及处事行为要正规一些，也比较好相处一些。所有一切，并非别人的意见都是对的，时间、空间与人物的不同，往往有很大的差异，都需要你自己慢慢体会与摸索。

总之，选正确的课题与合适的导师是你做实验室轮转最重要的任务，选对了以后几年的学业就会顺利很多，否则，就会有很大的反复。"做对的事情(有效能)比把事情做对(有效率)更重要。"[Doing the right things (effectiveness) is more important than doing the things right(efficiency).]这就是我教《战略管理》最精粹的格言。

科学创新的智慧之光

有一位著名生命科学家,他也是出生在南京,也是大学毕业后在霍普金斯大学读 PhD,不过比你整整早了 40 年。他就是"不著袈衣亦如来""但求慈航心中渡"的蒲慕明教授。他 1948 年在南京出生,1970 年在台湾"清华大学"物理系毕业后,赴美在霍普金斯大学生物物理专业攻读博士学位,4 年内拿下博士学位。

霍普金斯大学也曾给过他这样的学术训练:学习历史(Learn the history)。霍普金斯大学博士研究生入学后的第一门课程通常是《遗传学:思想史》或者《医学:概念史》之类的科学史课程,如同你在 9 月 1 日—10 月 1 日刚结束的《基因概念的演化》。诚如蒲先生所言,在科学研究中,知道事实是怎么来的比知道事实本身更重要。

学习与你研究相关的历史对做出创新性工作是非常有益的。知道创新工作的来龙去脉,将帮助你在特定时间、特定情况下做出与以前那些工作一样具有创新性的工作。蒲慕明经常这样教导青年学子:"想了解重要创新工作的来龙去脉,就要读科学史、科学家传记,要读科学家写的东西。"

蒲慕明坦言,凡是由他负责指导的研究生刚进到实验室时,若是学生问他需要看哪些书、如何准备进入科学生涯,他首先不是指导学生看生物学方面的专业书籍,而是要他们看一些自然科学史方面的书籍,了解世界自然科学史上取得的一些重大成就。"在熟读这些科学家传记之后,学生方可了解科学大问题是如何得以解决。"

20 世纪生物学界最重要的就是分子生物学革命,这是怎样发生的?是谁做的?他们为什么能做出革命性工作?蒲先生建议每位同学都要读《创世纪的第八天:20 世纪分子生物学革命》(*The Eighth Day of Creation: The Makers of the Revolution in Biology*)。这本书是美国科学记者 Horace Judson 花了 10 多年功夫,通过大量采访亲身参与过 20 世纪生物学革命的 100 多位科学家,用详尽和原始的资料将 20 世纪世界科学史上发生的一次重大革命娓娓道出。全书分为 DNA、RNA、遗传密码三大部分,书中的一个个主要身影都是诺贝尔奖得主。它揭示出分子生物学革命是怎样产生的。蒲慕明教授甚至强调,了解分子生物学革命的历史甚至远比上一门分子生物学课重要,比读 100 篇最新的分子生物学论文重要。因为"了解科学发现中所经历的过程,对研究人员掌握方法论无疑是至关重要的,如科学家要如何做实验、在实验出现问题时要如何寻找办法克服"。(蒲慕明)

作为遗传学学科思想史的入门课程《基因概念的演化》,学生主要通过阅读经典文献与当代新的阐释,把握基因概念的形成与发展。研读那些由大科学家写的论著,不仅可以激发对科学的兴趣,更重要的是可以知道如何分辨科学的问题,以及如何解决问题。所以在引言中特别强调如何读文献。

《基因概念的演化》追溯基因概念十分具有历史感,从达尔文开始一直到21世纪初。在所有生命科学的发现中,达尔文对进化论的发现最伟大,奠定了现代生物学的基础。达尔文提出了两个基本理论:第一是"共同祖先"学说,即所有的生物都是进化而来的,确立了人类在自然界中的位置;第二是"自然选择"学说,即生物进化是通过自然选择而来,解决了进化机理中至关重要的附属问题。《物种起源》(1859年)为生物科学的大厦立下了一根支柱,达尔文却没有找到一个合理的遗传机理来解释自然选择,无法说明变异是如何产生,而优势变异又如何能够保存下去。但是,达尔文还是认识到遗传问题的重要性——各种不遗传的变异,对我们无关紧要(Any variation which is not inherited is unimportant for us.)。遗传的诸法则,我们几乎是未知的(The laws of inheritance are quite unknown.)。1866年达尔文提出了泛生论假说(hypothesis of pangenesis),认为身体各部分细胞里都存在胚芽或"泛子(pangens)",尽管后来证明达尔文的概念是错误的,但却是"基因"概念的最初源头。

其实,几乎是同时代,1865年奥地利生物学家孟德尔发表《植物杂交试验》(*Experiments in plant hybridization*)论文,提出了遗传学的分离定律、自由组合定律和遗传因子学说。但是,这一伟大的发现一直被埋没在旧纸堆中长达35年。1900年,荷兰的狄夫瑞斯(Devries)、德国的科伦斯(C. E. Correns)和奥地利的切尔迈克(Tschermak),分别同时发现了这篇论文的价值,他们最终使孟德尔的学说重见天日,并建立了遗传学这门学科,这就是孟德尔定律的"重新发现"。这一事件引起了一场革命,遗传学从此诞生。遗传学无疑是20世纪生物学领域中发展最快的一门学科。因此,有人甚至认为20世纪是遗传学的世纪。

接下来,《基因概念的演化》课程梳理出基因概念的演化"线索":统计的基因、操作的基因、功能的基因、结构的基因、分子的基因、可变的基因。在每个专题中都以丰富的文献勾勒出基因概念是如何丰富与发展的。主要研究基因的遗传学的建立直接导致了分子生物学的诞生。遗传学理论和实验是分子生物学的基础。遗传学和分子生物学不仅导致了人类遗传学、基因组学、生物信息学等新学科,而且催生了现代生物技术,使医药现代化。

我在我的第一部著作中曾经这样写道:科学史的研究起初是为了满足各门自然科学研究与教学的需要而出现的。在科学史学科内,最早出现的学术性专著都是某一学科的历史,如物理学史、天文学史、数学史以及医学史等。后来产生的科学思想史,则展示出一幅科学思想进化的鸟瞰图,揭示这一进化序列的逻辑性,在历史明镜中反射出激动人心的智慧之光。这就是为什么《基因概念的演化》课程要从达尔文开始经过孟德尔、摩尔根、沃森直到今天各种基因学说的概览以及对未来的发展趋势的展望,这就是为什么《基因概念的演化》需要4位老师(3位教授、1位助理教授)11次的讲授以及9位博士研究生26次的课堂演讲。

让学生学习学科概念史(思想史)的目的就是希望学生了解人类探索自然奥秘的艰辛足迹、我们今天所处的坐标方位、科学未来发展的趋势特征,并实现三者之间亲切而活跃的富有哲理性的对话,从而获得科学创新的智慧与启迪。

博士培养的基本构架

偶然看到美国霍普金斯大学医学院人类遗传学专业的网页上儿子的简历与照片已经贴出。我觉得有必要了解一下该专业较为详细的情况,以期把握博士培养的基本构架。

美国研究型大学的理科博士培养,在有限的几本书与文章中大都是一般描述,基本上是介绍博士培养的几个要素或环节,缺乏个案研究与实证分析,所以通常使人觉得语焉不详,不能作为"程序"实际"运行"。由于霍普金斯大学是美国第一所研究型大学,是美国第一所提供博士学位的大学,因此选择霍普金斯大学作为研究对象具有典型意义与实用价值。下面,我以霍普金斯大学人类遗传学专业为例,从教学计划、学生来源与师资构成等方面做较为深入的讨论研究。

一、严格完整的科学训练

让我们先初步了解一下什么叫人类遗传学学科。

人类遗传学(human genetics) 是以人作为研究对象的遗传学(一级学科)。因为不能用人作杂交实验,人类遗传学与动植物及微生物的遗传学在研究方法上有很多的不同,在各方面受到很大限制。人类遗传学主要研究人类在形态、结构、生理、生化、免疫、行为等各种性状的遗传上的相似和差别,人类群体的遗传规律以及人类遗传性疾病的发生机理、传递规律和如何预防等方面。着重于人类遗传性疾病的研究则被称为医学遗传学。

霍普金斯大学医学院有 8 个系、16 个专业,人类遗传学是一个主要专业。它是 1957 年建立的,不培养学士、硕士,主要培养博士,也可以培养 MD/PhD 双学位(但比较少),目的在于培养在人类遗传学学术领域的高素质人才。该专业在 20 世纪 80 年代中期广泛修订的基础上形成了新重点,通过在人类生物学、分子生物学和遗传学方面严格的训练,为学生奠定坚实的研究基础。

第一年主要是课程学习与实验室轮转。

必修课程主要有:"遗传学:概念史"、分子生物学和基因组学、遗传学基础、生物信息学、桥梁课程(pathways)、细胞的结构与功能、人类遗传学专题。

在修课的同时，至少要在 2 个实验室做轮转，通常是 3—4 个实验室轮转，每次轮转要花 3 个月时间。还要参与每周 1—2 次的学术研讨会，从而获得较为宽泛的研究经验，同时也凝练学生自己的研究兴趣。在每个年度结束时，第一年级和第二年级的学生汇报实验室轮转的研究工作，使学生有机会交流他们的工作经验，提高口头陈述技巧。

此外，每周四还要参加固定的学术研讨会，该学术研讨会通常会请一些著名科学家做最新研究成果的学术报告；还有就是各实验室研究小组汇报自己的研究进展，一周 1—2 次。

第一年结束之后，还有一个为期 2 周到杰克逊实验室（Jackson Laboratory）的暑期实习活动。1929 年建立的杰克逊实验室位于缅因州的一个名叫巴尔港（Bar Harbor）的海滨城，是世界上最大的哺乳动物遗传学研究机构，同时也是公认的世界最大的实验动物供应商，每年向全世界的实验室输送 250 万只小鼠。该实验室一共有 3 000 多个"纯粹"的小鼠品系，占到全世界已知小鼠品系的 3/4。杰克逊实验室也有自己的科学家，他们利用实验室丰富的小鼠资源，着手研究一些非常宏大的课题。比如，2009 年度的"邵逸夫奖"生命科学与医学奖（100 万美元）获得者就是该实验室荣休科学家道格拉斯·L. 高尔曼（Douglas L. Coleman）教授，他在发现瘦素（leptin，又名肥胖荷尔蒙，肥胖回馈荷尔蒙，是由脂肪细胞分泌的一种肽类激素。它的功用是加快生物的新陈代谢，抑制食欲，控制体重）方面做出过出色成就。

第一年的财政支持是来自美国国立卫生研究院的全额奖学金，包括免学费、提供保险（医疗、牙医、社会保险）和生活津贴等，其中学费 4.2 万美元、保险费 0.3 万美元、生活津贴是 2.7 万美元（2009—2010 学年）。美国国立卫生研究院（National Institutes of Health, NIH）是美国卫生和福利部下属的从事医学与行为学研究（medical and behavioral research）的机构，其任务是探索生命本质和行为学方面的基础知识，并充分运用这些知识延长人类寿命，以及预防、诊断和治疗各种疾病和残障。它是世界上最重要的从事生命科学研究的研究机构之一，在美国联邦政府研发经费中的份额仅次于国防部。NIH 约 80% 的预算用于资助美国国内外 3 000 余个研究机构的院外研究项目。美国政府用于资助生物医学研究的绝大部分经费分配给了 NIH。NIH 在 2010 年度的预算达 310 亿美元，反映了美国社会的普遍共识：生物医学研究能大大提高人类的健康水平。

应当指出的是，只有拿了国家或学校的奖学金，才是真正的全额奖学金。因为学生拿了这类奖学金不必纳税，也不是某教授的"附庸"——不必有人身依附，同时也不必做助教或助研——以生产队"换工"的方式获得经济支持。这样才可以独立自主地选择研究方向、选择指导教师、选择论文课题。

第二年主要是确定研究方向。

在第一年修课与轮转结束之后，通过双向选择，确定博士论文指导教师。开始在导师指导下，在分子遗传学、生化遗传学、免疫遗传学、群体遗传学、细胞遗传学、生物信息学等相关领域中从事某个问题的博士论文选题研究。

继续进行的必修课程:病理学、疾病的分子机理、生物统计学Ⅰ、生物统计学Ⅱ、综合考试。

进入选定导师领导的实验室后,在博士论文指导教师的指导下,还要选修若干门相关课程,同时进行博士论文选题。在此期间,要经常参加文献俱乐部(journal club),一个本着开拓学生思维,追踪科学前沿进展,培养学生勇于发言和善于讨论的活动。一切由学生自己管理,讲述自己文章,结合工作学习如何去做文章。

在第二年末通过综合考试后,进行博士论文开题报告;开题通过后,即开展博士课题研究,成为博士候选人(PhD candidate)。有时,博士论文开题报告会可以拖延到三年级再举行。

第二年以后的财政支持,应该是由导师承担。该专业对所有博士研究生提供财政支持,保证博士研究生在无经济压力的条件下完成学业与科研,或体面地从事科学研究,直至获得博士学位。

第三年及以后主要是开始博士论文研究。

在第三年,博士候选人正式开始博士论文研究。同时,还必须做一门研究生课程的助教,以积累相关的教学经验。博士论文研究待以后再详细讨论。

博士论文至少要由2位教授认定其达到正式出版的水平,方可正式提交。之后,博士候选人参加论文答辩,答辩委员会由校内外专家组成,按照规定的程序审查论文与组织答辩。答辩通过后,取得博士学位。

综上所述,美国研究型大学的博士训练,远比英国、加拿大、法国、中国等更强调课程学习,不仅必须有一定数量的课程(必修与选修),而且每门课程都是由多人讲授,每位教授只讲自己最擅长领域的核心知识与最新进展,而且都是以经典文献与最新文献作为授课的主要线索。这是一种真正的研究型学习。通过学术研讨会与报告会的平台,扩大学生的学术视野与研究兴趣,使其广泛涉猎本专业及其相关领域,这种涉猎同时是较为深入的与新颖的。学生在这一过程中训练口头表达能力与论文写作能力。通过实验室轮转,在某一定向的具体研究领域做文献阅读与实验操作的实际训练。在实验室轮转与导师选择等事项上,强调师生的双向选择,特别是学生的自主选择权利。学生通过课程学习、实验室轮转、学术报告会等多条直接与老师沟通的途径,接触科研前沿与趋势,了解导师水平与性格。还由于指导教授人数多,而每年录取的学生少,在师生选择的关系中,学生处于占优的位置。这样,博士研究生才有可能不是老师的"学徒",而是科研的合作伙伴。听课、轮转、研讨、汇报、写作、实习等多个环节,构成一个相互支撑、有机协调的整体构架,为实施博士论文的选题、实验、写作、答辩等奠定优渥的基础。

二、精心挑选的学术苗子

让我们对霍普金斯大学医学院的师生状况有一个基本的了解:2010年,霍普金斯大学医学院的雇员总数9 504人。教师总人数3 697人,其中全职教师2 448,兼职教师1 249人。在校学生总人数1 417人,其中,医学博士生(MD)463人,哲学博士生(PhD)870人,MD/PhD学生64人,文科硕士生12人,理科硕士生8人。2010年授予学位235人,其中MD 118人,硕士(文学士、理学士)16人,PhD 101人。可以推出,医学院每年招收250人左右,每位教师平均每个周期只能收一个学生。

霍普金斯大学医学院共有16个专业,其中13个理科博士项目,2个理科硕士项目,1个文科硕士项目。作为16个项目之一的人类遗传学专业,每年大约招收10-12名新生。虽然有个别差异,但大多数学生在5至6年内完成课程学习和研究项目。

在最近10年(2001—2010年)内,人类遗传学专业共招收105人,现在81人在读,毕业24人。如果按招生年度分布:2010年9人,2009年12人,2008年14人,2007年16人,2006年9人(其中在读8人,毕业1人),2005年13人(其中在读11人,毕业2人),2004年11人(其中在读5人,毕业4人),2003年8人(其中在读3人,毕业5人),2002年7人(均毕业),2001年6人(其中在读1人,毕业5人)。这个统计表是从人类遗传学专业网站上在读与毕业学生资料(http://humangenetics.jhmi.edu/index.php/students/)中提取的,入学后被淘汰、退学或转到别的学校的人数没有列出,我不知道这类学生的规模有多大,估计实际招生人数应该比105人略多一点。如果根据2010年实际收了9人来推算,那么2001—2003年似乎有多人流失。招生规模是10年120人,现在网站只列出105人,可以推出大约有5%—15%的规模是没有录取还是录取之后转学或淘汰,有待考证。

在这105人中,只有4人是读(MD/PhD)双学位的,其中2007年2人在读,2006年与2005年各1人,均已毕业,其余均是读PhD的。这样,该专业PhD平均每年实际收录10名学生,最多一年收了16人,最少一年收了6人。比较可靠的数据是2010年只收了9人,真正坚持了宁缺毋滥的原则。这样就可以保证严格按照学术标准录取学生,而不受财务或其他因素的影响。一位导师哪怕是很有名的教授,一般也只带一两个博士生,通常是负责指导一个将近毕业才接第二名,很少每年都招收博士研究生。这样可以在一定程度上保持师生的密切交往与频繁沟通。师生之间的讨论不是一周一次,而是随时随地一日多次,确保学生们少走弯路,即使导师的经费充足也不可以多招收博士研究生,避免将学生当作劳动力使用。当然,经费充足的导师还是可以多收博士后,那本来就是一种工作或职业。

从学生的毕业院校来看,本科或硕士毕业的学校分布较广,有世界著名研究型大学,如哈佛大学(未列出人数的就是1人,下同)、耶鲁大学、宾夕法尼亚大学(2人)、霍普金斯大学(8人)、康奈尔大学(2人)、加州大学洛杉矶分校(2人)、西北大学等;也有各具特色的文理学院,如韦尔斯利学院、阿默斯特学院、科尔比学院、西达克瑞斯特学院、罗耀拉学院等;还有一些较好的大学,如华盛顿大学、卡耐基·梅隆大学(3人)、佐治亚大学(3人)、加州大学圣巴巴拉分校、波士顿大学(3人)、佛罗里达大学(2人)、加州大学尔湾分校、德克萨斯A&M大学、威斯康星大学欧克莱尔分校、马里兰大学帕克分校(5人)、克莱姆森大学、马萨诸塞大学安姆斯特分校、杨百翰大学、西肯塔基大学、印第安纳大学伯明顿分校、北亚利桑那大学、密歇根州立大学、新墨西哥州立大学等。在录取的学生中,80%是美国公民,学校遍及全美的东、中、西部,以及各个层次的大学(社区学院除外)。除了本州的2所学校之外,通常每所大学不超过3人,绝大多数学校都是只收1人。这样保证了学生来源的多元化,构造了良好的学术生态,避免了学术上的近亲繁殖。

除了美国大学之外,还有10多人是别的国家的大学毕业生。其中:英国的剑桥大学2人,加拿大的多伦多大学、滑铁卢大学各1人,韩国的首尔大学、梨花女子大学、首尔先进科技学院各1人。剑桥大学就不用说的,多伦多大学与滑铁卢大学也是质量上乘。韩国首尔大学是唯一一个进入世界大学名次榜的韩国大学,该校毕业的那位学生师从一位韩裔教授。梨花女子大学是现今世界最大的女子大学,该校毕业的那位学生师从格雷德。首尔先进科技学院成立的时间较短,有点类似中国科技大学,该校毕业的那位学生师从华裔宋洪军副教授。

在中国大学中,台湾大学4人,清华大学、北京协和医学院、上海第二医学院(医科大学)各2人,北京大学、复旦大学、武汉大学各1人。他们绝大部分是医学院学生,如果是本科就是5年制,甚至还有6年制或7年制,他们大都获得医学学士学位(BS),也可以译为医学学士(Medicine Bachelor)。据说,美国权威认证机构认可中国的医学学士学位(BS)相当于美国的MD,称为MD equivalent,所以中国的具有医学学士学位的人可以直接参加USMLE(美国执业医师资格考试),通过后可以申请做住院医生。若干年前,由于信息不对称,有的中国医学院的本科毕业生将自己的学位翻译成MD(Doctor of Medicine),直接去美国申请博士后。由于北京协和医学院录取的本科生只有临床医学(八年制),否则就是由外校的本科毕业生考入的硕士研究生或博士研究生,估计这两位学生应该起码是硕士研究生。

国际学生的比例超过了20%,是霍普金斯大学本科国际学生的比例5%的4倍。国际学生中,中国学生最多,有13人,其中:台湾4人,大陆9人。还要加上我儿子,他是从加拿大多伦多大学赴美,但是持中国护照。不知是否还有其他是在美国上本科或硕士直接入学的中国学生,不知他们持的是中国护照还是美国护照。可惜,从网站提供的资料中解析不出来。特别值得关注的是,台湾大学的学生,不仅人数多,而且学术质量高。台湾大学医学院医学系为6年,另加实习一年,毕业后授予医学学士。台湾大学生命科学院是4年制,毕业后授予理学学士。这4位台湾大学的学生,似乎应该是医学院毕业生。

从学生学历来看,大多数是本科毕业,也有少部分是硕士毕业,网站提供的学生学位资料可以支持这一判断。但是,是否都是应届毕业生是值得存疑的,网站没有提供学生的毕业年份。根据一般经验判断,美国大学有相当的本科或硕士毕业生应届时并没有能够及时申请,主要是缺乏研究经历;毕业之后,在学校继续跟老师做研究,积累研究经验。然后在这个基础上再选择自己心仪的学校与专业申请攻读博士学位。当然,应届本科毕业生至少有50%以上。

在就读年限上,时间最短的是2006年入学的获MD/PhD双学位的1人,其余依次是2005年入学的获MD/PhD双学位的1人、获PhD学位的1人,2004年入学的获PhD学位的4人,2003年入学的获PhD学位的5人,2002年入学的获PhD学位的7人,2001年入学的获PhD学位的5人。鉴于美国的MD比PhD难拿(佼佼者才能申请到医学院资格),且医学院学费高昂(读MD的都必须交学费),所以MD比PhD吃香,地位要高。从常理推测,读双学位应该比只读博士花费更多时间,一般至少是8年。2006年入学的现已获得MD/PhD双学位的,之前很可能是取得医学博士(MD)学位的优秀毕业生,继续学习3年时间,进一步加强其科学研究能力的训练。学生在完成规定学业,成绩合格,并通过论文答辩后,再授予博士(PhD)学位。2005年入学,在5年之内就获得MD/PhD双学位或者PhD的学生,他们分别来自美国名校耶鲁大学与阿默斯特学院。时间最长的一位是2001年入学的目前尚未毕业,似乎不太正常;其余依次是2003年入学的2人,2004年入学的5人。

综上推测,一个博士周期通常在5年,极少数人可以在4年内取得博士学位,或许他曾有过硕士学位;一半左右的学生应该在6年以上获得博士学位。由此可见,美国研究型大学的博士学位还是很难拿的,需要通过艰苦漫长的科研活动。美国读PhD的多半是因为真的爱好研究而选这条路。在美国文化中似乎没有"书中自有黄金屋"观念,学生一般都清楚PhD,特别是纯生物医学研究的收入并不高,而且因各种原因会半途而废,淘汰率相当高。

三、阵容强大的教授队伍

2010年该专业共有63位学科教授(human genetics program faculty)可以作为博士生的指导教师。

第一,当然是诺贝尔奖获得者,或有相同科研实力的教授。例如,2009年的诺贝尔奖得主格雷德,我在《好奇心驱动》有详细介绍,此处不再赘述。她10年内只收了一个学生,是2009年入学的韩国女生;毕业学生1人(2000年入学)。特别值得关注的是Bert Vogelstein教授(1949年出生),他做的工作是诺贝尔奖级的。他1970年宾夕法尼亚大学本科毕业,1974年霍普金斯大学MD毕业,1995年起成为霍华德·休斯医学研究所研究员。他被誉为"世界被引用之王",论文被引用次数约39 800次,不知还有没有超过他的人;有人统计,在20年内引文数最多之科学家排名(1983—2002年)中,Bert Vogelstein名列榜首。作为第一作者和通讯作者,他在《科学》上发表28篇,在《自然》上发表28篇,在《细胞》上发表15篇

(截至2007年年初)。他直接指导一位2005年入学现在获得MD/PhD双学位的,间接指导一位已经获得博士学位的上海第二医科大学(现上海交通大学医学院)毕业的中国学生(2002年入学)。

第二,是众多的霍华德·休斯医学研究所研究员。霍华德·休斯医学研究所(Howard Hughes Medical Institute, HHMI)是美国一个非营利性的医学研究所。它是全球规模最大的非营利性私立医学研究所—基金会,专注于生物医学研究包括对"生命本身起源"的研究。HHMI支持范围包括数百个国际一流实验室,为每位研究员提供大约100万美元/年的研究经费,每次任期5年,以支持富有创造性但高风险的研究工作,并使这些科学家集中精力,不必再为申请NIH基金分心。霍华德·休斯医学研究所研究员基本代表了美国生命科学及其相关交叉学科领域最活跃、最富创新力、最高水平的研究力量(迄今341位当选者中,10人是诺贝尔奖得主,100多人是美国国家科学院院士)。人类遗传学专业的负责人David Valle为杜克大学的学士(1965年)、医学博士(1969年),1975年到霍普金斯大学任教,工作至今已35年。1976—2006年,David Valle教授担任了30年HHMI研究员。David Valle是该专业指导学生人次最多的一位教师,指导在读的博士研究生2.5人(2008年、2007年、2001年),毕业博士3人(2004年、2003年、2001年),其中中国学生有北京协和医学院(2004年)、北京大学医学部(2001年)各1位学生,均已获得博士学位。

第三,美国国家科学院院士、美国国家医学院院士、美国人文与科学院院士、各种研究中心主任。例如,儿子轮转进入的第一个实验室导师Andrew Feinberg教授,中学毕业后就一直在霍普金斯大学学习与工作,至今已逾41年,本科(1973年)、医学博士(1976年)、公共卫生硕士(1981年),现任表观遗传学中心主任。Andrew Feinberg教授指导在读博士研究生1人(2009年入学),毕业1人(2002年入学)。

第四,还有新星教授,例如,Andy McCallion副教授是一位遗传学专业科班出身,本科与博士均为遗传学,英国贝尔法斯特女王大学(Queen's University of Belfast)理学学士(荣誉)、格拉斯哥大学(University of Glasgow)博士。Andy McCallion发明了一种成本低、效率高的基因鉴定方法,用于分析"垃圾"基因及鉴别基因功能的控制区域。他的研究成果支持了近期NIH的"DNA元件百科全书"计划(Encyclopedia of DNA Elements),这项研究计划挑战了关于人类基因组的传统理论,即人类基因蓝图不是由孤立的基因和大量"垃圾DNA片段"组成的,而是一个复杂的网络系统,单个基因、调控元件以及与编码蛋白无关的其他类型的DNA序列一道,以交叠的方式相互作用,共同控制着人类的生理活动。目前,Andy McCallion正在着手进行一项更大型的神经元基因研究。Andy McCallion是该专业指导在读博士研究生最多的一位教师,共4人(2009年、2008年、2007年、2005年),毕业2.5人(2005年、2003年、2002年入学)。

第五,华裔学者也不乏佼佼者。例如,宋洪军副教授,北京大学学士(1992年)、哥伦比亚大学硕士(1995年)、加州大学圣地亚哥分校博士(1998年),蒲慕明的学生,后从事博士后研究(1998—2002年)。其第一个正式教职就是霍普金斯大学医学院神经科学系助理教授(2003—2007年),凭2006年《自然》、2007年《细胞》(影响因子30多)上各一篇的通讯作者,晋升霍普金斯大学医学院副教授,在成人神经系统的干细胞和神经发生的调控机制有新的发现。宋洪军正在指导在读博士研究生1人,这是一位韩国学生(2006年)。

综合上述情况,大致可以得出结论,一般教授在一个项目的一个周期内(5年)几乎都是只指导一位博士研究生,极少数教授——主要在该专业招生的教师,可以指导学生2—3人。当然,很多教授通常在几个专业中指导博士研究生,实际在每个周期(5年)中,可以指导学生2—3人,大概也不会年年都收新生的。这既反映出严格控制导师指导学生的人数,保证博士生的水平与质量的现状,同时又反映出学科交叉渗透的机理。

我尚不清楚,如何可以确定某个教师在那几个专业实际招收博士研究生的规则以及其如何运作。

选谁做导师？

在确定第三个轮转的实验室之后，似乎有条件与有必要比较一下三个实验室轮转的指导教师，为未来选择谁来做博士生导师做一些基础性的分析工作。当然，选谁做导师，首要的是当事人的直接感受，主要是导师人品正派、性格宽厚，还有就是研究兴趣的匹配，等等。其次是听取实验室的师兄弟们的间接反映。此外，就是我们通过相关资料的分析，从学术背景、科研成就、培养学生等几个方面，评估选择谁来做导师相对合适。

芬恩伯格、金蒂、赛多克斯都是受过严格、完善的博士、博士后训练成为科学家的，也都是在40岁左右成为霍华德·休斯医学研究所研究员，并都在霍普金斯大学成为副教授、教授的。

学术背景：导师自身科学训练的厚度

芬恩伯格（Andrew P. Feinberg）1973年本科毕业于霍普金斯大学，获得文学学士学位（Bachelor of Art，BA）。按照一般22岁本科毕业的常规，他应该是1951年出生，2011年正好60岁。按照美国医学院的教育体制，他是三年级以后转为医学预科，然后攻读医学学科，在1976年获得医学博士学位（Doctor of Medicine，MD）。1981年，芬恩伯格在霍普金斯大学公共卫生学院获得公共卫生硕士（Master of Public Health，MPH）。有资料表明，1980年代初期，芬恩伯格在霍普金斯大学成为Vogelstein的第一个博士后，开始从事癌症研究。完成博士后的科研训练之后，芬恩伯格去了密歇根大学医学院工作，并在1986—1994年成为霍华德·休斯医学研究所研究员，1994年回到霍普金斯大学任教至今。但是，我始终没有搜到他在何时、何地任助理教授、副教授、教授的准确资料。我推测，芬恩伯格在取得MD之后，可能是先做住院医师，然后去读了一个硕士，再去做博士后。博士后结束之后，他离开了霍普金斯大学。按照美国大学的规例，通常不可以留校任教，必须离开母校到别的大学任教。所以，由于良好的临床医学与科学研究的双重学术背景，目前芬恩伯格是分子医学King Fahd讲座教授，主要受聘于医学院的内科学系，同时也受聘于医学院的肿瘤学系、分子生物学与遗传学系。其主要研究领域为表观遗传学与DNA甲基化、学习记忆、癌症生物学。

金蒂(David D. Ginty)是神经科学家,1962 年出生,1984 年在蒙特·圣·马丽学院(Mount Saint Mary's College,纽约州的一所私立文理学院)生物学系获得理学学士(Bachelor of Science, BS),5 年后于 1989 年东卡罗来纳大学(East Carolina University, ECU)生理学系获得博士学位,导师是 Edward Seidel。东卡罗来纳大学是一所州立大学,创立之初为一所培育师资的师范学校,本意是为了改善美国东部师资普遍不足所设立,经过了一个世纪的演变,渐渐改制为现今的研究型大学。虽然,金蒂的本科、研究生就读的学校似乎不是很有名气。但是,他在哈佛大学做了两期共 5 年的博士后,非常值得关注。1989—1991 年,金蒂在哈佛大学医学院附属丹娜·法伯癌症研究所(Dana-Farben Cancer Institute)与生物化学与分子药理学研究所做了第一期博士后,指导教师是 John A. Wagner。丹娜·法伯癌症研究所是一所美国联邦政府指定的 39 个综合癌症研究中心之一,是独立承担美国国立癌症研究所资助课题最多的研究所之一,以其研究与临床出色的结合而闻名。第二期博士后是在哈佛大学医学院附属波士顿儿童医院(美国最大的儿科医院之一,同时也是哈佛大学附属的合作教学医院)和哈佛大学医学院微生物学与分子遗传学系完成的,用了 3 年时间(1991—1994 年),指导教师是 Michael E. Greenberg,Michael E. Greenberg 现在是美国国家科学院院士,哈佛大学神经生物学系主任。金蒂凭借哈佛大学医学院这个平台,直接拿下霍普金斯大学的教职,并一直在霍普金斯医学院神经科学系任教,每四五年高升一级,助理教授(1995—1999 年)、副教授(1999—2004 年)、教授(2004 年至今)。特别值得注意的是,金蒂 38 岁开始成为霍华德·休斯医学研究所助理研究员(2000—2004 年)、42 岁任霍华德·休斯医学研究所研究员(2004 年至今)。由于金蒂于 2010 年 7 月 15 日在中国科学院生物物理所(主持人:吴瑛)、2010 年 7 月 16 日在北京大学生命科学学院、北京大学分子医学研究所(主持人:王世强、周专)做过学术报告,使我们比较方便获得他的详细资料。

赛多克斯(Geraldine Seydoux)毕业于缅因大学(University of Maine at Orono,公立大学,成立于 1862 年,现一共有 11 万多学生,主校区位于缅因州奥罗诺市)生物化学专业,1986 年获得理学学士。她是 1964 年出生,在三位指导教师中是年纪最轻的,而且是女性。5 年后,她于 1991 年在普林斯顿大学获得分子生物学专业的博士学位,导师是(Iva Greenwald)。后来,她在华盛顿卡内基研究所(Carnegie Institution of Washington)做博士后(1991—1995 年),跟随 Andrew Fire 从事发育生物学的研究。华盛顿卡内基研究所是卡耐基基金会旗下的研究机构。赛多克斯结束博士后研究,就进入霍普金斯大学,并一直在医学院分子生物学与遗传学系任教,也是每四五年高升一级,助理教授(1995 年 10 月—2000 年 12 月)、副教授(2000 年 12 月—2004 年 11 月)、教授(2004 年 12 月至今)。她 41 岁任 HHMI 研究员(2005 年 6 月)。赛多克斯受聘于分子生物学与遗传学系,主要研究领域为线虫细胞测定。由于赛多克斯于 2010 年 3 月 18 日在北京生命科学研究所(主持人:张宏)做过学术报告,所以她的详细资料比较容易获得。

科研成就:导师团队已经达到的高度

三位指导教授的科研成就可以从学术论文、科研奖励等几个方面做分析。

芬恩伯格是一位表观遗传学家,但是没有搜到他博士、博士后以及做助理教授、副教授期间的资料,致使我们无法了解他是如何成长的。2001 年,芬恩伯格获得(Method to Extend Research in Time, MERIT)奖,这是美国国立卫生研究院设立的研究拓展长期资助基金,旨在对成就突出的科学家进行长期资助,初期为 5 年,之后可继续资助 3—5 年。名额有限,由 NIH 的顾问及管理人员选定被资助人。2010 年芬恩伯格获得了卡罗林斯卡医学院颁发的荣誉博士学位。卡罗林斯卡医学院(瑞典语:Karolinska Institutet)又译卡罗林斯卡学院或卡罗林医学院,是一所医科大学,位于瑞典首都斯德哥尔摩郊外的索尔纳市,建立于 1810 年。卡罗林斯卡医学院是在全世界的高等教育中最大的一所单一医学院。学院中有一个委员会,专门负责颁发诺贝尔生理学或医学奖。

2001—2010 年,芬恩伯格共发表了 20 篇论文,5 篇为第一作者,15 篇为通讯作者。其中:《科学》(IF:30.927)2 篇,都是通讯作者;《自然》(IF:29.273)1 篇,唯一作者,应该是属于"大家"写的那种综述;《自然》的子刊《自然—遗传学》(IF:29.273)5 篇(其中唯一作者 1 篇),《自然—癌症评论》1 篇(第一作者),《自然—遗传学评论》1 篇(第一作者);《美国人类遗传学》(IF:12.649)4 篇,《美国国家科学院院刊》3 篇(第一作者 1 篇),《美国医学会杂志》1 篇,《癌细胞》(IF:18.725)1 篇,《基因组评论》1 篇。

芬恩伯格的研究开辟了遗传学研究的另外一条主要路径——表观遗传学,影响很大。他在 50—60 岁期间仍有多篇第一作者文章还是值得注意的。我们挑几个他的重要发现:

芬恩伯格给出了一个系统地将表观遗传信息融合到传统的遗传学研究中的框架。和遗传序列从双亲传递给孩子一样,位于我们基因上的表观遗传"标记"也能被遗传。这些"标记"——通常是甲基基团——附着在基因骨架上并能传递信息,例如标记某个基因来自双亲中的哪一方。这些标记通常还能打开或关闭基因。但也同 DNA 序列发生变化一样,获得或丢失表观遗传标记也能导致疾病如癌症的发生。所以,在研究常见疾病(如癌症、心脏病和糖尿病)的影响因子时,应该同时考虑先天遗传信息和表观遗传信息(epigenetics)。

芬恩伯格认为:"表观遗传因素并不是和所有的人类疾病都有联系,但开发新的技术来确定表观遗传变化何时、何处能影响到健康,是绝对必要的。"(Bjornsson H T, Fallin M D, Feinberg A P. An integrated epigenetic and genetic approach to common human disease. *Trends in Genetics*, 2004,20(8):350-358.)

芬恩伯格的研究表明,原来一直认为癌症是单个细胞核 DNA 发生了一系列明显生物学改变而引起的一组疾病的观点可能被一种更复杂的说法所替代,那就是癌症最早开始于干细胞的甲基化改变。芬恩伯格提出了"表观遗传学改变在肿瘤发生中早过突变"的观点,他们认为肿瘤发展需要三个步骤:第一步,在特定的器官或是组织的祖先细胞内发生由不正常的肿瘤起源基因所介导的表观遗传学损伤。这导致一系列的准备引发新的生长的细胞产生。第二步,这群发生了遗传学改变的祖先细胞发生突变,例如白血病发生中的染色体重排。以前认为这是肿瘤发生的第一步。第三步,就是遗传学以及表观遗传的不稳定,并导致肿瘤的进一步发生。(Feinberg A P, Ohlsson R, Henikoff S. The epigenetic progenitor origin of human cancer. *Nature Reviews Genetics*, 2006, 7:21 - 33.)

芬恩伯格的研究发现,人类 DNA 上的表观遗传(epigenetic)化学标记一生中不断变化,并且变化程度在家庭成员之间是相似的。据此认为,表观遗传特征虽然不能进行严格意义上的遗传,却能够被我们的遗传组成所影响。这一发现将有助于解释为什么疾病易感性会随着年龄增长而增加。芬恩伯格和同事在实验中着重研究了甲基化——一种特殊类型的表观遗传标记。DNA 样本来自冰岛大约 600 个人,分别于 1991 年和 2002 年至 2005 年间采得。研究人员测量了 111 个样本中每个样本的 DNA 甲基化总量,并比较了同一个人的采自 2002 年至 2005 年间和 1991 年的 DNA 甲基化总量。结果发现,在这大约 11 年的时间跨度中,大约三分之一个体的甲基化量发生了变化。不过变化的方向并不一致——一些人的甲基化总量增加,另一些人的则发生丢失。研究人员随后又测量了从美国犹他州拥有北欧和西欧血统的人身上采集的 DNA 样本,这些样本的采集时间跨度为 16 年,最后得到了相似的结果。不过研究人员同时发现,同一家庭内的成员之间倾向于拥有同一类型的变化——如果一个家庭成员随着时间丢失了甲基化,那么其他家庭成员也会发生类似的丢失。(Bjornsson H T, Sigurdsson M I, Fallin M D, Irizarry R A, Aspelund T, Cui H, Yu W Q, Rongione M A, Ekström T J, Harris T B, Launer L J, Eiriksdottir G, Leppert M F, Sapienza C, Gudnason V, Feinberg A P. Intra-individual change over time in DNA methylation with familial clustering. *JAMA*, 2008, 299(24):2877 - 2883.)

现在正在轮转的实验室指导教师金蒂的研究领域较宽,从生理学到生物化学再到分子遗传学,最后逐渐成为神经科学家。

在读博期间,金蒂有 3 篇论文,其中,在《美国生理学杂志》有两篇第一作者的论文,应该是他获得生理学博士学位的主要工作。《美国生理学杂志》于 1898 年创刊,分 8 个分册出版。该刊是美国生理学会会刊,内容涉及生理学各个方面。有相关专业人士称《美国生理学杂志》是本专业仅次于《自然》和《科学》的期刊,排行老三,似乎有点夸大了;该刊的影响因子大约是 4 左右。我以为,《美国生理学杂志》可能没有那么高的地位,但它是美国生理学界的一份主要刊物,确是不争的事实。如果再考虑博士毕业之后不久以第一作者发表的 1 篇论文,这样,金蒂的博士论文在美国生理学主要刊物上以第一作者发表了 3 篇论文,可见其大致达到什么样的水平与质量。此外,还有 1 篇是在《生物化学》(IF: 5.854)上的第二作者的论文,但不是通讯作者,估计是他参与指导的本科生的暑期实习生论文或毕业论文,也为他后来做博士后工作奠定了良好的基础。

金蒂做了5年的博士后共发表论文10篇。第一期博士后是生物化学方向,发表4篇论文,其中在《生物化学》上发表第一作者论文2篇,在《细胞生物学》(IF:10.951)上发表第二作者论文1篇(博士后导师是第一作者)。《生物化学》是美国生物化学协会主办的发表生物化学所有领域及与其关联的化学、分子和细胞生物学的研究论文、实验报告的学术刊物,影响因子4.5左右。第二期博士后是分子遗传学方向,共发表6篇论文,其中:3篇第一作者,《细胞》《科学》《细胞生物学》各1篇;2篇第二作者,《科学》《神经元》各1篇;一篇第四作者,发表在《分子细胞生物学》。

《科学》大家耳熟能详,不用多说。知道《细胞》的人就很有限了。《细胞》(Cell)是本杰明·列文(Benjamin Lewin)于1974年在麻省理工学院出版社创办的一份综合性生命科学期刊。经过30多年的发展,《细胞》被认为是生物科学领域最好的期刊,在国际学术界的影响可与有着百年历史的美国《科学》和英国《自然》相媲美。在《细胞》之前,科学期刊主要有两种类型:一种是发表短小精悍文章的杂志型期刊,如《科学》和《自然》;一种是发表可长达50页学术文章但读者量很小的学会型期刊。列文综合两种类型的长处,创建颇具特色的叙述体格式,既向作者提供足够的篇幅让他们能全面完整地讲述其研究工作,又让期刊的读者能够阅读并理解其他学科领域的发展,对自己的领域有所启发,从而确保《细胞》对作者和读者的价值。据SCI统计数据,《科学》《自然》《细胞》在2006年的期刊影响因子分别为30.927、29.273和29.431。1986年,列文创建了细胞出版社(Cell Press),并在此后创办了《神经元》(Neuron)、《免疫》(Immunity)和《分子细胞》(Moleculer Cell)三份期刊。

在助理教授期间,金蒂共发表14篇论文,以通讯作者身份发表5篇,分别是《细胞》1篇、《科学》2篇、《神经元》1篇、《神经科学》1篇。《神经元》(IF:14.304),大致接近《自然—神经科学》(IF:15.456)的影响因子,而《神经科学》的影响因子是8,至此金蒂作为职业神经科学家的地位初步奠定。这就使他顺利晋升为副教授,接着成为霍华德·休斯医学研究所助理研究员。金蒂还有以合作作者身份发表的论文9篇,包括《科学》2篇,《神经元》3篇,《分子细胞生物学》2篇,《神经科学》《生物化学》各1篇。

在担任副教授期间(1999—2004年),金蒂共发表15篇论文:以通讯作者身份发表9篇,其中《细胞》1篇、《神经元》(IF:14.304)4篇、《神经科学》2篇、《发育细胞》(IF:14.609)1篇、《分子细胞生物学》1篇;还有以合作作者身份发表的论文6篇,包括《美国国家科学院院刊》3篇、《神经元》1篇、《神经科学》1篇、《生物化学》1篇。在晋升教授的同时,他正式成为霍华德·休斯医学研究所的研究员,在神经科学领域已经是成果卓著了。

在担任教授期间,金蒂2004—2010年共发表18篇论文:以通讯作者身份发表12篇,其中《自然》1篇、《科学》2篇、《神经元》5篇、《自然—神经科学》1篇、《自然—细胞生物学》2篇、《分子细胞》1篇;还有以合作作者身份发表的论文6篇,包括《自然》3篇、《神经元》1篇、

《神经科学》2篇。

金蒂是在副教授、教授阶段以每年平均3篇高质量论文,以神经科学为中心并向分子遗传学、生物化学、细胞生物学等领域延伸的颇具影响力的神经科学家。他在助理教授、副教授期间就是《分子与细胞生物学》编委(1998—2001年)、《分子内分泌学》编委(1999—2001年)、《神经科学》编委(2000—2004年),后来就一直是《神经元》副主编(2003年至今)。金蒂在正式任教之后,作为通讯作者的科学论文的成绩非常了不起:《细胞》2篇、《自然》1篇、《科学》4篇、《神经元》10篇。此外,他还有若干篇综述文章,发表在《细胞》《神经元》《自然—神经科学评论》《神经科学》《神经生物学》等刊物上。

金蒂揭开了神经末梢定向生长的秘密:发现一些神经细胞的生长是受目标给出的"提示"来控制的,这种"提示"事实上是一些能使神经细胞发生化学变化并诱导神经离开中间目标、到达最终目的地的蛋白质(Kuruvilla R, Zweifel L S, Glebova N O, Lonze B E, Valdez G, Ye H, Ginty D D. A neurotrophin signaling cascade coordinates sympathetic neuron development through differential control of TrkA trafficking and retrograde signaling. Cell, 2004, 118:243-255.)。

金蒂通过联合运用现代分子生物学和一项古老的可以追溯到136年前的科研技术,成功地发现了哺乳动物的大脑如何巧妙地回访并再利用相同的分子路径以达到控制脑内复杂回路的目的(Tran T S, Rubio M E, Clem R S Johnson D, Case L, Tessier-Lavigne M, Huganir R L, Ginty D D, Kolodkin A L. Secreted Semaphorins control spine distribution and morphogenesis in the postnatal CNS. Nature, 2009, 462(7276):1065-1069.)。发现大脑回路的控制器是一个重大突破,有助于我们理解各种行为背后脑内的神经环路如何集成。

金蒂发现了脊髓缺陷与蛋白质分泌体系和神经管封闭的关联,为脊髓缺陷研究开辟了新的道路(Merte J, Jensen D, Wright K, Sarsfield S, Wang Y, Schekman R, Ginty D D. Sec24b selectively sorts Vangl2 to regulate planar cell polarity during neural tube closure. Nature Cell Biology, 2010, 12(1):41-46.)。

2011年4月儿子去的实验室转轮的指导教师赛多克斯是一位发育生物学家,女性,受聘于霍普金斯大学医学院分子生物学与遗传学系。赛多克斯是普林斯顿大学的博士研究生,当年入学时拿的就是普林斯顿奖学金(Princeton Fellowship),进入博士课题之后获得霍华德·休斯医学研究所博士奖学金(Howard Hughes Medical Institute Pre-Doctoral Fellowship)。

读博的5年期间,赛多克斯共发表论文3篇:第一作者2篇,均为《细胞》;第二作者1篇,为《自然》。三篇文章均是与导师合作,只有1篇还有一个合作作者。在此基础上,赛多克斯博士后拿的是海伦·海·慧特尼博士后奖学金(Helen Hay Whitney Post-Doctoral Fellowship,全美每年只有20名左右)。

做博士后的4年期间,赛多克斯共发表论文3篇:第一作者2篇,《发育生物学》《发育》

各 1 篇;第二作者 1 篇,发表在《欧洲分子生物学组织杂志》(IF:10.053)上。要绝对区分期刊的影响力很难:《自然—细胞生物学》与《分子细胞》和《基因与发育》相当,并与《欧洲分子生物学组织杂志》接近,《自然—神经科学》与《神经元》相当。

担任助理教授的 5 年期间,赛多克斯共发表论文 11 篇,其中:第一作者 4 篇,《自然》2 篇、《发育》2 篇;通讯作者 2 篇,《发育生物学》1 篇、《分子细胞》1 篇;合作作者 5 篇,《发育》2 篇、《基因与发育》2 篇、《细胞生物学》(IF:10.951)1 篇。

担任副教授的 4 年期间,赛多克斯共发表论文 7 篇,其中:通讯作者 6 篇,《自然》、《基因与发育》(IF:15.61)、《美国国家科学院院刊》(IF:10.2319)、《当代生物学》(IF:11.732)《发育》《发育细胞》(IF:14.609)各 1 篇;合作作者 1 篇,发表在《细胞的分子生物学》上。

担任教授的 6 年期间,赛多克斯共发表论文 7 篇,其中:通讯作者 6 篇,《细胞》《科学》《发育》《发育生物学》各 1 篇,《当代生物学》2 篇;合作作者 1 篇,发表在《发育生物学》上。

赛多克斯在本科毕业后的 24 年里,共发表研究论文 31 篇,平均 1.3 篇/年。其中,第一作者 8 篇,通讯作者 14 篇,合作作者 9 篇;但是这些为数不多的研究论文中,质量均属上乘,《细胞》3 篇,《自然》4 篇,《科学》1 篇,《美国国家科学院院刊》1 篇,还有就是发表在《发育》《基因与发育》《发育生物学》等期刊上,绝大多数论文只是二三人合作,属导师与研究生密切接触与精诚合作的成果。

赛多克斯在 32 岁做助理教授初期就获得塞尔学者(Searle Scholar)。美国的塞尔学者奖设立于 1981 年,专门颁发给化学和生物学领域的科学家。每位得主获 24 万美元的奖励,以津贴的方式资助已经做出了"重要的创新研究"贡献,并继续在做重大课题的助理教授。每年颁发 10—20 个奖项。

1999 年,赛多克斯在助理教授后期就获得"美国青年科学家与工程师总统奖"(Presidential Early Career Award for Scientists and Engineers, PECASE)。该奖是 1996 年 2 月由当时的美国总统克林顿设立,是美国政府对青年学者在开拓自己独立研究生涯方面给予的最高荣誉,每年评选一次,并且获奖者终身只能获得一次。1997 年首次颁发,现在是美国政府为青年科学家与工程师授予的最高荣誉,奖励各研究领域内最富潜力的青年学者。该奖由九个美国政府部(署)提名(赛多克斯是由美国国立卫生研究院提名)独立从事研究不久,但已展现出科学前沿领袖能力的科学家或工程师参评,美国国家科学技术委员会负责协调相关部门实施该奖的评审。该大奖包括 100 万美元研究经费,分 5 年提供给每位获奖人。每年 100 名获奖者都将前往白宫接受颁奖。

赛多克斯 37 岁在担任副教授期间获颁声誉卓著的 2001 年度麦克阿瑟奖(MacArthur Fellowship)。该奖别名"天才奖",创立于 1981 年,为纪念银行生命灾难公司的创始人约翰·D. 麦克阿瑟而命名。每年评选一次,旨在表彰在社会发展中发挥重要作用的具有非凡创造性的杰出人士,奖金 50 万美元,分 5 年颁发,每年 10 万美元;获奖者可自由支配。获奖者被视为专业领域中的顶尖人物,在 5 年内获得完全自由支配的 50 万美元奖金。至今已有 827 名获奖者,年龄从 18 岁至 82 岁不等。麦克阿瑟奖既不要求个人提交申请,也不需要面谈;由多位在同领域有卓越贡献的专业人士以匿名审核方式遴选产生,遴选的标准包括过去的成就、原创性与前瞻性等要件。麦克阿瑟奖被视为美国跨领域最高奖项之一。

培养学生:指导博士成长具备的深度

作为一个导师,不仅要自己的科研成果很优秀,而且还必须在指导学生方面卓有成效,否则那就是一个杰出的研究者,而不是一个诲人不倦的良师益友。考察一个导师指导学生的成效有很多种途径,主要包括看学生的博士论文水平达到何种高度、学生毕业之后能够找到何种工作,以及现在在读的博士主要是些什么程度的学生,等等。

芬恩伯格的学生的资料很少,我只查到一位学生,2002 年入学的 Hans T. Bjornsson (University of Iceland, College of Medicine)以第一作者身份在《美国医学会杂志》上发表 1 篇论文(Bjornsson H T, Sigurdsson M I, Fallin M D, Irizarry R A, Aspelund T, Cui H, Yu W, Rongione M A, Ekström T J, Harris T B, Launer L J, Eiriksdottir G, Leppert M F, Sapienza C, Gudnason V, Feinberg A P. Intra-individual change over time in DNA methylation with familial clustering. *JAMA*, 2008,299(24):2877 - 2883.)《美国医学会杂志》经常被列为医学期刊中拥有最高影响因子之刊物[同级刊物有《新英格兰医学期刊》(*The New England Journal of Medicine*)与《柳叶刀》]。

金蒂培养的学生众多,我们只讨论中国学生,这样可以有一定参考意义。在已经毕业的学生中,叶海虹是金蒂最早的博士研究生,当时应该是金蒂升副教授前后。叶海虹在博士期间以第一作者身份在《神经元》上发表论文 1 篇(Ye H, Kuruvilla R, Zweifel L S, Ginty D D. Evidence in support of signaling endosome-based retrograde survival of sympathetic neurons. *Neuron*, 2003,39:57 - 68.)。还有一篇是与学妹合作、第二作者的《神经元》1 篇。2004 年 3 月,叶海虹以清华大学生物科学与技术系副教授的身份在广州出席中国生理学会、中国神经科学学会主办的"第三届海内外华人中青年学者神经科学研讨会",发表了《神经营养因子的功能及信号传导》,该文后来收入高等教育出版社出版的《神经科学进展(三)论文集》。现在,她在中国科学院生物物理研究所生物大分子国家重点实验室任副研究员,是吴瑛教授课题组的主要成员。2010 年,金蒂在中国科学院生物物理研究所(主持人:吴瑛)做报告,应该是叶海虹牵的线。

叶海虹有个师妹叫陈溪,北京八中毕业后进入北京大学生物系,以优异的成绩在大学二年级取得"君政基金"的资助,进入北京大学蛋白质工程及植物基因工程国家重点实验室,有多篇合作论文:《冷诱导基因的转录因子 CBF1 转化油菜和烟草及抗寒性鉴定》(甄伟、陈溪、孙思洋、胡鸢雷、林忠平,《自然科学进展》,2000 年第 10 卷第 12 期)、《Cre-lox 重组系统介导转基因烟草中外源基因删除的研究》(甄伟、汪阳明、丁伟、陈溪、胡鸢雷、林忠平,北京大学学报(自然科学版),2001年第37卷第4期),以及后来发表的第一作者论文《利用转基因番茄生产人胰岛素的研究》(陈溪、林忠平,《分子植物育种》2003年第1卷第4期,这项成果还获得国家专利)。2000年,她进入霍普金斯大学师从金蒂,2005年以一篇《神经元》第一作者(Chen X, Ye H, Kuruvilla R, Ramanan N, Scangos K W, Zhang C, Johnson N M, England P M, Shokat K M, Ginty D D. A chemical-genetic approach to studying neurotrophin signaling. Neuron, 2005,46(1):13-21.)的成绩获得国家优秀自费留学生奖学金。她博士毕业后去了哈佛大学医学院攻读医学博士学位(MD)。

博士生郭霆,2001年进入清华大学生物科学与技术系进行本科学习,2005年进入霍普金斯大学医学院。2011年,以《自然—神经科学》的第一作者(Guo T, Mandai K, Condie B G, Wickramasinghe S R, Capecchi M R, Ginty D D. An evolving NGF-Hoxd1 signaling pathway mediates development of divergent neural circuits in vertebrates. Nature Neuroscience 2011,14(1):31-36.)、《神经元》的合作作者(Mandai K, Guo T, St. Hillaire C, Meabon J S, Kanning K C, Bothwell M, Ginty D D. LIG family receptor tyrosine kinase-associated proteins modulate growth factor signas during neural development. Neuron, 2009,63(5):614-27.)的成绩获得2010年国家优秀自费留学生奖学金。毕业后去世界著名咨询公司麦肯锡工作。

金蒂的博士生中有一位叫刘音,北京大学生命科学学院2002级学生,2004—2006年,一直在王世强指导下从事大学生研究训练,曾获"校长基金"资助项目"心肌细胞二氢吡啶受体单分子动态"。金蒂2010年来北京大学做报告似乎是刘音牵的线。从上述几个中国学生的情况来看,金蒂指导的学生通常在毕业前夕才发表一二篇高质量的论文,之前几乎没有成果。

还有一位是刘音的双重学妹——黎莉诗,2003年毕业于广州市执信中学,当年高考是广东省的第三名(标准分885,4人并别第一均为900分,第二名894分),顺利进入北京大学生命科学学院,同时入选"元培计划"。2005年在北京大学获得"君政基金"资助,在于龙川教授指导下与张颖心同学(2003年浙江省理科状元,也是北京大学生命科学学院学生,同时入选元培计划,现在也是霍普金斯大学医学院神经科学系博士研究生)共同从事"CGRP参与阿片耐受和成瘾的神经机制"研究。该研究成果在校期间发表论文1篇(黎莉诗、于龙川,《伏核内的ΔFosB——吗啡成瘾中的重要调节因子》,《生理科学进展》,2006年第37卷第2期,第112页)。

赛多克斯的学生不多,3位已经毕业的人类遗传学专业博士生,3位在读的生物化学、细胞与分子生物学(Biochemistry, Cellular & Molecular Biology, BCMB)专业博士生,这两个专业是分子生物学与遗传学系的主要专业。2003年入学的Chih-Chien (Ken) Cheng(台湾大学毕业)以第一作者身份在《细胞》上发表1篇(Cheng K C, Klancer R, Singson A, Seydoux G. Regulation of MBK-2/DYRK by CDK-1 and the pseudophosphatases EGG-4 and EGG-5 during the oocyte-to-embryo transition. Cell, 2009, 139(3):560-572.)。2001

年入学的 Michael Stitzel(宾夕法尼亚州立大学毕业)以第一作者身份在《科学》上发表 1 篇 (Stitzel M L, Seydoux G. Regulation of the oocyte-to-zygote transition. *Science*, 2007, 316: 407 - 408.),在《当代生物学》上发表 1 篇 (Stitzel M, Pellettieri J, Seydoux G. The C. elegans DYRK kinase MBK-2 marks oocyte proteins for degradation in response to meiotic maturation. *Current Biology*, 2006, 16(1): 56 - 62.)。1999 年入学的 Cynthia DeRenzo (弗吉尼亚大学毕业)以第一作者身份在《自然》上发表 1 篇 (Derenzo C, Reese K J, Seydoux G. Exclusion of germ plasm proteins from somatic lineages by cullin-dependent degradation. *Nature*, 2003, 424(6949): 685 - 689.)。这样,赛多克斯的三位毕业生的博士论文"囊括"了 CNS,真的十分壮观。这不仅严格训练了学生,而且使学生进入科学殿堂初期就达到了很高的水准,为学生未来的科学生涯铺平了道路。

最近饶毅在接受《中国青年报》记者采访时说:论文是发表你的科学发现。论文可以看数量也可以看质量。如果用《让子弹飞》来比喻,你可以算很多次枪声后击中很多目标,但也可以看看子弹击中了什么目标。赛多克斯摒弃急功近利,坚持科研的质量、回归科学本质,秉持"慢"的理念,让"论文"飞一会儿。

赛多克斯的在读学生中有一位王悦萌,1988 年 4 月出生,2009 年本科毕业于清华大学生物科学与技术系。她是 2004 年全国高中数学联赛(省级赛区)一等奖获得者,具有保送资格。她 2005 年参加高考,是辽宁铁岭市理科状元,分数是 644 分。在大学里,她是清华大学生物系学生会副主席,全部课程学分绩点排名年级第一,获得 2006—2007 学年高等学校国家奖学金。大学毕业时获得"清华大学优秀毕业生"称号(全校 57 名同学),生物系的 2 人之一。

最后的结论,仅从相关资料上看,三个人做过或正在做霍华德·休斯医学研究所研究员,其中选赛多克斯做导师比较占优。她是分子生物学与遗传学系的专聘教授,年纪最轻,科班训练扎实,实验室规模小,自身科研水平高,目前是《细胞》的编委,她在本科、博士、博士后、助理教授等各个阶段都获得很好的科研奖励,指导学生的博士论文质量高。但是,如果考虑到她,女性、单身、学生少等因素,选她作导师并非是合适的选择。芬恩伯格是医学遗传所的专聘教授,研究领域偏冷,每年出的成果较少,需要长期的跟踪研究才能出很好的成果,况且他年逾六旬,实验室比较大,学生接受老师的关注以及与老师的交流会比较少一点。金蒂是神经科学系教授,年龄合适,50 岁左右,自身非常努力,实验室规模小,每年出的成果数量与质量都比较稳定,特别是中国留学生比较多,一定有其特殊的原因,他还是《神经元》的副主编。如果选金蒂本质上就是转系转专业,进入神经科学系的神经科学专业。

注:由于期刊的影响因子每年有所不同,但大致在上下略微浮动。所以,我选择期刊的影响因子是 2005 年的,并不代表当年实际的状况,这只是方便比较,不是严格意义上的,但仍然可以看出论文的大致水平。

是否可以来东南大学做一场学术报告？

今天(2011年9月26日)上午10点，我到李文政二楼去东南大学生命科学研究院听中国科学院神经科学研究所研究员熊志奇做的学术报告，是讲Rett综合征——一种儿童疾病的神经科学机理。他是美国贝勒医学院药理学和神经科学专业的博士(1995—2000年)、美国杜克大学神经生物系的博士后(2000—2003年)。他2003年入选中国科学院"百人计划"，到中国科学院上海生命科学研究院神经科学研究所任研究员兼课题组长。

在听熊志奇报告的时候，我突发奇想：你在明年春节前后回国的时候，是否可以来东南大学生命科学研究院做一场学术报告？听众是东大"发育与疾病相关基因"的研究生及青年教师，大约20—30人，可以介绍本科的科研项目——关于帕金森病的遗传分析，就是今年发表在英国《人类分子遗传学》上的那篇论文；也可以是博士第一年在实验室轮转中，独立承担刘音博士课题中的那项研究工作；当然，在允许的条件下，有选择地探讨博士第二年的选题研究的初步结果。最好讲那些已经或即将发表的论文，导师或实验室不允许发表的东西不要涉及，还是严格遵循科学研究的基本规范。这样就可以在人类遗传学、神经科学两个专业上做些介绍，或者结合起来讲，这与东南大学生命科学研究院的研究方向比较相近。

东南大学"发育与疾病相关基因"教育部重点实验室(2003年开始建设)主要在发育相关基因的功能研究、神经发育相关疾病分子机制及治疗研究、MHC(主要组织相容性复合体)系统的生物学功能与人类疾病的研究及发育与肿瘤相关基因表达调控的分子机制研究4个研究方向。实验室主任谢维1999年5月至2001年8月在加拿大多伦多大学附属多伦多病童医院做博士后、访问学者。该实验室已经聘多伦多大学的Gabrielle Boulianne与William Trimble教授为兼职教授。

来做学术报告的目的有三个：

第一是积累学术交流的经验。你可以用英文，也可以用中文做报告，将自己的研究心得或研究成果简要、精炼地在1个小时内表达出来，同时接受同行的质疑、批评，你也学习如何解释、反驳，从中获得启发并虚心接受别人的积极建议，提升自己学术交流沟通的能力。

第二是了解国内研究的状况。如果来做学术报告，就有机会近距离接触国内同行，熟悉国内研究的进展,同时可以更好地体会与认识中美大学医学院研究的异同,以及你们那里的优越之处。其实,现在国内高校与国际接轨已经颇有成效了,大多数新进教师都具有海外留学经历,博士生也有不少是与国外著名高校联合培养的。

  第三是建立学术关系的尝试。学习与别的实验室的科学家或学生进行学术交往,建立起一定的学术关系,为以后的科研合作奠定初步的基础。现在,在美国的华人科学家很多都在致力于与国内建立学术联系,扩大自己的学术团队力量。你们医学院生物医学工程系和神经科学系的王小勤现在是清华大学的"千人计划"教授。

  此外,我可以通过我们实验室的设备与人力将整个学术报告全程录像,通过自己观摩或我的点评,探讨如何做学术报告,同时也可以做学术积累,为你以后在国外大学或国际会议上做学术报告做初步的训练。在这方面还可以发挥我的一点"余热",为你的学术发展做出我应有的绵薄之力。当然,如果你不愿意或认为不妥,摄像、录音之类可以不搞。这个不是主要的任务与目的。

  不知你是否愿意?请你好好考虑一下我的建议,当然也不要勉强。如果同意的话,我再去"发育与疾病相关基因"实验室与有关人员商量,并具体落实;现在我还没有和他们说,等待你的决定。从上述论证的角度,我十分想玉成此事,也算是你回国休假的副产品,多一次学术经历吧。

贯通、悟性与善辩

再过几天(2012年4月7日),你就要进行博士课程的综合考试(comprehensive exam)。这是博士资格考试(Qualify Exam,又名 Preliminary Exam)的一个重要内容,再加上今年秋学期的开题报告。两项任务顺利完成之后,你将正式成为博士候选人(PhD candidate)。

课程学习和论文研究是博士生教育的两个主要阶段,论文水平是衡量博士教育质量的主要标尺,课程水平是确保博士培养质量的前提条件。课程学习通常在入学之后的两年之内完成,并随时进行课程学习中的测验和考核,以保证课程学习质量;在两年的课程学习结束之后,还需通过综合考试后对其前两年的知识掌握程度进行全面考核。通过综合考试,开始进入论文研究阶段。

综合考试反映了博士项目对相关学科的实质性要求,检测进入博士项目的学生对规定的课程所包含知识的掌握程度以及对本学科的基本原理和主要分支领域的了解情况。综合考试的举行有助于督促学生学习课程的广博与精深,进而培养坚实的专业基础和科研能力。当然,不同学校对资格考试的内容和形式有不同的规定:有的采用笔试,有的采用口试,有的既要求笔试又要求口试。你的综合考试只有口试,项目负责人确定了五个教授对你进行一小时的面试,具体试题可能是预订好的,通过抽签确定 2—3 个;也可能是面试教授每人负责一个学术领域,分别随机提问。无论哪种情况,均需要你当场回答,并接受质询。

综合考试的主要目的是为了判断四个方面:一是学习理解能力,是否有足够的能力理解专业文献和学科理论的深层含义;二是解决问题能力,能否运用学科的理论去解决一些实际的问题;三是提出问题能力,可否用一种清晰而有条理的方法提出一些可供研究的课题;四是研究评估能力,能不能判断不同理论和方法的研究价值。内容上应该不只是以博士课程为基础,涵盖面广泛与深入,应当包括文献研究、学术讲座以及实验室研讨等涉及的知识与技能。综合考试承担了检验你的知识能力和研究能力的"试纸"作用,具有明显的合理性与重要性。

对于中国学生,尤其是你,或许还有以下几点值得注意:

第一是所学知识的融会贯通。如果不能对所学专业的知识烂熟于心、信手拈来,未能形成该学科专业的系统分析框架,那么,无论对于后续的论文研究,还是对于未来的职业发展,都难以胜任。货真价实的博士是需要到考试的熔炉中锤炼一番的。你需要将所学知识系统化与深入化,纵横交错地将相关学科知识联系起来,并自如地综合利用这些知识分析问题与解决问题。对于综合考试,有学生的个人体验:考试的磨炼虽然艰辛,但对后续的专业成长无疑是极有助益的。有教授的个人看法:每个 PhD 都要过那个毫无意义的考试,但是你不得不考(绝大部分考试的科目跟即将或者已经在做的研究,可能没有任何的关系)。从某种程度上讲,综合考试就像一场高考,一场无意义却非常重大的考试。

  第二是学科领域的直觉感悟。口试考察的重点绝不是简单的课堂或教材内容,也不仅仅是计算分析的能力,而是看一个学生具不具备做科学家的素质,即直觉或悟性。最好的或者说最适合的答题,你应该从头到尾不用套公式或图表,所有的结果都是可以用简单而有效的方法推出来的。尤为重要的是,你需要以饱含热情的态度向教授们解释你的独到见解,从各个角度观察得出直觉上的解释。这些教授们非常重视学生对该学科是不是有一个实际的概念,而不是只知道数据或图表。

  第三是临场发挥的能言善辩。对于教授们的提问,特别是他们不断转换话题,表面上让人感到有些不知所措,实际上只要临阵不乱、沉着应答,一般都不会有问题。遇到确实不知道的问题,就说"不知道",不要不懂装懂,弄巧成拙。能言善辩其实是考你的基本功,也是考你的心理素质和表达能力,练的就是站在台上侃侃而谈的本事。在口试现场,你需要快速整理自己的思路,以规范形式表达出来。一个好的表达通常需要很强的逻辑性、由浅入深的条理性,外加一点幽默感。

  美国是一个讲究沟通、讲究自我推销的地方,不论将来是做教授还是在企业发展,都需要很强的表达能力,这样才能让别人认识你、肯定你从而重用你。"能说会道"恰恰是这个快节奏的现代社会生存的基本之道。

  美国的博士是世界上最难获得的学位,特别是在名校的名医学院要取得博士学位,更要跨越重重障碍,经历种种艰难险阻。综合考试就是其中一个重要的障碍与险阻。

关于大学期间获得奖励表述的讨论

最近,在看你导师的博士后合作导师 Michael Greenberg(哈佛大学神经生物学系主任)的资料,有一点表述引起了我的注意:

Michael Greenberg grew up(1954)in Brooklyn, New York and graduated from Wesleyan University (magna cum laude) in 1976,其中 magna cum laude(优等成绩),使我想起你申请霍华德·休斯医学研究所国际学生研究奖学金的资料中关于在大学期间获得奖励的表述,我将保存在家里的原始证书找出来一一核对,尽管已经对申请霍华德·休斯医学研究所国际学生研究奖学金已经没有什么帮助了,但有几点分析要与你讨论,或许对未来填表还是有帮助的。

首先,应该列出理学学士的学位证书(最优等级)。在北美大学教授的简历中,一般都比较重视大学本科的学校与是否获得优等成绩或最优等级,英联邦体制中叫作一等学位、二等学位之类,这是对本科四年的全面评价。在中国是用优秀毕业生、优良毕业生来表示。一般说来,优秀毕业生与优良毕业生大约是学生总数的5%与10%,他们应该是包括学习成绩、科学研究、竞赛得奖、社会活动等的综合评价都很好的一个群体。例如,清华大学2010届毕业生(估计3 000多人)中,优秀毕业生(物理系朱泽园)58人,优良毕业生(生命科学学院孙硕豪、人文社科学院马怡青、王懿君、丁佐成)268人。

其次,应该补上2010年的文理学院与三一学院的二个奖项。你列的奖项均没有2010年的项目,大概是根据申请博士项目准备的资料填写的。毕业后,我们没有及时更新资料,包括2010年的获奖与最优等级学位证书,这是一个失误。从你填写的材料上看,给人的感觉似乎大学前三年都很好,第四年很不好,一个奖项都没有,并导致四年总评没有达到优秀。当然,这不一定会影响这次申请,但以后如果需要还是应该补上,这也就是我写这个讨论的目的所在。没有的,不需要编造;有的,也不应该遗漏。不需要夸大,你说是不是?

再次,没有证书的奖项不知道如何列出。2009年生物化学系的研究奖学金肯定是有的,你拿到科研奖学金了,科研成果也出来了,那就是发表在英国牛津大学的《人类分子遗传学》上的论文。还有,就是2009年你是否获得了三一学院的奖项,当时,我估计应该是有的,后来你大学四年的成绩单上证明了我的猜测。那年,我来加拿大的时候,这个奖项还没有颁发;在拟定申请资料时,我估计应该有的。这两个奖项的证书或通知的文本,是否还在你的计算机或是邮箱中,有空找到了发给我。

最后,就是两个小问题。一是,还有一项是多伦多大学化学系颁发的一门课程的优秀证书,我手上有证书,但我认为没有必要列出;如果列出反而不好,因为没有其他课程的优秀证书,给人好像只有一门课程学得好的印象。二是,Dean's List(优秀学生名单)后面写 in recognition of academic excellence(证书上的写法)还是 Scholar(实际的含义),我以为还是你的写法好,不知是否合适?在你的表述中,最好的就是 NSERC Undergraduate Student Research Awards, 2008 Natural Sciences and Engineering Research Council of Canada (NSERC) / University of Toronto,既写了加拿大国家自然科学与工程基金会,又写了多伦多大学,我在文本中看到你是多伦多大学获此奖项的 39 人之一,不知你表述的依据文本在哪里?

上述讨论,有的意见可能不一定正确,仅供你参考。我们努力把事情做得更好、更完美一点。

附录一:证书原件中抄录出来的表述

1. Honours Bachelor of Science with High Distinction, University of Toronto, June 15,2010.

2. Dean's List in recognition of academic excellence, University of Toronto Faculty of Arts & Science, June 15,2010.

3. College scholar, the University of Trinity College in the University of Toronto, June 14,2010.

4. Dea's List in recognition of academic excellence, University of Toronto Faculty of Arts & Science,June 15,2009.

5. College scholar, the University of Trinity College in the University of Toronto, June 14,2009.(没有找到这个证书,不知是否获得奖学金)

6. University of Toronto Department of Biochemistry Research Award, 2009 University of Toronto.(没有找到这个证书)

7. Chancellor's Scholarship, the University of Trinity College the University of Toronto, October 20,2008.

8. Dea's List in recognition of academic excellence, University of Toronto Faculty of Arts & Science,June 17,2008.

9. Excellence Awards in Natural Sciences and Engineering, May 23,2008.

10. University of Toronto Scholar, University of Toronto at Scarborough, November 2007.
11. University of Toronto at Scarborough Entrance Scholarship, University of Toronto at Scarborough, February 13, 2006.

附录二:填写霍华德·休斯医学研究所国际学生研究奖学金申请书的表述

HONORS AND AWARDS

1. U of T Scarborough Entrance Scholarship, 2006 University of Toronto at Scarborough.
2. University of Toronto Scholar, 2007 University of Toronto.
3. NSERC Undergraduate Student Research Awards, 2008 Natural Sciences and Engineering Research Council of Canada (NSERC) / University of Toronto.
4. Chancellor's Scholarship, 2008 Trinity College, University of Toronto.
5. Dean's List Scholar, 2008 Faculty of Arts and Science.
6. University of Toronto Department of Biochemistry Research Award, 2009 University of Toronto.
7. Dean's List Scholar, 2009 Faculty of Arts and Science, University of Toronto.

小鼠研究的麦加圣地

美国的生物医学研究机构，除了大名鼎鼎的 NIH 等公立的非营利机构之外，还有很多十分出名的私人所有的实验室，例如纽约长岛的冷泉港实验室(Cold Spring Harbor Laboratory)等，还有就是不太为大众熟知的缅因州巴尔港(Bar Harbor)的杰克逊实验室(Jackson Laboratory)。我在《医学遗传学之父》一文里提到过它。原本想在文后加个附注做点解释，后来发现几句话说不清楚，同时又想较为深入地了解一下国际顶级生物医学实验室的运作特点，所以花点工夫写下本文。

创建于 1929 年的杰克逊实验室是一所旨在通过小鼠遗传学研究为其他机构提供研究资源来提高人类生命质量的独立研究机构。它的创始人是遗传学者克拉伦斯·库克·立托尔(Clarence Cook Little，1888—1971 年)。早在 1907 年，哈佛大学遗传学专业学生立托尔在指导教师的建议下决定着手建立几个"纯净"的小鼠品系。他在宠物商店买回一批小鼠，让它们近亲交配 20 多代，终于成功培育出几个遗传特性完全相同的品系。在数学家的帮助下，立托尔终于计算出控制小鼠"异体排斥"现象的基因有 14 个。

立托尔在很年轻的时候就曾担任缅因大学校长、密歇根大学校长多年，其间每年夏天回到缅因州的巴尔港休假并坚持做实验。后因治校理念与校董事会不合，立托尔辞去密歇根大学校长之职，带着几位年轻的科学工作者，回到巴尔港建立实验室。由于实验室的主要赞助人是底特律汽车工业巨头杰克逊(Roscoe B. Jackson)，因此立托尔就以杰克逊为实验室的名字。

杰克逊实验室成立后不久，就碰上美国进入经济大萧条的时期。为了维持生存，杰克逊实验室开始出售自己育种及繁殖的纯种小鼠，以贴补实验室运行的成本开销。从此，除了进行自己的研究之外，杰克逊实验室也成了全美甚至全世界各式各样纯种小鼠最重要的养殖供应中心，逐渐演变成世界上最大的一个专门提供小鼠品系的"鼠库"，被生物医学科学家们称为小鼠(mouse)研究的"麦加圣地"。现在，杰克逊实验室一共有 3 000 多个"纯粹"的小鼠品系，占到全世界已知小鼠品系的 3/4；每年向全世界的实验室输送约 250 万只小鼠。

由杰克逊实验室保种并向全世界科研机构提供的小鼠品系，可用于生物医学研究的工具和各种基因工程的受体鼠,并可作为小鼠基因组计划、小鼠单核苷酸多态数据库和小鼠表型计划等研究的可选品系,对生物医学研究多个领域的发展起着巨大作用。

此外,杰克逊实验室每年都增加上百种新的用于癌症、糖尿病、肥胖症、心血管疾病、神经退行性疾病以及免疫功能失调等研究的小鼠品系,这些新品系有的是杰克逊实验室的研究成果,有的来自世界各地的研究机构对小鼠模型的改良和创新成果。

杰克逊实验室还主持制定了被誉为全球实验小鼠的"黄金标准",除了拥有优秀的遗传纯度(genetic purity)和遗传稳定性(genetic stability)之外,更以其丰富的基因型和表型数据享誉全球。使用者可通过杰克逊实验室的数据库获取技术支持以及专业技术支持服务,帮助其解决小鼠使用过程中遇到的疑难问题。

杰克逊实验室有自己的科学家,他们利用实验室丰富的小鼠资源,开展一些重要的研究课题。其中有两位科学家从年轻的时候(30岁左右)开始直到退休都在杰克逊实验室做艰苦细致、深入持续的科学研究,最终获得重大科学成就。一位是1980年诺贝尔生理学或医学奖得主斯内尔(George D. Snell,1903—1996年),美国著名遗传学家,免疫遗传学奠基人。他是达特茅斯学院的学士,哈佛大学的博士,诺贝尔奖获得者穆勒的博士后,从1935年起,斯内尔就一直在杰克逊实验室做研究,并在这里从事了最终导致他获得诺贝尔生理学或医学奖的主要工作,即发现遗传因素决定了个体间移植组织或器官存活状况,并最早提出了H抗原的概念;发现了小鼠的主要溶组织性抗原复合体(MHC)H-2系统。

还有一位是因发现瘦素(leptin)而获得2009年度的"邵逸夫奖"生命科学与医学奖、2010年拉斯克医学研究奖得主道格拉斯·高尔曼(Douglas L. Coleman,1931—   ),美国生物化学家,杰克逊实验室的荣休科学家。他是加拿大麦克马斯特大学(McMaster University)的学士,美国威斯康星大学(University of Wisconsin)的博士,博士毕业后就一直在杰克逊实验室从事研究工作,直至1991年退休。退休前,高尔曼一直利用实验室老鼠来研究痴肥与糖尿病的关系。高尔曼提出一个假设,老鼠的血液循环系统中可能有一种激素与肥胖有关,并设计了一个"联体实验",将两只老鼠身体内的血管连接起来,形成一个大循环,结果肥胖鼠(Obese mouse)一直不进食,最后饿死了。根据实验结果,高尔曼做出推断,有一种未知激素会经血液带进大脑,提示老鼠已吃饱,不再进食。高尔曼的实验设想为肥胖研究深入到分子层次指出了一条重要道路。后来高尔曼一直致力于寻找食欲抑制基因,但直到他1991年退休,也未成功将其捕获。1994年美国洛克菲勒大学Marilyn M. Simpson讲座教授杰弗理·弗里德曼(Jeffrey M. Friedman)证明了食欲抑制基因就是所谓的"瘦素"。饶毅在《我的名单差不多要过时了》中说:"2002年名单,记不清楚为何我没列瘦素(leptin)发现,这个领域一个里程碑性的工作是洛克菲勒大学Jeffrey M. Friedman实验室所做,其第一作者是中国留学生张一影。"(2010-10-03)。弗里德曼是唯一的通讯作者。张一影是复旦大学的学士,美国纽约大学的博士。他们的成果发表在《自然》(1994年12月1日)上。发现瘦素也是值得获诺贝尔奖的工作。

杰克逊实验室一直从事基于小鼠的生物医学研究,并在小鼠的繁育、小鼠遗传学和在研究中如何选择运用实验小鼠方面积累了大量的宝贵知识和经验。由于不是教育机构,本身并不培养研究生,但是可以根据研究需要招聘哺乳动物遗传学方向的博士后与访问学者,主要有神经生物学、癌症生物学、生殖/发育生物学、免疫学/血液学/炎症、代谢疾病研究、计算生物学/生物信息学、老龄化、心血管生物学等几个研究方向。

80多年来,杰克逊实验室为研究人类的重要疾病、提高人类的生命质量立下了汗马功劳!

PhD 姓博还是姓哲？

PhD 是 Doctor of Philosophy 的缩写，一般译成哲学博士。目前，国际上绝大多数学科的最高学位都是 PhD，亦即博士学位。有人将"PhD"戏称为"Piled higher and Deeper"（垒得更高、专得更深），所以常常可以听到这样的论断：现在的博士一点都不博，而是非常非常的专。那么，PhD 真的应该姓博吗？

其实，姓博的主要是 PhD（哲学博士）的兄弟 MD（医学博士）与 JD（法律博士），它们都要求本科毕业后，通过相关的水平测试，申请进入医学院攻读医学的初级学位 MD 或进入法学院攻读法学的初级学位 JD。我们以美国的学位制度为例，分析一下为什么说 MD 与 JD 应该姓博。

我们先看获得 MD（Doctor of Medicine）的条件与过程。首先必须完成大学本科学业，获得学士学位。对于大学本科所学专业，并没有硬性要求，尽管一般倾向于生物、化学等理科专业，但对文科、商科、工科各专业都不排斥，这就在一定程度上，保证了 MD 生源的广泛性，这是 MD 的第一层次的博。第二层次是 MD 的入学考试的多学科性。进入医学院之前必须经过国家规定的考试即医学院的入学考试 MCAT（Medical College Admission Test）。MCAT 由四部分组成，依次是：Physical Sciences（PS，包括物理与无机化学）、Verbal Reasoning（VR）、Writing Sample（WS）、Biological Sciences（BS，包括生物与有机化学）。PS、VR、BS 的题型为多项选择题（40—52 道题），在一篇或多篇阅读材料后附有考生需要回答的题目，考生可能需要运用文章中的知识回答，也可能需要根据自己已经掌握的知识解答。WS 则需要考生在 60 分钟内完成两篇短文（essays）。医学院的录取通常根据考生的大学成绩、推荐信、MCAT 考试成绩和在大学时参与社会活动的情况即活动能力，如在体育或音乐等方面有特殊才能者也会被优先考虑。被医学院录取后，接下来是紧张而艰苦的 4 年医学院的学习：一是医学基础学科的学习，内容涉及解剖学、行为科学、生物化学、微生物学、病理学、药理学、生理学等；二是临床医学的学习，包括内科、外科、妇产科、儿科、预防医学、精神科等，以及病例的病史采集和体检技能、与病人交流沟通的能力。这是 MD 博的第三层次。这也可以通过美国执业医师执照考试（United States Medical Licensing Examination，

USMLE)来检测。具有MD学位是参加执业医师执照考试、取得执业医师执照的先决条件。通过入学资格、入学考试、课程学习与医院实习的多层次、多领域的学习与培训,以保证MD的博。MD不需要做博士论文,也不必成为某一专科的主治医生。MD以后的专,则通过MD/PhD项目培养研究能力,通过住院医生培养计划与专科医生培养计划培养临床专科医疗能力。

JD(Juris Doctor,或Doctor of Jurisprudence)是美国法律教育体系中的第一个学位(初级学位)。与美国大学本科不设医学学位类似,美国大学本科也不设法律学位,以避免学生知识太狭隘成为"法匠"。法律人才必须先掌握一些其他学科的专业知识才能攻读法律学位。因此,美国法学院要求申请者至少有四年制本科毕业的学士学位,不限制所学专业(文科、理科、工科、商科都可以,也并没有学科偏向),不要求是否与法律相关。这是JD博的第一层次。想申请法学院入学资格,则必须参加难度较大、竞争颇激烈的法学院入学资格考试LSAT(Law School Admission Test)。LSAT的成绩将作为预估申请者的正确且合理的推论与判断能力、分析及评估能力的依据,没有资格报考的限制。LSAT考试主要包括阅读理解、逻辑推理、分析推理与写作等内容。法学院根据申请者的LSAT考试成绩,再加上个人简历(resume)、大学学习成绩、个人陈述信(personal statement)、推荐信(letter of reference)等其他申请材料择优录取。这就构成JD博的第二层次。美国常规的法学院的JD学制主要为全日制在校学习3年。在学习期间需修满大约90个学分。在3年期间,三分之一的课程为核心必修课,它构成了律师必须拥有的基础知识和技能,一般包括刑法、合同法、侵权行为、财产法、民诉法、民权法6门。除必修课外,学生还要根据自己的爱好和特点以及将来所选职业的需要,选择16—30门选修课。在3年的学习期间每年都要学习法律写作和职业道德课,而且是唯一贯穿于3年教学全过程的课程。JD博的第三层次主要是学生需详细学习美国的法律,并且学校极其重视培养学生的综合职业能力,即法律知识能力、职业思维能力和驾驭法律信息资源能力。修完学分即可获得JD的学位,一般不需要写论文。只有获得JD学位之后,才可以考美国的律师资格考试。具有JD学位是参加律师资格考试、取得律师执照的先决条件。如果想继续深造,在拿到JD后,才能申请法学硕士研究生,日后取得法学硕士(Master of Laws,LL. M.)的学位,接着才能申请法学博士研究生,写出论文并通过口试,取得法学博士(Doctor of Juridical Science,SJD)学位。

MD(医学博士)与JD(法律博士)都属于专业学位,是一种本科后初级医学或初级法律学历教育。从教育层次上看,MD或JD是研究生层次教育;从教育性质上看,MD或JD是以医生或律师为培养目标的职业教育。虽然MD或JD对知识的原创性贡献不是获取学位的必要条件,但它们是美国医学教育或法律教育的主体,是所有美国医学院与法学院都有的学位教育,并且占据主要地位。医学与法律是广博艰深的学科,学生必须具有相当的成熟度才能对其有深刻的理解;医生与律师于国家安定、社会发展有重大关系,因此MD或JD应当具有较高起点。只有把 MD 或 JD 置于较高的平台上才有利于医生与法律职业本身的进步。MD 与 JD 都是关系人的生命的职业教育,MD 是关系人的自然生命,JD 是关系人的社会生命,它们被认为是美国最为昂贵和含金量最高的两个学位。所以,MD 与 JD 自然应该姓博。

一般来说,PhD 和其他学位的本质区别就是:科研(research),不仅是现象的描述,而且应该透过现象"试图寻找"出自然式社会现象蕴含的机理,"试图解释"为什么这样、探讨现象背后的潜在原因。这就是哲学本体论所要研究的问题。

PhD 的研究工作有两个目的:一是试图完整掌握一个科研领域,二是试图在这个领域开创出新的理论。PhD 的研究工作是以问题为导向,培养提出问题的习惯和能力。"没有一个问题是笨问题,一百个问题中总会有一个是聪明的问题,这个聪明的问题也许就是一个很大的科学发现。"(庄晓威)发现问题就是一个无止境的追根究底的探索过程,就需要突破或超越边界,在空间上跨越学科的限制,在时间上贯通历史的长河。PhD 的论文并非是要充斥哲学术语与概念,但一定要充满哲学情怀与哲学洞见。这就是 PhD 所要达到的境界。

有的博士生毕业时掌握的还只是技术。这样的话,其仅仅是技术员(technician),而不是哲学博士(doctor of philosophy)。体系是研究所有科学问题的载体,研究时没有体系或体系出错,是做不出东西的。那么,技术、提问和体系三者是什么关系? 技术,是装饰,比如汽车的门、座位或车身上喷的漆。提问就像"引擎",没有"引擎"的"火车"跑不起来。体系是载体,提出的问题和体系不一致时做不出东西。尽管问题很重要、很正确,但问题的"引擎"是给"汽车"使用的,硬要装在"飞机"上,还是无法飞起来。正确的研究体系可以发现关键问题,这就如同看到"飞机"才知道它的"引擎"该做多大、该怎样设计才最适合"飞机"。所以,并不全是通过问题才能建立体系。(《施一公:我对科学研究的体验》)

1984 年 4 月,时年 22 岁的加州大学伯克利分校一年级的博士研究生格雷德(Carol Greider,1961—   )在做第三个实验室轮转,她进入了布莱克本(Elizabeth H. Blackburn)实验室。布莱克本由于在端粒研究领域的卓越贡献而被尊称为"端粒女王"。1978 年,布莱克本对因发现 DNA 双螺旋结构而获得诺贝尔奖的詹姆斯·沃森(James Watson)提出的染色体"末端复制问题 (end-replicating problem)"感兴趣,和乔·盖尔(Joe Gall)合作用四膜虫(Tetrahymena)确定了端粒的 DNA 序列;与杰克·绍斯塔克(Jack W. Szostak)的合作证明了端粒对染色体的保护作用。但是面临的问题是,如果知道端粒随时间变短,那它们又是怎样重新变长的呢? 当时主要有两种观点:一种认为由遗传重组实现;而另一种则认为由尚未鉴定的酶负责。布莱克本坚持后一种观点,问题是能否将该酶鉴定成功。格雷德义无反顾地接受了这个挑战。开始,布莱克本不愿意格雷德从事寻找端粒酶(telomerase)的探索,她认为这样的工作对一个 PhD 学生来说不合适,她觉得学生还是要选一个可以做出预期结果的"安全"课题,便于如期毕业。但格雷德只说了一句:"Hah, this is interesting, I want to do it."最后她说服了自己的导师。经过 9 个月的艰苦努力,在 1984 年的圣诞节的晚上,格雷德第一次找到了端粒酶存在的迹象,又经过半年的各种试验的验证,1985 年的 6 月(格雷德博士二年级期末),她终于用充分完备的数据证明了端粒长度保持平衡的机制。发现端粒酶的工作发表在同年 12 月的《细胞》上。24 岁的博士三年级学生格雷德用这项工作基本上奠定了她后来获得诺贝尔奖的原创成果。(详见拙文《好奇心驱动》)发现端粒和端粒酶保护染色体的机理对理解癌症,以及一些人类遗传病和与老化有关的退化性疾病很重要。临床关系仍需要医学界去弄清。在诺贝尔奖百余年的历史长河中,就有多位青年才俊凭借他们读 PhD 时的工作最终与他们的导师一起得到了历史的肯定,获得了诺贝尔奖的荣耀。他们是居里夫人、小布拉格、施里弗、赫尔斯、奥谢罗夫、特霍夫特、维尔泽克。

一般来说,"哲学"的"哲",是聪明、智慧的意思,聪明、智慧的根本标志是独立思考、批判创造。PhD 需要对现实问题的前提或基础做批判性的质疑。这就是哲学认识论所要研究的问题。

胡适先生概括的"大胆假设,小心求证"就是 PhD 的方法论。通过观察、做实验或直觉对现实问题的前提或基础做批判性的质疑,大胆提出自己的科学假说,然后经过归纳与演绎、证明与反驳、分析与综合、分类与比较等逻辑与数学的方法,认真、严格地论证自己的科学假说,并将经过验证的结论逐步丰富与完善上升为科学理论,系统化、形式化后形成科学体系。感性直观、知性分析、理性综合构成了 PhD 的思维脉络,三个环节、两度否定、终点向起点复归,推动科学认识的发展与进步。

20 世纪 60 年代初期,斯坦福大学的博士研究生波拉特(M. U. Porat)在哈佛大学的贝尔(D. Bell)教授的"后工业社会"的设想与普林斯顿大学的马克卢普(F. Machlup)教授的"知识社会"概念的启发下,准确与科学地提出信息经济的概念与测度的方法,更进一步揭示出信息社会是一个真实的存在,以及选取什么标准来判定一个国家是否进入信息社会。波拉特进行了极其艰苦浩繁的劳动,详尽、系统地分析研究了美国信息产品、信息服务的生产、流通、分配在整个国民经济中所占的比重,即信息活动的规模在整个经济活动中相对于农业、工业、服务业的比重。其研究成果是目前世界上有关信息经济的宏观测度的最完备的文献,为信息经济的测算提供了一整套的理论(逻辑概念系统)和方法(测算方法系统)。80 年代以后,经济合作与发展组织(OECD)与联合国教科文组织(UNESCO)采纳了波拉特的理论与方法测算各国的信息经济,其结果成为各国政府部门制定产业结构、就业结构的发展战略和有关政策的重要依据(参见拙著《科技经济分析》,中国社会科学出版社,2005 年)。波拉特的 PhD 论文成功地构建了我们今天社会经济基础的特征与机理,主要与信息的转换相关的经济活动,相对于资源经济(与物质的利用相关的经济活动)、能源经济(与能源的转换相关的经济活动)成为第三类经济形态,也构成反映国家现代化程度的客观指标。

至此,我们可以得出结论:PhD 姓哲名博。缺乏哲学洞见与哲学情怀的 PhD,只是没有灵魂、没有底蕴的"空帽子",也是违背 PhD 本意的。

做好博士论文的总结

当完成博士论文之后,你是否有这样的计划:对花了几年心血的博士论文,做一个较为详细的回顾与总结。

这个回顾与总结有点像撰写一部著作的后记。我在 1994 年出版我的第一部个人著作《科技宏观分析》之前,写了一篇几千字的后记,说明撰写该书最初想法的由来与孕育过程,是什么促发了我试图想较为深入研究科学技术与社会发展这一课题,以后又是如何一点一滴地积累这方面的研究心得,如何在做硕士学位论文以及在担任助教、讲师、副教授等各个阶段,在极其艰难的条件下写出一系列的学术论文,并经过十几个刊物编辑的修改与几本其他合作著作主编的润色,再补充了一些必要的内容与反复多次地删改,终于构成一个结构完整、逻辑自洽的理论体系,并表达了我的导师、编辑、合作者对我的帮助、启发与支持的感激之情,最后还初步勾勒出未来学术努力的大致蓝图。

根据我二十多年的经验,你十分有必要花一定的时间对你做了五六年的博士课题做出系统的回顾与总结。

第一,厘清一下博士课题的起源。什么问题引发了你的兴趣,哪份文献或哪个实验引起了你的关注,什么课程启发了你的思索。通过这些回顾,总结或抽象出自己科研选题的一般方法,同时评估它的优劣、它的难易、它的诉求,所有这些都会有利于你积累科研选题的经验,有益于未来的科学研究工作的进展。

第二,描绘一下课题研究的进程。研究过程是如何发生,方案是如何设计,实验是如何进行,遇到什么问难,又是如何解决。在这一过程中,你的思路、你的失误、你的成功、你的喜悦统统被详细记录下来,这算是建立一个最原始可靠的科研档案,是你科研道路上的第一段艰辛印迹。

第三,归纳一下导师指导的过程。他是怎样支持并引导你的博士课题,最初他是如何考虑才同意你选择一个他原本不想继续研究的学术领域,该领域基本已经转向一个新的实验室研究方向;在开题汇报前后,你们是如何讨论的,导师是如何转变、如何给你提供方向把握,并给予必要的帮助。你在做出那个重要的发现后,又是如何冷静对待,不是被成功冲昏头脑急于发表,而是花更大的气力、更长的时间进行更严密的实验,来科学论证你的发现的机理。科学的基本准则是可检验性,我们不仅怀疑别人的发现与观点,我们也有根有据地怀疑自己的理论发现与实验结果。只有经过反复的实验检验,才能真正取得实质性的科学成果。

第四,记录一下论文发表的经验。其中包括论文写作与修改的升华过程、投稿刊物的选择以及对评阅人意见的回复等心得体会,特别是充分理解与尊重审稿的肯定评语与修改意见。如何做好自己发表论文的修改与完善,还有可能引发新的思考与新的问题,做好这些总结,不仅是为了圆满顺利地完成博士论文发表,而且也是为以后的投稿与发表积累经验。

博士阶段是人生一段特殊的经历,你一定会感觉到学识的匮乏和在科学面前的渺小,在自然科学的浩瀚海洋中,你是一滴普通的水珠,只有透过阳光的折射发现科学的七彩斑斓和美妙多姿。这是一个真正的科学启蒙教育过程,是在科学朝圣之路上一种美妙人生的际遇,请好好地享受各种酸甜苦辣,这是一笔丰富与宝贵的人生经历!那些曾经的流汗与煎熬,将是你人生记忆里最美的时光。

这篇回顾与总结的文字,也可以缩写成你博士论文的致谢部分。博士论文的致谢不单是学术意义上的,也是在回顾自己多年求学过程之后的一个总结。

研究篇

如何度过"心灵探索的灰暗期"?

最近一个月(2012年5月)以来,你一直很少上线,有的时候居然一周或10天才上一次;现在是不是进入施一公当年在霍普金斯大学读博士的时候连续几十小时在实验室工作的状态? 就是上线,也不像从前,可以保持几个小时;更有甚者,我和妈妈多次留言,几乎都没有什么回音。在有限的反馈中,也仅仅是几个简单词汇"很好啊!""没问题啊"。

我们一直很牵挂你的健康、你的生活,是不是遇到什么难以克服的困难? 实验的瓶颈是否通过较长时间的"浸泡"得以攻破? 资格考试的通过应该没有什么悬念,但是选择的博士课题是否能够成立,设想是否合理可行,能否成为未来几年实验研究的"纲领",依然是存在多重变数。

记得去年年底,我们一同漫步在石头城的城墙上。你兴致勃勃地向我描述博士课题的构思:神经营养因子的传导机制(不知我这样的表述是否正确)。你说,对神经营养因子的研究已有几十年了,发现了多种的营养因子。这是我所知道的,在国内也有很多人进行这方面的研究,较出名的有2001年当选为中国科学院院士、2004年荣获(联合国教科文组织 & 法国欧莱雅集团)世界杰出女科学家成就奖的香港科技大学教授叶玉如(1983年,哈佛大学医学院博士),她研究神经营养因子与神经元发育之间的关系,以及它们用于治疗神经性病患的可能性。你的师姐黄斯翌就是叶任系主任的生物化学系毕业的。2009年,叶推荐了该系当年毕业的陈秀野(2005年北京高考理科状元)进入哈佛大学分子细胞生物系博士项目。估计,当年叶也推荐了你的师姐?

神经营养因子涉及发育神经科学领域,国内外做这方面的人就更多了,如饶毅等。但是,你说不知为什么就是很少有人做神经营养因子的信号如何传导给感觉神经元? 不仅原始文献少,而且专攻的科学家就更少,目前世界上就是斯坦福大学医学院的一位教授、康奈尔大学医学院的两位教授坚持在此领域默默耕耘。

这是一个极具风险性的课题,较少有人研究,说明难度大、近期不易出成果;你们实验室已经开始转向,而你还在实验室原先领域里孤军奋战;虽然你的导师仍然续成了美国国立卫生研究院(NIH)的项目,你的选题在该项目的支持下,经费没有问题,但你的开题报告应该

研究篇

属于下一个 NIH 项目申请的标书。这些是否就是导致我们很少在网上见到你,也就是你不怎么搭理我们的原因所在?

这其实是一个正常的现象。中国第一个在美国哈佛大学教育学院获得心理学博士学位的岳晓东在谈到其博士课题选择时,曾经有这样的描述:

在哈佛读书有一段时间,我做什么事情都打不起精神。长久以来,我犹有一种茫然、失落之感。每天的时间都为无数的生活小事所占用;待稍有静心时,又什么书都看不进去,心浮至极。一天我去见导师,顺便谈到了我当前的这种精神状态。待我讲完,我原以为导师会劝诫我一番,或是勉励我一番。不料他却告诉我,这种现象其实是很正常的,它反映了我对奋斗目标的某种潜在焦虑。

岳晓东的导师雷万恩教授(美国国家科学院院士、哈佛大学教育学院教授)说,"不瞒你说,想当年我做博士时,也曾有过类似你今天这样的困惑。我也曾向我的导师谈过","他说他当初做博士的时候也曾有过一段类似的焦虑体验。后来他去找当时哈佛大学唯一的心理学老师威廉·詹姆士教授谈自己的困惑,结果詹姆士教授告诉他,当初在确定研究心理学之前,他也曾整整困惑了五年,其内心之烦躁一言难尽。后来他把那段困惑时期称为心灵探索的灰暗期(the dark time of soul search),直到后来他明确了奋斗目标,才重新焕发了智力的青春"。(转引自岳晓东《与真理为友:我的哈佛求学之路》,安徽人民出版社,2011 年)

由此可见,在选择博士课题的时候,的确存在一个烦躁、困惑、难以言表的时期,很多人都走过类似的道路。28 年前,我开始研究生学位论文选题的时候,也有过类似的亲身体验。我下了很大的工夫选了三四个研究课题,大都被导师否定。经过多次沟通、协调、争辩讨论,终于在这三四个选题中归纳抽象出一个课题作为学位论文研究的重点,从而奠定了我最初的学术基础。毕业后,我以此为出发点,逐步扩展,20 多年学术生涯的研究方向就是这三四个课题的延拓与深化。

为什么在博士课题的选择期间会处于"心灵探索的灰暗期",主要是由美国对博士论文的要求所决定的,同时也受你所处的实验室以及你个人的经历与能力所约束。

首先是选题视角的独特性。

你在大学本科主修的是分子遗传学专业,博士项目是人类遗传学专业,但是现在博士课题研究却是神经科学专业,这就需要你克服专业限制,具有一定的跨学科研究的能力。当你在石头城城墙上告诉我,在这个课题领域里,你已经找到几个基因的特殊作用,从而可以将课题拓展到重症肌无力与阿尔茨海默症的遗传机理上时,我十分震惊与感动。你终于能够独立地选择一条基于自己学术兴趣与知识积累的研究道路,不仅将自己多年学习的积累转化为研究的优势,而且开辟出一条学科交叉、视角独特的学术道路,我为你的成长感到无比的欣慰。

"半路出家,未必落后"。斯金纳(B. F. Skinner)是美国最著名的心理学家之一,他的行为主义理论深深地影响了美国乃至世界的心理学、教育学、管理学等领域,其名望和成就仅次于弗洛伊德。可是,他大学主修的却是"英国文学"专业。其实,一个人只要有毅力、有虚心好学的精神,就会有所成就,无论他原本的基础如何。

你是你所在实验室多年来第一位具有遗传学背景的博士研究生,将神经科学课题与人类遗传学研究有机结合起来,不仅是跨学科突破,而且极富个人研究色彩。当然,叶玉如、宋洪军等前辈学者为你树立了很好的学习榜样。

其次是选题内容的原创性。

美国大学博士项目的课程极其注重研究,大多数课程都是为学生做研究而设计的。学生必须由被动学习别人的研究成果转为主动提出问题,并想方设法自己解答。至于博士课题的选择,就是应该在自己选择的知识领域有原创性的贡献。

"原创性"哪有那么容易。现在越来越多的学生需要三年或四年以上的时间才可以完成博士论文(外加两年课程,通常需要五到六年或更长的时间)。在对原创性的苛刻要求下,有的学生往往会寻求捷径来完成毕业论文,常常寄希望于"最热门的研究领域""便于获得教职的课题"。

著名经济学家、畅销教科书《经济学原理》的作者、哈佛大学曼昆教授曾经给出两组比喻,强调科学研究的"原创性"。一是研究必须要有热情。研究工作与其他职业有显著的区别。"做研究不像挖沟。即使一个人丝毫不喜欢他的工作,也可以挖出一条很棒的沟。相比之下,研究工作需要对所研究的课题有热情,热情与创造力是携手共进的。没人能为今后求职的需要而编造出这种热情。热情必须是发自内心的。"二是成功的研究来自广泛的兴趣。因为"有思想是研究过程中最难、最不可控的部分","广泛的兴趣能带给你更多成功的机会"。"如果一名矿工能着眼更广阔的开采场地,而不是在同一地点重复劳动,他就更可能挖掘到金子。而且,对一个题目的思考还可能引起对其他题目的想法。"这些经验之谈恰好为曼昆跨越经济学内部分支的众多领域取得研究成果做出了注释。当然,曼昆也很清楚研究领域宽泛的代价。"研究范围宽,最大的问题就是缺乏深度。"(转引自陈晋《哈佛经济学笔记》,江苏文艺出版社,2010年)

研究篇

做研究的基本准则是重质不重量。你关于"传导机制"与感觉神经疾病的遗传机理的结合,符合原创性的要求,不但从自身的兴趣出发,而且还是从一个具有重要性、突破性的"大问题"上着手,广泛搜集相关的领域,这样方可找出解决方法,也更具有"全球视野、人类关怀"的意义价值。

最后是选题追求的挑战性。

有人将美国大学的博士 PhD 戏称为"Piled higher and Deeper"(垒得更高、专得更深)。在 USNews 2012 美国大学神经科学/神经生物学专业研究生排行榜上,霍普金斯大学排在第四位,前三位是哈佛大学、斯坦福大学、加州大学旧金山分校。这些学校的神经科学/神经生物学专业的博士培养目标几乎都是：把学生培养为有全面神经科学视野，并有某一方面特长的可以独立工作的神经科学家。这种教育理念要求培养的博士是"专而全"和"可以独立工作"。"专而全"是"可以独立工作"的能力上的准备，追求学术的兴趣和热情则是"可以独立工作"的心理前提。

这些学校的神经科学/神经生物学专业的博士培养有两个基本原则："以学生为本"和"以学术为本"。"以学生为本"既确保学生追求学术的兴趣和热情，也确保了博士论文的高水平完成。"以学术为本"确保了学生"专而全"的知识架构的形成和实验技能的养成，也确保"可以独立工作"培养目标的实现。只有在内心强烈的追求学术的兴趣和热情信念的驱动下，才能从容面对挑战与困境，在相对难度较大、同行竞争非常激烈的神经科学研究中保持一种平和上进的心态，做好博士课题的研究工作。否则，就会因种种挫折而备感痛苦。

如果用较为具体的指标来表达的话，那么"可以独立工作"在博士课题的选择上表现为开题报告可以作为合格的美国卫生研究院资助项目的标书（除了没有多少自己的前期成果之外），"专而全"在博士课题的完成上表现为研究成果可以作为刊登在CNS（《细胞》《自然》《科学》）上的高质量的研究论文，至少应该是在神经科学专业的顶级刊物《神经元》上发表的学术论文。你们实验室网站显示的主要论文，大概都集中在这四个刊物上发表。这是一个多么严峻的挑战！

在心灵探索的灰暗期，不要以为自己是无助的，你身后还有我们坚强无比的后盾与毫无保留的关心。和实验室师姐弟们小聚一下，互相交流一下生活的体验，你会发现原来大家都不容易，自己的那点事可能就微不足道了。挫折能让人的心灵变得更加成熟，有助于塑造坚强的人格特质。

心灵探索的灰暗期，就是自我成长的契机，也是自我提升的时机，是人生宝贵的财富。在痛苦的自我探索之后会带来更美好的自我体验。

打好论文开题这场"热身赛"

再有半个月(2013 年 1 月中旬)时间,你就要正式提交博士论文开题报告了。虽然你已经做好了较为充分的准备,但我认为还是有必要多啰唆几句。

有人说,论文开题不是表演赛,只是热身赛。在运动竞赛中,与其他一般比赛不同的是,表演赛与热身赛都是不计名次的。但是,表演赛的主要目的是扩大影响、交流经验,着重于技术和战术演示;热身赛的主要目的是为参加重大比赛做准备,着重于衡量实力与调整战略。因此,打好论文开题这场"热身赛",主要是检验你的研究能力与构建你的研究纲领。

先说这场"热身赛"如何检验你的研究能力。博士论文研究需要通过科研训练获得与众不同的长远眼光,以及敢于选择难度大且有深远意义的课题并完成实验验证(庄晓威)。研究能力主要体现在三个方面:

第一是学术眼光。根据默顿关于科学的精神气质理论——科学的普遍性准则,科学研究在本质上只承认第一,第二就没有什么意义。换言之,科学研究提倡原始创新,博士论文研究要有自己原创的东西,并为科学界同行所认同,或者就是居里夫人所说的为人类知识宝库增添一粒沙子。默顿的科学无私利性准则阐明最本真的科研完全由纯真的好奇心驱动,没有任何功利性目的。只有把科研当成爱好,才有可能真正做得好科研。科学研究的本质就是探索未知世界,未知世界的面目通常不可能在几年前就确定,但博士论文的开题报告必须在有限的几年内,把未知世界探索到一定的广度和深度,并且取得一定质和量的成果。因此,必须具备批判性分析的学术眼光,否则不可能成为优秀的科学家。

第二是风险意识。创新程度越大必然意味着风险越大,意味着出成果所需时间越长。庸俗一点讲,就是你以能否顺利毕业为赌注,去挑战自己可能在学术领域中做出较大的科学成就。美国生命学科专业的博士生平均需要 6 年左右的时间才能得到博士学位,因为绝大多数实验结果会与预料不符,或者是负面结果。没有经受负面结果的磨炼,很难真正具备批判性分析学术的眼光,将来也很难成为可以独立领导一个实验室的优秀科学家(施一公)。

第三是实验能力。你曾说过,那位刚去宾夕法尼亚大学做助理教授的师姐,做实验很顺利,而你构想得很好却就是做不成。差距在哪里呢?她 6 年的博士,6 年的博士后,实验室能

研究篇

力是在实验室泡出来的。

首先是实验的逻辑。严密的逻辑是批判性学术眼光的根本。做某个实验之前必须先做哪几个实验,出现了问题应该按照什么样的顺序去找问题。其次是实验的数量,就是必须做到一定量的实验,以保证去掉必然会存在的"此路不通"之后剩下的都还够。最后就是实验的技能。生物学实验是细致到家的手艺活,几秒钟的疏忽就可能让几十甚至上百小时的劳动成果完全报废。一个走神就做砸了,必须重新来过,既浪费了资源,也消耗了时间,代价会非常惨重。大部分失败是由简单的操作错误引起的,可以仔细重新做一遍,这样往往可以解决问题。只有那些关键的、不找到失败原因就无法前行的实验才需要刨根究源。熟能生巧、巧能升华,接受从思维方法到具体技能的严格训练才是要务,也正是论文开题报告时所要考核的。一项真正有意义的原创性工作,除非得到上帝赐予的灵感从而一次尝试就成功,否则必然要经历艰苦的摸索、反复的尝试,再加上经验、灵感,日复一日枯燥难耐的工作,才能成功。

在一封网络广为流传的邮件中,蒲慕明说:"我认为最重要的事情就是在实验室里的工作时间,当今一个成功的年轻科学家平均每周要有60小时左右的时间投入到实验室的研究工作中……我建议每个人每天至少有6小时投入紧张的实验操作,并且用两小时以上的时间从事与科研直接相关的阅读等工作。文献和书籍的阅读则应主要在这些工作时间之外进行。"只有这样,你才会逐渐被科学研究的精妙所打动,也会为自己的努力和成绩而骄傲,你会逐渐适应这种生活方式!施一公在博文《优秀博士如何养成》中很好地阐明了如何提高实验室能力,你可以找出来认真看看。

再说这场"热身赛"如何构建你的研究纲领,有三种基本模式:

第一种是"深井"模式,即在一个相对"窄"的领域极其"深"地挖掘下去,从中获得可以取之不尽"源头活水"。你的老师格雷德教授在攻读博士初期就立志致力于寻找控制端粒变化的机制——端粒酶,第二年圣诞节夜晚完成了那个著名实验——发现端粒酶,次年该成果在《细胞》上发表了以后成了被引证了数千次的经典论文。在博士后期、博士后乃至获得教职之后20多年,格雷德教授目标始终如一地坚持深入研究,在当年发现端粒酶的基础上,不断严格论证与丰富发展,终于修成正果,获得了2009年的诺贝尔生理学或医学奖。

第二种是"目录"模式,即规划好一个相对完整的研究计划,使之成为自己未来学术发展的路线图。刚入选第四批"青年千人计划",进入复旦大学的蓝斐(Fei Lan,2008年在哈佛大学医学院施扬教授指导下完成的博士论文),就是这一模式的典范。

2004年在《细胞》上发表第二作者(施扬教授为第一作者)论文,首次发现组蛋白去甲基化酶,这是表观遗传学的重要工作。2010年饶毅曾说过,如果现在在写《值得获诺贝尔奖的工作》,就要加上2004年施扬等人的工作。在这篇以第二作者身份发表在《细胞》上的论文(可以看成是博士论文开题报告的纲要)的基础上,蓝斐的博士论文总共有5个部分,前四部分为实验内容,第五章是总结。前四章分别以第一作者的身份单独成篇发表在《细胞》(2007年)、《自然》(2007年2篇)、《分子细胞》(2007年)上。

第三种是"地基"模式,即在一个相对成熟的领域完成基础训练,然后在此基础上转向新的科学问题研究。你现在的导师金蒂以第一作者身份在《美国生理学杂志》发表2篇论文,获得生理学博士学位,做博士后以后,转向了生物化学、遗传学等领域,获得教职后再转向神经科学领域。由此可见,你导师当年的博士论文基本上只是构建了他的科学研究能力的学术基础,并非构成他学术体系的框架。在科研方面的思维方式、看问题的方法、自主学习的能力、科学的质疑精神和创新精神等,才是博士学业真正带给人的财富。

我这里的举例说明,只是作为"标杆学习"的参照,并不是说你的开题报告要达到他们那样的水平,千万不要背负沉重的思想包袱。

除了检验你的研究能力与构建你的研究纲领之外,还需要考察你的现场发挥与临场表现。有几点应当注意:演示应以图与数据为依托,辅以少量的文字;自己汇报的内容需要反复练习直至流利,控制好时间进度;认真倾听并详细记录评委的提问、质疑,肯定与补充,他们提的意见越多也便越有收获;有分寸地"舌战群儒",有理有据地回答问题,阐明观点,解释设想。总之,要以平等的学术讨论态度与开题报告审查委员们做实质性的交流与沟通。

当这场"热身赛"结束的时候,我和你妈妈一起将飞抵巴尔的摩与你汇合,开始为期一个月的美国东西海岸旅行假期!

研究篇

撰写科研札记：积累博士论文素材

虽然生物医学学科的博士论文主要是由实验的质量来决定,博士论文的完稿需要通过一段相对集中的时间一气呵成,但是在实验研究的过程中、在论文完稿之前,还是有必要通过撰写科研札记的方式为博士论文积累素材。这样做主要是为了及时记录实验体会,收集思想火花,整理原始数据,其次是为了训练学术论文的英文写作能力,最终为顺利完成博士论文的写作奠定坚实的资料基础。

下面,按照博士论文研究的流程,分别讨论科研札记写些什么？为什么要写？写的意义何在？

发现问题。在文献研究的过程中,记录你如何发现值得研究的问题,即前人没有解决、学术发展上又有重要价值且被人忽略的问题。要根据自己的理解详细描述这个问题的来龙去脉(如何提出、当前进展以及未来趋势),相当于一部袖珍学术思想史。你要能做到如数家珍、娓娓道来,这样才能十分清楚自己要研究的问题在科学上的地位与重要性。同时,要将相关重要论文收集保存起来,以便以后定稿时作核查之用,避免重复劳动。这样的札记不仅可以成为论文中的文献综述的初稿,也可以作为课题宣讲或者课堂教学的基础材料。如以后有机会与导师合写综述评论性文章,可以做到有备无患,不必等到来任务后再去收集而不是补充资料。你的文献基础好,大学阶段文献阅读的训练好,在博士阶段还要再上一个台阶,就是在批判性的文献精读的基础上,提出自己独立的新发现的问题。因为,发现问题比解决问题更重要(爱因斯坦)。

大胆猜测。在文献研究与预实验的基础上,记录你对本课题研究最终结果的大胆猜测,即博士论文的基本结论。在博士论文开题报告中,你应该汇报你的这种大胆猜测,将其作为预期结果,不是被动地等待实验得出什么就是什么,而是一开始就预计可能得出什么结果,然后通过精心设计的实验来验证自己大胆的猜测。尽管通过做实验也会得到意外的收获,但那是可遇不可求的。这就是胡适先生提出的科学研究方法"大胆假设,小心求证"的精髓。主要是根据自己长期的积淀,凭借直觉提出大胆的猜测,具有一定的超验性质,不要拘泥于是否完善、是否合理。当然,也可以是纯粹符合逻辑的推论。例如,Miller 大胆提出猜想：为什么超导材料一定要在导体材料及其氧化物中寻找,为什么不在绝缘体中寻找?然后设计实验,小心求证,终于在绝缘体中找到超导材料,打破了超导研究50年没有实质性的进展的状况,论文发表后一年之内就获得诺贝尔奖。最重要的就是想法(ideas)。中国人在生命科学领域的主要工作,迄今也是以实验为主,极少提出过重要理论或ideas。这就是大胆假设的创造性思维的能力不足。中国人弱于开创新领域,但又希望做出工作得到同领域外国权威的承认。其实,我们自己也是可以独辟蹊径、走出新的道路来的(饶毅)。

设计实验。为了验证科学猜测与解决科学问题需要精心设计科学实验,你需要认真记录实验的目的、假设、方法、流程等,以及实验成功与失败之后的原因分析。在生命科学领域,绝大多数实验结果会与预料不符,或者是负面结果,这就更需要重新考量当初实验设计的正确与周密与否。其实,大多数生物学的实验,过程比较烦琐复杂;大部分失败的实验是由简单的操作错误引起的(施一公),可能与实验设计并没有多大关系,有了完备的实验设计记录,就可以方便地区分是实验设计有问题还是实验操作的失误。要特别关注实验设计的逻辑、技术路线的多种可能性,还有就是实验的信度与效度、必要与充分、严密与完备,等等。

收集数据。在实验过程中会得到丰富的数据,包括实验的最终结果数据、实验中间数据,还有就是实验得到的意外数据,这些统统都要记录在案,切莫有所遗漏。要确保原始数据的准确性、完整性、连贯性,以及保存好取得数据的实验条件与仪器设备。如果对原始数据做数学加工处理的话,每一次的运算结果都应该分别标注保存好,以便以后综合使用数据。有了数据就有了初步的结果,数据用不同方法来处理或许可以得出一些不同的有意义的结论。2013年6月18日,北京大学生命科学学院大楼地下室起火,斑马鱼水体实验室受损,数千条斑马鱼死亡,占总数2/3,事故原因疑为水循环系统老化短路。为此,一些博士生可能因损失数据而延迟毕业。你也要防止这种意外发生。特别是你们实验室在从霍普金斯大学医学院搬到哈佛大学医学院的过程中,千万不要流失、遗漏相关的实验数据或者培育的实验样本。

研究篇

分析讨论。将自己得到的数据与文献研究的结果做分析比较,讨论实验结果的含义以及证实或证伪原先的猜测,在这里不必讲究结构的完整与文字的起承转合,切忌追求每一句话的完美,更不要追求辞藻的华丽,而主要留心实验思路的逻辑,对实验整体数据进行分析与评论,将想到的各种讨论都详细记录下来,为以后综合分析提供抽象、概括的对象。分析讨论有几点写几点,字句不完整也不要紧,主要是为了录以备考。有的时候,放一阵子,苦思冥想,阅读文献之后,还会有所补充与修改。这里更多地强调思考,强调批判性思维。

寻找课题。在上述预定课题研究之外,你或许有一些意料之外的数据与发现,引发你去发现新的课题,为以后的独立科学研究积累初步的探索,为独立或在导师指导下申报NIH新的研究课题做好准备。在博士论文研究阶段,寻找未来研究的可能方向,也是一个基本的任务。这样,以后在博士后、助理教授等职业发展阶段就会走得顺利一些。机遇总是垂青那些有准备的人(笛卡尔)。

最后,需要说明的是撰写科研札记时,每个片段都要标注时间、拟定标题、独立成章,这样以后找起来也方便,还可以分类处理。每个断章的文体不必追求完整与完善,有的只是只言片语,有的只是数据图表,任何形式都可以,只要自己能看懂、能回忆皆可。你现在已经进入博士论文的中期,实验研究也过半,可以开始整理已经完成的工作,补上以前缺失的科研笔记,续写现在的实验研究的科研札记。

中国有句俗语:好记性不如烂笔头。你现在年轻,有精力集中做实验,记忆力当然也很好。但是,也不要太相信自己的记忆力,哪怕有再好的记忆能力也有忘记的时候,所以最保险的是记在计算机里,同时还要在移动硬盘里留有备份。

记得,北京大学哲学系1954届毕业生李泽厚,留校后做张岱年的学术助手,就是帮助张先生做原著摘录卡片。李泽厚除此之外,自己回家复制一套,再加上自己的阅读心得,积累了很多资料。后来,李泽厚利用"文革"期间的干校劳动之余,反复消化、独立思考,同时凭借自己的才气与智慧,一口气写出了《批判哲学的批判——康德述评》(1979年)、《中国近代思想史论》(1979年)、《美的历程》(1981年)等几部原创性的著作,终于在我们那个年代迅速成为众望所归的一代思想大家、学界领袖。或许学科的不同,细节上有所不同,但基本的机理还是相通的。

导师组的功能与结构

> 我家的表叔数不清，
> 没有大事不登门。
>
> ——李铁梅

美国是个十分崇尚个人自由的国家，可是唯独在博士的培养过程中却特别强调集体智慧的作用。在课程学习阶段，必须上较多的课程(相对于英国、加拿大)，而且每门课几乎都是多位老师组合讲授；每位教授只讲自己最擅长、最熟悉的内容，一般不超过4—6学时，也就是2—3次课。这样，每位教授授课的内容基本可以保证学术上的深度与前沿，老师们的组合授课则可以保证学术上的广度、深度，再加上师生之间的讨论活动，在一定程度上确保实现博士教育"专而全"的培养要求。在论文研究阶段，虽然也是由导师负主要责任，但是不可忽视实验室的集体力量，技术人员的辅助与支撑、博士后的带领与指导，还有就是师兄弟(姐妹)的相互启发与通力合作。除此之外，就是我们要讨论的博士论文指导委员会(本文称之为导师组)的功能与结构，如何为完成高质量的博士论文起到保驾护航的作用。

你选的(不知是你独立选择还是导师确定？当然就是你独立选择都会与导师商量并得到导师同意)导师组的质量与结构都很好。三人都是神经科学系的教授，其中两位是正教授，一位是助理教授；年龄分别是60岁、50岁、40岁，老中青三结合；一个是PhD，一个是MD，一个是PhD/MD：理查德·L. 胡格尼尔(Richard L. Huganir)是康奈尔大学生物化学、分子与细胞生物学项目(1977—1982年)的PhD；保罗·韦斯利(Paul Worley)是MD，从哪个学校毕业的没有查到；托马斯·劳埃德(Thomas Lloyd)是贝勒医学院的MD(1995—2003年)、分子与细胞生物学项目的PhD(1997—2002年)，他是霍普金斯大学医学院神经病学系的助理教授。特别值得关注的是，理查德·胡格尼尔不仅是霍普金斯大学医学院神经科学系系主任、美国霍华德·休斯医学研究所研究员，而且还是美国国家科学院院士和美国人文和科学学院院士。更为有意义的是——如果以后你回国工作或交流的话——胡格尼尔还是北京生命科学研究所、上海神经科学研究所的学术指导委员会成员，这些成员都是在生命科学及相关领域享有国际声望的著名科学家。

接下来,我们讨论导师组对你博士论文研究的基本作用。

首先是拓展学科领域的广度与深度,弥补导师知识结构的局限。一篇独立与优秀的博士论文通常会超越导师的学科领域,当然导师仍然可以把握方向并进行整体指导;超出导师学科领域的问题,就只能借助导师组成员的帮助与引导,争取获得具有启发意义的指点与借鉴。严格说来,你不仅是导师的博士,而且主要是霍普金斯大学医学院神经科学学科培养的博士。理查德·胡格尼尔教授主要研究学习与记忆及神经可塑性等,他的团队研究已经证实,尽管PKMζ在记忆形成过程中可能发挥了一些作用,但它并非长期记忆形成的关键。这推翻了公认的长期记忆形成模式(长期记忆的形成取决于大脑中的某种单一酶即PKMζ)。此外,理查德·胡格尼尔和他的博士后同事,通过研究悲剧事件后特定的行为治疗过程发现存在一个"脆弱期",在此期间大脑会产生一种受体蛋白质。这种蛋白质会影响脑电波信号,从而生成痛苦的记忆。由于该蛋白质并不稳定,可以通过行为疗法或特定药物将其去除,让患者彻底消除痛苦回忆。他们提出可以通过移除人脑中特定部位"恐惧中心"处的蛋白质,永久性消除痛苦记忆。不过,这种药物的研发过程还相当漫长。理查德·胡格尼尔的这些研究成果对你研究神经营养因子的信号传导机理有十分重要的借鉴意义。

其次是加强生物医学基础研究与临床医学应用研究的结合,广泛促进学科交叉融合。一方面从上游源头弄清楚神经机理的运作,另一方面从下游寻找解决医学疾病的途径,将它们有机结合起来,不仅具有扎实的学理意义,而且具有强烈的应用价值。因此这种研究具有原创性,不易被人模仿,数据与实验具有很强的独特性。你所在的医学遗传研究所就是开创了将人类遗传学的学术研究应用于临床医学的疾病治疗的先河,你导师所在的神经科学系就是在阿片受体发现的基础上从而开展世界上首次大规模的戒毒药物的研发。这是霍普金斯大学医学院的优良传统,你应当将这样的道统继承下来并发扬光大。你的导师组的三位成员,一个PhD出身,偏重于基础研究;一个MD出身,偏重于临床应用,特别是托马斯·劳埃德是PhD/MD,年轻有为、才华出众,兼具研究与治疗,他的实验室与你所在的医学遗传研究所某位华裔教授还有稳定的合作关系,同时他在霍普金斯医院还要坐诊治病,真的需要好好向他学习;同样作为MD出身的保罗·韦斯利,主要进行的是基因诊断和治疗的研究,他在动物模型中发现SHANK3基因的突变会导致自闭症,有可能找到了SHANK基因治疗自闭症的路径。理查德·胡格尼尔教授也在进行人类记忆擦除药物的研发,当然,这种药物的出现可能带来大量问题:这些痛苦回忆被删除是否有助于人形成坚毅的人格?拥有多次伤痛记忆的人(如经常面对死亡的老兵)能否被一次性删除所有死亡记忆?这种药物是否会存在副作用?这样的药物一旦上市,如何控制其不被滥用?在科学研发的同时,这些问题还有待多学科通力合作研究方可解答。你的博士论文研究主要是纯粹的基础科学研究,这是十分正确的选择,是上水平、打基础的科学训练,你的导师也十分擅长于此。不过,你也应当开始关注这种基础研究与可能的疾病治疗有何种相关性,通过它们来确定基础研究的现实价值与实际应用。这也是以后申请NIH项目的必要条件。

最后就是全程监督与审查博士论文研究的进展与质量。从论文开题到每年的阶段审核直至定稿论文的通过,导师组全权负责,不仅直接审查博士论文研究的进度与水平,而且间接监督论文导师指导工作的状况与成效,在一定程度上起到维护学生与导师各自的合法权益,仲裁与调解学生与导师之间的分歧与冲突,为建立起学术平等的良好和谐师生关系提供有约束的保障机制。通常情况下,6年之内如期毕业,一般是导师说了算;7年以外,需要由导师组来确定。但是,最终博士论文的通过都是需要导师组确认通过才算是通过。在整个论文研究阶段,你都应当经常主动地与导师组的教授保持联系,及时向他们请教、咨询,与他们进行交流并接受质疑。每次的交谈都应该在结束后整理出来,有启发的还要写上心得体会,有疑问的应当自己去寻求答案,被质疑的也应试图逐一回应。如果是正确的意见,自然是要吸取,这没有什么疑问。如果是被误解的意见,你需要当面解释,因为"被误解"也说明你没有表述清楚;以后答辩或论文发表的审稿意见中还是会出现这样的误解。如果你认为是不正确的意见,你不仅要据理力争,而且还要考虑听取其合理的内容与自己不知道的方法,"有则改之,无则加勉"(朱熹)。如果有可能,你还应当找机会与导师组成员的实验室学生有所接触与沟通,扩大研究的领域与建立广泛的人脉。如果说导师组的教授们是你的师叔,那么他们实验室的学生就是你的堂兄弟(姐妹)!尤其是你们实验室搬迁到哈佛大学医学院之后你还是需要通过各种途径与他们保持联系与沟通。这是一个很重要与丰富的资源,切不可轻视与浪费。

写到这里,想起因发现神经生长因子(NGF)于1986年获得诺贝尔生理学或医学奖的丽塔·莱维-蒙塔尔奇尼(Rita Levi-Montalcini)的事迹。她在医学院经过了3年的神经学和精神病学的专业训练,当了意大利著名的组织学家莱维(Giuseppe Levi)教授的助手,专攻神经生物学。后来德军入侵,她在自己的闺房中搭建了一个小实验室!一次,她偶然读到了维克多·汉布格(Viktor Hamburger)的一篇论文。碰巧此时她过去的老师莱维逃亡过来协助她,成为了她第一个也是唯一一个助手。他们师徒二人重复维克多·汉布格的实验时却发现,将小鸡胚胎中的一个肢体切除,髓内神经元会先扩散并生长,然后才凋亡,而并不是维克多·汉布格所描述的"不能再生长、扩散"。她重复维克多·汉布格小鸡胚胎实验的论文被比利时期刊《生物学文献》收录。"二战"结束后,远在美国中部的维克多·汉布格教授看到了《生物学文献》刊登的这篇论文,并邀请她来圣路易斯华盛顿大学访问。他特别想知道自己与莱维-蒙塔尔奇尼到底"谁是正确的"。1947年秋天,莱维-蒙塔尔奇尼受维克多·汉布格之邀,加入了维克多·汉布格所在的世界上最卓越的神经生物学家组成的一个小团队,重复很多年前自己做的小鸡胚胎实验。后来他们果然在雄鼠的唾液腺里找到了丰富的生长因子。1954年,这种物质被正式命名为神经生长因子(NGF)。NGF与另一种表皮生长因子

研究篇

的结合,更可促进植皮的生长,成为治疗烧伤的良药。NGF对神经损伤具有促进修复与再生等作用,为征服阿尔茨海默病、帕金森病、癌症等"不治之症"带来了新的希望。这位经历了战乱、辗转奔波于各地终于发现神经生长因子的伟大女性,将自己的毕生献给了科研事业。2012年12月30日,莱维-蒙塔尔奇尼在其罗马住所去世,享年103岁。

罗德岛上戈登会

> 到美国去！到哈佛去！
> 到科学前沿最需要的地方去！
> ——在 2013-02-10 的 MSN 上的签名

几天前(2013年7月7日)，给儿子打电话，询问实验研究与锻炼身体的近况，儿子提及上个月跟导师去波士顿附近参加了一个学术会议，就是所谓的戈登会议。我很兴奋，儿子第一次参加的学术会议就是大名鼎鼎的戈登会议或称戈登研讨会。

戈登研讨会(Gordon Research Conferences)是由戈登非营利组织举办的国际学术会议，旨在建立一个学科中以及相关学科间相关联的科学家之间良好的、可直接交流的学术研讨会议。议题包括生物学、化学和物理学研究的前沿和相关技术。现在，每年大约有 200 个会议，通常由著名的《科学》期刊公布会议主题。

可以明确地说，戈登研讨会是霍普金斯大学对世界科学技术界与科学教育界影响深远的一项重要贡献。1931年的夏天，美国霍普金斯大学化学系尼尔·E. 戈登(Neil E. Gordon)教授组织了一次会议。会议原本的目的是将在特定领域做前沿研究的科学家们集中在一起，让他们能深入地从各方面讨论该领域最新的进展，并通过自由发言、热烈讨论的方式激发科学家们拓展新的研究方向。

1931—1947年，这种会议主要在美国东部大西洋沿岸平原最大的海湾——马里兰州的切萨皮克湾(Chesapeake Bay)地区和霍普金斯大学举行。后来会议移到更清静的毗邻切萨皮克湾的、深受华盛顿政治精英青睐的高档度假胜地——吉布森岛(Gibson Island)，一直持续到戈登去世(1949年)。

为了表彰戈登对科学交流活动的贡献，会议被命名为戈登研讨会。1956年，戈登研讨会在新罕布什尔州(New Hampshire)组建成非营利、免税的公司，致力于科学交流和科学教育事业(1991年起增加科学教育分会)。现在，戈登研讨会已成为全球学术界一个响当当的品牌。

此次戈登研讨会(6月2日—6月7日)的主题是神经营养因子(neurotrophic factors)。戈登研讨会与其他学术会议的最大区别就是研讨的主题十分集中,不是一个学科,而是一个研究领域,甚至仅仅是一个研究问题。与会者都是小同行,可以围绕会议主题展开多学科、多角度的深入、极其富有启发意义的自由讨论。会议报告人主要是美国大学的科学家:哈佛大学4人、霍普金斯大学3人、加州大学圣地亚哥分校2人,麻省理工学院、普林斯顿大学、加州大学旧金山分校、埃默里大学、杜克大学、纽约大学、加州大学洛杉矶分校、贝勒医学院、威尔·康奈尔医学院、西奈山医学院各1人。此外就是加拿大大学的科学家,有多伦多大学、麦吉尔大学、麦克马斯特大学,还有法国的居里研究所(Institut Curie)、德国的马克斯·普朗克神经生物学研究所(Max Planck Institute for Neurobiology in Martinsried)、以色列的魏茨曼科学院(Weizman Institute)、瑞典的卡罗林斯卡医学院(Karolinska Institute)、瑞士的巴塞尔大学(University of Basel)、德国的维尔茨堡大学(University of Wurzburg)等,真是群英荟萃!

研讨会以"充分讨论和交流,鼓励批评和评议"为精神内核,每天从早上7:30开始一直到晚上9:30结束,除了每顿用餐花去1小时之外,都是研讨时间。只有一个会场,不再分小组;每个报告人汇报25—30分钟,然后集中讨论10分钟。此外,还有海报展示(poster session),自由讨论。参加会议交流的报告或论文,都是尚未研究成功或者正在构思中的课题。每天的学术报告10多场,还安排了2—3小时的时间让科学家们自由交谈。儿子的导师是此次戈登研讨会的第一个报告人,儿子做的是海报展示。与会者每个人都可以直接交流,无论职位年资高低,有问题或质疑都可以当面直接提出,报告人也是当场回答,特别注重学术自由开放的交流形式。所有报告将由美国国立卫生研究院的精神疾病与中风研究所资助结集出版。这将成为儿子第一篇会议论文,也是博士期间发表的第三篇文章,顺利完成我拟定的2013年的文章指标。

研讨会在罗德岛州新港市的萨乌瑞吉纳大学(Salve Regina University)举行。罗德岛州(State of Rhode Island and Providence Plantations)属于美国东北部新英格兰的一部分,濒临大西洋,距离波士顿一个半小时的车程。罗德岛州是美国州名最长的州,也是面积最小的州,其中水域占了约14%;无论从州的任何地方到海岸线都不超过半小时的车程。州境内概为低缓丘陵,北部多冰川湖和冰碛石。气候温和湿润,年降水量1 000 mm以上。罗德岛州是美国13个殖民地联盟州中第一个宣布脱离英国统治独立的,也是13个殖民地联盟州中最后一个批准美国宪法的。罗德岛州的新港市(Newport)是个旅游胜地、著名的海港。小城精致,疏疏朗朗,8英里(约8 555 m)的海岸线上,点缀着座座欧式古典城堡。现在这些豪宅大多已被捐赠给非营利组织,由其保护维持,并作为博物馆向公众开放。沿着著名的海边峭壁走道散步,人们可以欣赏美丽的海边风光,也可以看见岸边聚集的富人豪宅。新港在18世纪就被称为"美国的伊甸园"。19世纪后成为纽约富豪的夏季度假天堂。20世纪以来,成为美国总统艾森豪威尔和肯尼迪等人的"夏季的白宫"。萨乌瑞吉纳大学就位于建于 19 世纪末的法国古堡风格的大宅 Ochre Court 的后院,是美国最美丽的校园之一。戈登研讨会的会址选在风景独特的地点是一以贯之的优良传统,这样可以使得会议气氛轻松。儿子可以在紧张热烈的科学研讨之余,一边欣赏海景古堡,一边品尝海鲜佳肴,真是暑假休闲的好去处。

研 究 篇

学术不端的灰色地带(gray zone)

> 什么时候我们才可以用心底的"对和错"而不是
> "规章和法律"来判断和决定是否可以做一件事?
> ——佚名

七月(2013年)初,我在南京高新区"南京创业人才321计划"预评会上,遇到一位贝勒医学院(Baylor College of Medicine)的博士,除了对他申报的项目做了点评与讨论,还对他今天出来创业颇感兴趣,就多问了一点他履历方面的东西。他叫洪建,1997—2002年在贝勒医学院攻读博士学位,免疫学专业。贝勒医学院被认为是全美最杰出的医学院之一,在全美医学院的排名中大约处于第20名左右。洪建的演示稿上显示,他是上海交通大学医学院毕业的,他在回答我的询问时说,他现年44岁,他是上海第二医科大学的本科(1987—1992年)、教师(1992—1997年)。2002—2009年是贝勒医学院的助理教授。对此,我比较困惑,我问:为什么助理教授做了7年,是做不下去,即升不了副教授,拿不到终身职,才回国去了葛兰素史克(上海研发中心)? 洪建回答,前两年是研究的助理教授,第三年才进tenure track(预备终身教职)。那我就知道了,前两年,他是Assistant Research Professor(助理研究员或助理研究教授);后五年,他是Assistant Professor(助理教授)。前者是非正式教职,工资用相应的研究基金资助;后者为正式教职,才进入tenure track,工资由学校支付,但还不是正式的终身教职,在6年内升不到副教授就得离开这个学校。但是,他没有做博士后就拿到教职? 而且还是在本校? 这是比较罕见的,其中一定有什么缘由。或者洪建的Assistant Research Professor就是博士后,那就比较好解释。

2009年,洪建辞去美国贝勒医学院助理教授的教职回到上海加盟葛兰素史克中国研发中心(GlaxoSmithKline R&D China)。葛兰素史克中国研发中心于2007年在上海成立,负责人是GSK高级副总裁臧敬五博士。臧敬五也是毕业于上海第二医科大学(现上海交通大学医学院)临床医学专业(1984年),比利时布鲁塞尔大学免疫学博士学位(1990年),哈佛大学医学院博士后,并在贝勒医学院完成住院医生训练。臧博士获得了贝勒医学院神经学教授职位,并持有美国德克萨斯州和上海的行医执照(臧博士在国外的教授、系主任、中心主任职位等均疑点重重)。回国工作后,臧敬五任上海健康科学研究所中心主任和教授。该所是中国科学院上海生命科学研究院和上海交通大学医学院联合组建的转化型医学研究机构。洪建加盟 GSK 或许与臧敬五有关,他们是大学校友、医学院同事、同一专业,2005 年刚进入教职(或者以此论文转入教职)的洪建在《美国国家科学院院刊》有篇第一作者的论文,通讯作者就是臧敬五。可见两人的关系非同一般。当然,GSK 开出的薪水应该是比较有吸引力的。

那么,洪建为什么今年离开 GSK 而选择自己创业呢?想起今年 5 月 31 日《新语丝》网站的揭露,GSK 研发中心总裁臧敬五在国际顶尖期刊《自然医学》(Nature Medicine)(2010,16:191-197)(IF:22.462)上的论文涉嫌造假,已离开该公司并正在接受调查。该文的第一、第二作者是刘学彬(Xuebin Liu)、梁绍勤(Stewart Leung),通讯作者是臧敬五(Jingwu Zhang)。接到举报后,葛兰素史克总部经过慎重调查,在发现事实与举报一致的情况下联合派出调查组于 2013 年 5 月 23 日来到上海葛兰素史克中国研发中心对该文的主要作者臧敬五、刘学彬和梁绍勤以及主要人血样品实验执行者洪建和王春霞等人进行了单独询问、核查。

调查结果显示,该文中图 6 有关 IL7 和 IL7 受体拮抗剂对多发性硬化症患者血液中 TH17 细胞的生存和扩增的实验结果是伪造的!该图中所有结果均来自健康人而非多发性硬化症患者血样。调查组找出了图 6 的原始实验记录,上面明确写到实验结果来自健康人血液样品。在事实面前,刘学彬、梁绍勤、臧敬五无法抵赖,只有承认图 6 中的实验数据来自健康人,而不是文中多处(摘要、实验方法、结果、讨论部分)所谓的来自多发性硬化症患者的血样。

由于在中国无法收集到多发性硬化症患者血样(中国是该病低发地区),臧敬五遂与美国贝勒医学院签了一份合作协议,由时任贝勒医学院助理教授的洪建负责收集多发性硬化症患者血样并完成实验。洪建用所收集到的极少数患者血样进行了实验,发现 IL7 受体拮抗剂并不能有效抑制 TH17 细胞。刘学彬、梁绍勤、臧敬五等人收到这一结果非常失望,于是找来健康人血样,让王春霞做实验得到了所谓的 IL7 受体拮抗剂抑制 TH17 的结果,然后偷梁换柱,谎称是从多发性硬化症患者血样中获得的数据。殊不知 GSK 对实验记录有严格的管理措施,所有原始实验都记录在电子记录本(electronic lab notebook, eLNB)里,保存至少 60 年,且任何更改都会留记录。(formergskemployees:《GSK 中心研发中心总裁藏敬五 Nature Medicine 论文造假东窗事发已经离职》)。

GSK 内部调查确认了论文存在作假行为,洪建没有参与造假。GSK 已经将调查结果通报给 Nature Medicine,并建议撤稿。对于涉事人员的处理结果:1 人开除(藏敬五),1 人辞职(第一作者:刘学彬),3 人行政离职等待最后处理结果。不知"3 人行政离职"中是否包括洪建?洪建(Jian Hong)是该文 18 位共同作者之一,排名第十六。

这是一起典型的科研不端行为。由于近年来我在本校研究生院承担硕士、博士研究生的"学术规范与科学道德"讲座,一直对科研不端行为比较关注。

关于科研不端行为,美国有一个大家公认且比较全面的定义:在提议、执行和评审科研(包括所有科学、工程和数学领域内基础、应用和示范性研究)时或在报道科研结果时有伪造(fabrication,无中生有地伪造实验结果,并记录或报道这些结果)、不忠实(falsification,操纵科研材料、仪器或实验程序,或改变、省略数据或结果,使得科研结果不能准确地表现在科研记录里)或剽窃(plagiarism,以未适当说明来源的方式,掠取别人的想法、程序、结果或文字,包括在评审有保密性的科研建议书或论文文稿时获取)行为。(所谓"F F & P"三种科研不端行为)。当然,科研不端行为不包括无意识的过错(honest error),或者个人意见上的不同(differences of opinion)。当一个事件发生以后,要判决这一事件属于科研不端行为必须符合以下三个条件:(1) 该行为与科学界公认的、为保持科研记录真实性的准则有足够的差异;(2) 该不端行为是有意识的,或是不顾后果地不在乎公认科学行为准则;(3) 该行为是可被占优势的证据所证实的(蒲慕明所长在神经所2007年会上的讲话)。

在科学研究上,容不得半点虚假,尤其是开发与临床应用有关的药物更是如此,人命关天,诚信和真实是不可越过的底线。这种伪造欺诈行为是明显的犯罪行为,后果非常严重,很少有人敢如此胆大妄为。洪建就算被公司认定没有参与造假,但是也应该发现论文结果与自己实验的不合,而他却依然分享论文带来的各种利益,放弃教职加盟藏敬五领导的葛兰素史克中国研发中心,最终使自己的学术前途与学术生命遭受重创。任何科研不端行为都可能成为科学家的学术生涯的污点,从而阻碍他进一步的发展。

从事科学研究的人就是追寻自然界(包括人类社会)的真理。那些不认同诚信的标准、不认同做科学的目标就是探索真理的人,最好离开科学界,因为这真的不是其合适的职业。一个科学家得到的报偿并不只是发表文章或是与你研究成果有关的物质上的好处。在很大程度上,做科研真正的乐趣是在寻找自然世界真相的过程中得到的乐趣。背离诚信将最终剥夺你可能从做科学上得到的乐趣。

附录:

1. Xuebin Liu, Stewart Leung, Chunxia Wang, Zhu Tan, Ji Wang, Taylor B. Guo, Lei Fang, Yonggang Zhao, Bing Wan, Xia Qin, Limin Lu, Runsheng Li, Heng Pan, Mingjuan Song, Ailian Liu, Jian Hong, Hongtao Lu, Jingwu Z Zhang. Crucial role of interleukin-7 in T helper type 17 survival and expansion in autoimmune disease. *Nature Medicine*, 2010,16:191-197; doi:10.1038/nm.2077.

2. Jian Hong, Ningli Li, Xuejun Zhang, Biao Zheng, Jingwu Z. Zhang. Induction of CD4+CD25+ regulatory T cells by copolymer-I through activation of transcription factor Foxp3. *Proc Natl Acad Sci U S A*, 2005,102(18):6449-6454.

移师哈佛医学院

从今天(2013年11月1日)起,你将移师哈佛大学医学院(moving to Harvard Medical School)神经生物学系,在全球领先的医学杂志之一《新英格兰医学杂志》(2013年的影响因子是51.658,仍居医学期刊的首位)编辑部楼下,在当年经济危机财政困难的时候用压价购买的纽约某著名博物馆从欧洲预定的大理石建造而成的戈登楼里,继续你的艰难而意义重大的博士课题研究。

这是一个新的平台。1966年成立的哈佛大学医学院神经生物学系是世界上第一个神经生物学系,创系主任是匈牙利犹太人库夫勒(Stephen W. Kuffler,1913—1980),他是从霍普金斯大学医学院跳槽到哈佛大学医学院,并将实验室的博士研究生、博士后带到了哈佛大学医学院。哈佛大学医学院神经生物学系群星璀璨,大多数教授都有上教科书的发现,有多位美国国家科学院院士,其中两位在系里成长的阶段就做出了获诺贝尔奖的工作;而且它有很好的培养博士研究生的传统,在系里做学术报告、文献讨论都出名的严格。(饶毅《科学朝代的兴衰:哈佛一个系科的故事》,《科学文化评论》,2011年第3期)后来,该系的教授与学生陆续去了加州大学旧金山分校、圣路易斯华盛顿大学等大学的神经生物学系,将哈佛传统如法炮制地继承下来并发扬光大。虽然饶毅认为"从80年代到90年代,哈佛医学院神经生物学系基本全面缺席神经生物学的重要进展",但是最近10多年哈佛大学的神经科学依然保持全美排名第一,应该不是浪得虚名。在未来的二三年里,你应当在这个平台上,充分领略神经科学前沿的无限风光。

3年前,你申请博士项目时被美国著名大学医学院排名前三的3所录取并均获得全奖,当然,等到4月还是被排名第一的哈佛大学医学院婉拒了。现在,你移师到哈佛大学医学院神经生物学系,有机会来到这里学习与研究,也算是弥补了当年申请失利所遗留的缺憾。现在,你应当借助这个平台,继承你导师的学术道统,好好与你的"师爷"——你导师的导师格林伯格(Michael E. Greenberg)教授(现任哈佛大学医学院神经生物学系主任、美国人文与科学院院士、美国国家科学院院士)和你的师姐——斯隆研究奖得主Chenghua Gu助理教授沟通、交流、学习、求教,从而了解、熟悉、完善、拓展你们的学术谱系。科学家的学术谱系就是学术"家谱",它反映一个学科或学术群体中主要成员的学缘关系和传承关系,它代表了人类对自然与社会探索的历程。牛顿曾说过:"如果说我看得更远些,是因为我站在巨人的肩膀上。"了解与熟悉就是思考、探索如何才能站在前辈学者的肩膀上。你可以通过梳理导师的学术谱系,明晰学术传承的脉络,找出学科发展的内在规律和演进方法,预测学科发展的未来重点和突破方向。

移师哈佛大学医学院,必然引发的问题是你以后的学籍与获得的学位应该是哪个学校。刚好几天前在科学网上看到喻海良的一篇博文《博士生导师跳槽,怎么办?》(http://blog.sciencenet.cn/blog-117889-737430.htm)介绍了几个真实例子:

(1) A教授从伯明翰大学跳槽到帝国理工大学工作,他的学生也跟着到帝国理工大学学习,并获得帝国理工大学博士学位。

(2) B教授从新南威尔士大学跳槽到卧龙岗大学工作,他的学生也跟着到卧龙岗大学学习,获得卧龙岗大学博士学位。

(3) C教授从卧龙岗大学跳槽到悉尼科技大学工作,他的学生也跟着到了悉尼科技大学,获得悉尼科技大学博士学位。

也就在一个多月前,我们学院一位老师跳槽到新南威尔士大学工作,这几天才知道他的博士生也跟着到了新南威尔士大学学习,目前属于新南威尔士大学的博士生。

博主解释了在国外,大学导师跳槽后,其博士生也可以跟着一起跳槽,并获得另一个大学的博士学位的原因:

(1) 国外大学的所有教职工都有博士生招生资格,因此学校招聘到合适的教职员工,就相信他招到的博士生的水平。

(2) 国外大学的博士生的奖学金很多都是由导师课题经费提供,而导师跳槽其研究经费可以带走,因而,其招聘到的博士生属于项目的一部分,自然也可以一起带走。

(3) 国外大学的博士生培养水平和导师有关系,和所在哪一所大学并没有太多的关系。

可是,我对该博文还是有几点疑问:博士研究生的培养理论上讲应该是属于某个学校的某个博士项目(专业),在录取与博士前阶段是按照A学校的a项目进行教学培养的;选定导师之后,导师有可能是A学校的a项目(专业),也有可能是A学校的b项目(专业)。所以,获得的博士学位是A学校的,这没有异议。但如果导师是A学校b项目(专业)的,我不知道博士研究生究竟是属于a项目(专业)还是b项目(专业)。不过,国外大学没有毕业证书只有学位证书,学位证书上只标明PhD,以及项目(专业)名称。但是,我不知道该博士研究生实际上究竟是属于什么专业?或许国外大学统称哲学博士很好地回避了这个问题,反映出哲学博士姓"哲"而不姓"博"更不姓"专"。

同时,我对博主的学识有些存疑:喻海良,1980年出生,东北大学材料与冶金学院材料成型及控制工程专业本科、东北大学轧制技术及连轧自动化国家重点实验室博士,清华大学机械系材料科学与工程博士后,沈阳大学教授。现在澳大利亚伍伦贡大学(University of Wollongong)任教。他对国外大学的体制是否真的了解与理解,我深表怀疑。他举的实例只是英国,国外大学还有美国体制、法国体制、德国体制。是否都是一样?是不是只是他的一叶障目。

在美国体制下,至少我看过宋洪军资料,当年他北京大学毕业后去哥伦比亚大学跟蒲慕明读博士,后蒲教授跳槽加州大学圣地亚哥分校,他追随蒲教授到加州大学圣地亚哥分校,宋洪军的简历上是列出哥伦比亚大学硕士、加州大学圣地亚哥分校博士。这是一个很好的结果。对于你而言,比照宋洪军教授的简历,最好的结果是能获得霍普金斯大学人类遗传学与分子生物学专业的硕士学位,哈佛大学神经生物学专业的哲学博士学位。我只是在宋教授的简历中看到这样的表述,不知道宋是否是从哥伦比亚大学结束学业,从而获得硕士学位,然后再申请进入加州大学圣地亚哥分校博士项目,博士前所修的学分一并转过去,直接进入博士候选人阶段。如果是这样,不知你们的师兄弟们是否也应该这么做。比较简单的结果,就是只获得霍普金斯大学神经科学专业的哲学博士学位或者哈佛大学神经生物学专业的哲学博士学位。

现在,可以将这个问题归结为:博士研究生到底是隶属于或从属于导师还是学校或项目?这是一个值得弄清楚的、不大不小的问题。

此时此刻,我在哈佛大学医学院神经生物学系的网站上看到简讯:Welcome Dr. David Ginty. 这表明:金蒂教授的学术团队已经正式移师哈佛大学医学院,开始新的学术征程。

祝愿在哈佛大学医学院这个新的平台上,金蒂教授可以在最近几年顺利入选美国国家科学院院士。

年度检查:显示进展与寻求指点

3月31日(2014年)晚上(美东时间),在与你的通话中得知,4月份你将迎接博士论文指导委员会的年度检查。我知道你已经在积极做准备,但我还是想提醒与强调:你要高度重视,把这个年度检查认认真真、扎扎实实地当作学术生涯的一个重要的关节点——显示进展与寻求指点——圆满经受严格的训练,而不是像某些人那样不重视"说起来不算是什么很正式的事情"。(郭金龙《美国博士生年度检查》,科学网,2014-04-03,http://blog.sciencenet.cn/blog-605015-781573.html)

年度检查是博士论文研究必须要过的众多关口之一,也是博士论文指导委员会严格把关的一项重要职责。在美国很多著名的研究型大学研究生院中,博士论文指导委员会也是博士论文评审委员会(Dissertation Reading Committee),承担对该博士论文的全程指导与有效监督的任务,从开题报告开始,经过几次年度检查,最终到论文答辩、审核批准毕业。在指导方面,其主要协助导师、弥补导师知识结构或研究经验的不足;在监督方面,监督导师的指导工作是否尽职尽责,监督博士候选人的课题研究是否全力以赴,可以很好地了解博士候选人及其导师的研究工作的质量与进度,把握他们各自对论文的贡献,避免类似科学超级巨星施耐德因与其博士研究生帕特之间的矛盾而与诺贝尔奖擦肩而过的遗憾。关于你的博士论文指导委员会与博士论文评审委员会各位导师的特点与专长,我在《导师组的功能与结构》一文中阐述过。

这次的年度检查主要是回应2013年1月17日开题时向博士论文指导委员会提交的报告中所拟定研究计划的落实情况,主要任务有:

1. 汇报已经完成的实验与取得的成果。课题研究的重要性与目标只需简略说一两句,主要详细说明如何按预定计划完成的实验研究工作,以及取得的初步成果、实质性的研究进展。注意:尽可能用图表说明取得的独特成果。攻读博士学位是非常个性化的学习过程,是建立在你的研究需要和兴趣的基础上,在你导师的指导下独立提出想法,独立设计实验,花费一定的时间去探索一个自己感兴趣和自己认为重要的题目。博士论文是你自己的,要积极寻求研究机会去实现你自己的计划。在博士研究期间,要真正创造点东西,至少是做了自已感兴趣的事情。你不是为导师打工,尽管他按照 NIH 的规定支付你的奖学金(fellowships),包括生活费与学费、保险费,但在本质上,你与他不是"雇佣劳动与资本"(马克思)关系,而是合作研究中平等的伙伴关系、同事关系。你们来自五洲四洋,是为了研究、解决一个共同的科学问题而走到一起。导师(advisor)的核心是"导",即引导、指导,给研究生(advisee)一个大方向,通过一个博士课题的训练,即解决一个或多个实际问题的过程,传授给研究生提出问题、研究问题、解决问题和发表解决问题结果的方法。

2. 下一步研究计划与实验设想。详细说明未来还要进行的研究、主要实验、可能的结果,特别是难以把握的问题、困惑,希望能得到导师组的指导与帮助。你应该虚心求教,以便能够求得解决之道。注意:尽可能用文字提出问题或困难。很多基本功夫都要培养,在博士阶段不将基本功做好,以后独立做研究就会很吃力。一个好的科学家至少要能够掌握两门以上很基本的学科功夫,对于你而言起码是有分子遗传学、人类遗传学与神经生物学的基本功。基本功不是一朝一夕学来的。科学在不断地发展,不会因为你是神经生物学家就源源不断地提供神经生物学方面的问题,自然界能够提供给我们的问题,而往往是与遗传学结合在一起的。例如,你的博士论文指导委员会成员之一保罗·韦斯利(Paul Worley)教授在《细胞》上展示了他们在动物模型中发现 SHANK3 基因的突变会导致自闭症的成果,这是在神经生物学与遗传学相结合、相交叉的方向上取得的突破性进展。

3. 准确评估实验研究的进程与质量。对自己的博士论文的研究价值、有效性和可行性进行评估:何时完成论文?可能达到什么水平?是否有判决性实验能够证伪或证实某种科学原理或取得科学发现?是否能够构建出经得起检验的生物学标识?论文的质量与规模是否可以达到投 CNS 的标准?

4. 适当说明受到的启发与帮助。补充最新文献对本课题的贡献,向对课题有帮助的人或基金致谢。这是一个内部会议,你应该毫无保留地汇报研究的过程、研究思路、实验的原始数据以及自己做出的猜测与结论,真实地揭示哪些是你的贡献、哪些是你导师的提点、哪些是师兄弟的启发、哪些是新近文献的佐证。

你做年度检查的汇报时要沿着"已完成—新发现—待完成—新困难"的思路,详略有致、逻辑清晰地娓娓道来,要能够充分体现出你的学术水平(不是多少工作量或辛苦程度),表现出你具备的专业素养(具备理论功底的学术视野、研究方法的掌握程度、仪器工具的熟练运用以及可能的局限性),同时注意口头表达的效果,例如注意语言、语音、语调与肢体动作等,恪守尊重听众(导师们)、谦虚谨慎、自信不卑、充满希望、留有余地等准则。

研究篇

拉大参加学术会议的附加价值

2014年6月28日—7月4日,你将出席在香港召开的分子与神经科学学术会议。这次与去年夏天你跟导师一起出席在罗德岛上召开的神经营养因子戈登研讨会有所不同,这次是你独自一人出席一个较大规模的学术会议。所以,我可以提出拉大参加学术会议的附加价值的议题。

古典经济学有一个基本公式说明价格(P)是如何被度量的:$P=C+V$,即成本(C)与利润(V)之和构成产品或服务的价格(P)。现代经济学则从更为实用、更为有效的视角揭示经济运行的本质,虽然只是在数学上做了一下等效变换,就得出一个分析利润来源的基本公式:$V=P-C$,即价格(P)与成本(C)之差构成产品或服务的利润(V)。借助此公式,可以得到增加产品或服务利润的两条主要途径:一是降低成本,一是提高价格。降低成本可以采用成本领先战略,具体做法是"单一品种、大批量";提高价格可以采用差异化战略,具体做法是"多品种、小批量"。此外,还有一个更重要的拉大附加价值的方式,就是采用聚焦战略,具体做法是"多品种、大批量"。

那么,借助现代经济学与战略管理的基本原理,我提出拉大参加学术会议的附加价值的三个基本途径。

一、充分展示自己的研究成果

你现在参加学术会议已经具备发言的基础与条件了,最好是大会报告,次之是分会场的发言。

在基础研究方面的会议上,必须报告自己研究的新结果和新想法,当然是得到导师许可的能够公开的内容。在大会做报告,从总体上把一个科学问题或故事介绍完整,有必要对过去的研究进行比较详细的介绍,但一定要有一些没有公布的、自己的研究。这样才是报告人充分利用了学术会议的资源,实现了学术交流的意义与功效。

请注意学术大会听众的一些特点:通常是同行,少数情况下是小同行(如戈登会议),多数情况下是大同行;大多数听众通常不追求细节,要求略知大概;听众一般较为专注,有的非常挑剔;报告时间一般有严格限制,需要随机调整。因此,你做学术报告或发言要符合几个基本要求:必须举重若轻、深入浅出,以便更多人听得懂;必须突出创新、详略有致,做概述性的描述;必须有根有据、图表精确,做到无懈可击;必须条理清晰、言简意赅,从而充分利用有限的时间。应当避免的是:讲述内容过于冷僻,把简单问题复杂化;纠缠于细节,尤其是过细地讲述推理过程;演绎粗疏,无法令人信服;讲述拖沓,给人言不及义、头重脚轻的感觉。做好报告的基本要领:应精心准备,分配好各部分的讲述时间;应提纲挈领,着重讲述研究背景、立题动机、基本思路、主要方法、重要结果;应通俗易懂,用最浅显的语言讲清复杂的大道理,使得大同行大致能听明白;应反复演练,让资深老师、师兄弟们事先评头论足,指出可改进之处;应精神饱满地面向听众,充满自信地演绎要讲述的内容,透出对你所研究的问题的热爱和激情。当然,每个人必须在游泳中学习游泳,学会做报告的最好途径是不断做报告。

让同行能够比较好地认识你的研究能力、认识你的研究成果,留下一个初步且深刻的印象,取得科学共同体的认同,便于以后对你投稿论文的审稿、申请基金的评审、合作研究的选择提供可能的帮助。

二、主动了解同行的研究思路

聆听学术会议上的报告是科研工作者实现科研目标的重要手段,也是青年学者积累科学知识的重要途径。报告人谈及的多半是新鲜出炉的成果,还有今后继续工作的设想;在讨论中,对议题有进一步深入的辩论;在茶歇时,可以当面求教;在报告现场,可以获得丰富鲜活的信息。如果你是一个聆听学术报告的有心人,可以从学术报告中获取最大的信息量,可以学到学术同行治学的理念、态度和方法,把所听的学术报告与自己的科研工作结合起来,实现参加国际会议的附加价值。

可以根据学术报告的类型,采取相应的对策:

把握鸟瞰型的综述(overview)。大会的主题报告,通常对某个学科领域做较为全面的总结和综述,主要侧重于纲要性的、趋势性的描述和分析,有益于了解学科发展的全面动态,增进综合知识,把握科研方向,是一种浓缩的享受,一种间接的、潜在的收益。

钻研专题型的报告(presentation)。主要针对某一个范围较小的科学问题,即科学问题的提出、研究背景,问题的归纳与表述,问题的解决方法与结果,结果分析。对学术会议中的分会报告,要结合自己的专业知识在心里评头论足,或者当场提问或会下交流,一定会有更为直接的收益。

倾听讨论型的发言(talk)。会上经常有激烈的争辩和讨论。其形式不那么正式,论述不一定完整,结果经常有不确定性。把自己放到争论的旋涡里,努力通过讨论来明白一些机理与问题。

如果条件(会议提供的报告日程)与时间允许,在出席会议之前,应尽可能做好"功课"。了解报告人的学术背景与专长、主要成就,有的放矢地去听报告。弄清报告人为什么要研究这个专题;弄清报告人的基本思路是什么,如何提出假设,如何归纳问题,如何建模,如何求解,如何分析;弄清报告人是怎样处理问题的;搞明白报告人所做的结论有什么启发。以学习者的身份怀着满腔热情去听,以积极参与者的心态专心致志地听,同时以求教者的姿态怀着谦虚敬畏之心准备好提问或交流的问题。准备得越充分,收获就越大。重点是关注如何选择研究思路,关注如何提出与解决科学问题。

三、积极寻求未来的合作伙伴

在博士四年级向五年级过渡的时候,你出席学术会议除了学术研究的说与听之外,还有一个重要的任务就是通过交流、了解、沟通等途径积极寻求下一阶段学术发展(博士后或者教职、就业)的合作伙伴。在博士毕业之前的一二年内,可以开始考虑下一阶段的学术发展:去哪里进行博士后(斯坦福大学还是普林斯顿大学、耶鲁大学)训练,或者是否直接寻求教职(二、三流学校)或到咨询公司(麦肯锡)、医药公司(强生)就业,虽然不是现在就要决定未来去哪里,但是可以通过与相关人员的接触,了解一下不同职位的基本要求、不同领域的发展状况,特别是博士后的研究方向上的合作导师,主要是与人较为近距离的接触,使双方对彼此都有一个初步的了解与印象,为以后可能的合作建立一个初步的基础。

会议结束后,你还可以锻炼写一下会议纪要,综述会议的基本情况或主要精神,既是训练归纳、梳理研究报告的能力,又是为回学校在实验室的组会上汇报出席此次学术会议内容与收获做好准备,否则,三周休假之后回到实验室,很多东西难以回忆起具体内容,也讲不出什么,就不太好了。会议纪要也能体现科研能力,尽管不能等同于科研能力,但这是体现科研能力的一个非常重要的标识。它能体现出与会者对科研的总体把握程度,尤其是学术鉴赏能力,知道哪些学术报告是重要的还是次要的、哪些工作是原创的还是跟随的,是一个科学工作者的基础素养。

青年科学家,且研且自重!

从 2014 年初《自然》(Nature 第 505 卷,第 641—647 页和第 676—680 页,2014 年 1 月 30 日号)同时在线发表日本理化学研究所发育生物学中心(RIKEN CDB)女青年科学家小保方晴子(Haruko Obokata,1983—)领衔的研究团队关于一种可将成熟细胞转化为干细胞的新方法的两篇文章[一篇为研究长文论文(article),一篇为成果通讯(letter),第一作者都是小保方晴子、通讯作者为查尔斯·维坎提(Charles Vacanti)],经全部作者同意到 6 月初一并撤回。先后 4 个多月的一场闹剧已经到了尾声,如同春季盛开的樱花一样,它开花极速,绚烂美丽,凋零匆忙,令人慨叹。

早在 2008—2009 年,早稻田大学的博士研究生小保方晴子在哈佛医学院附属布莱根妇女医院麻醉学和组织工程学专家查尔斯·维坎提教授的研究室合作研究过程中,就产生了"STAP"细胞(Stimulus-Triggered Acquisition of Pluripotency cells,刺激触发性多能性获得细胞)的设想。2010 年,小保方晴子回到日本,2011 年从早稻田大学大学院先进理工学研究科生命医学科学专业博士毕业,随后,加入日本理化学研究所的若山照彦研究团队,并成为客座研究员,于 2013 年升任日本理化学研究所发育与再生医学综合研究中心学术带头人。

小保方晴子的关于 STAP 细胞的论文曾分别投给 CNS,但均遭拒稿。《自然》拒稿的理由是"结论不可信""不可能存在动物细胞接受外来刺激而获得多能性"(2010 年),小保方晴子甚至受到审稿人的"诋毁":"这项研究简直是在侮辱细胞生物学。"《细胞》的拒稿理由是:方法有问题,而且支持其异乎寻常之结论的证据不足。《科学》的拒稿理由是:凝胶照片中的泳道被不恰当地剪接。

遭遇拒稿之后,渴望取得突破性成果的小保方晴子执迷不悟,依然顽强地将这项研究在 2013 年再次投给《自然》,次年初顺利得以发表。这两篇属于开创性研究,提出了比过去任何方法都更简单的制造干细胞的方法,属于再生医学领域的重要发展。再生医学是在疾病治疗和损伤修复方面被寄予厚望的热门研究方向。论文一发表立即引起轰动。有人认为,这是日本科学家对于万能细胞制作方法的一次重要改写,甚至突破了 2012 年诺贝尔奖获得者山中伸弥获奖的成就。但是,就在两篇论文在线发表的当天,立即遭到质疑,实验基本不可重复,作为研究的基石——显示细胞多能性的图像被判定为是"捏造"的,剪贴并加工实验图像的行为被判定为"篡改"。日本理化学研究所的处分委员会随即启动解雇程序。

小保方晴子原本是一个才华出众的青年科学家,如果没有这次重大错误,如果能在干细胞领域做出踏实的研究,其前途真是不可限量。我们为日本女性杰出青年科学家的失足而惋惜,也为当前国际学术领域好大喜功的风气而难过。

其实,早在1937年,美国科学社会学之父默顿提出"科学的精神气质"中有一个基本准则:无私利性(Disinterestedness)。该准则要求科学家从事科学活动的唯一目的是发展科学知识,不应以科学谋取私利。因此,要求科学家不把从事科学研究视为带来荣誉、地位和金钱的敲门砖;提倡求知的热情、好奇心和对于人类利益的无私关怀;认为对真理的爱甚于对研究的爱,谴责运用不正当手段以在科学竞争中压倒对手。科学无私利性准则的基础是科学知识的公有性与可检验性,科学活动的这两个特性使科学处在严格的监督之下。科学中不允许有欺骗行为,不能归因于科学家的个人品质,而应从科学本身的某些与众不同的特点中寻找解释。科学家从事科学活动的动机确实是多种多样的,科学家行为规范就是要在一个宽广的范围内对科学家的行为进行制度上的控制。而这种规范的内化,是要以科学家心理冲突为代价的。科学不容忍欺骗行为,这并不是说所有科学家都是道德高尚的人。科学研究处于同行专家的严格监督之下,在此基础上,无私利性对科学家的道德修养产生了一定的影响。无私利性准则既反对利己主义,又不等同于利他主义。它是科学体制的要求。小保方晴子太"急于成功",太急于想挣得日本女科学家的脸面,想当"当今的居里夫人"的梦想害死了自己。

默顿提出的科学的社会规范是反映科学特质的"元规范",它对科学建制的高效运行有着无可替代的功能;它协调科学共同体成员的行为和社会关系,从而奠定了科学中社会建制的基础,它强化了科学的自主性或自治性,有效地防止科学建制的异化和解体;它促进了科学知识的成长,为科学的良好发展提供了理想的社会结构和社会运行机制。

早在12年前,有一位在美国贝尔实验室从事凝聚态物理和纳米技术研究的32岁德国青年科学家舍恩(Jan Hendrik Schön)因造假弄出惊天丑闻。

1997年,舍恩在德国康斯坦茨大学获得博士学位后,到美国贝尔实验室著名物理学家伯特伦·巴特罗格的实验室做博士后。舍恩在博士学位论文工作中就有数据造假的前科。为了使数据符合科学的规律,他就调整数据;为了让实验结果看起来更加清晰、更具代表性,于是他删除一些数据,或者将从不同样品中获得的数据放在一起,让别人以为这些数据来自同一个样本。舍恩很快就获得了惊人的结果:他能把有机分子变得具有高温超导的特性,还能把单个有机分子变成晶体管。和舍恩的重大发现同样惊人的是他发表论文的速度,在大约三年间,他共参与发表了90多篇论文。2000年,他在《科学》上发表5篇论文,在《自然》上发表3篇论文,全部是第一作者;2001年,他又在《科学》上发表4篇论文,在《自然》上发表4

篇论文,也全部是第一作者。2001—2002年,他获得了三项奖励青年科学家的大奖,获得诺贝尔奖似乎指日可待。由于他的发现极为重大,全世界有上百个实验室都试图重复其结果,或在其结果的基础上做进一步研究。但是没有人能够重复出来。别人无法重复出来的重大成果就难免会让人怀疑其中有问题。后有人举报其涉嫌造假,经调查发现:舍恩没有做实验笔记的习惯;储存在计算机中的原始实验数据则已经被舍恩全部删除;舍恩制造出来的实验样品或者已被扔掉,或者已被毁坏,没法重新测量;康斯坦茨大学那台舍恩用来制造实验样品的机器则再也没法制造出所需的样品。

贝尔实验室从外部聘请了5名知名科学家和工程师,组成独立审查委员会对舍恩的研究展开调查。委员会由斯坦福大学前文理学院院长、应用物理学家比斯利负责,成员包括2000年诺贝尔物理学奖得主、加州大学圣巴巴拉分校的克勒默教授等。经过4个多月仔细调查,审查委员会终于向贝尔实验室提交长达125页的结论性报告,确认舍恩造假,主要包括:在不同实验的结果中重复使用同一张数据图、同一条曲线;实验结果过于理想,曲线是用数学函数算出来的,而不是实际测量的结果;实验结果与仪器参数或已知的物理原理不一致。

调查结果发布的当天,贝尔实验室开除了舍恩,与其成果相关的6项专利申请也被撤销。德国马克斯·普朗克研究所(马普所)本来已定下让舍恩去当实验室主任,也撤销了给他的聘书。舍恩在《科学》发表的8篇论文,在《自然》发表的7篇论文,在《物理评论》发表的6篇论文,其中包括因宣称制造出了世界上最小的纳米晶体管而被选为美国《科学》2001年世界十大科学突破之首的论文,都已在2003年被撤销。已经不会再有哪家研究机构愿意雇佣他,甚至他的博士学位也在2004年6月被康斯坦茨大学撤销了。

在舍恩事件中,处于旋涡中的还有一位,她是贝尔实验室的31岁的女科学家鲍哲南。在纳米电子学领域,她与舍恩等同事合作,宣布制造出了世界上最小的纳米晶体管,相关论文发表在2001年10月18日《自然》和2001年12月7日《科学》上,此项成果被选为美国《科学》2001年世界十大科学突破之首。在塑胶超导体领域,她又与克洛克等同事合作,制造出了世界上第一个塑胶超导体,相关论文发表在2001年3月8日《自然》上。2000年诺贝尔化学奖授予了几位发现导电聚合物的科学家,而制造塑胶超导体是一项更加困难的工作,贝尔实验室为此探索了长达20年的时间,终于在鲍哲南等科学家身上实现了夙愿。

鲍哲南,1970年11月在南京出生,父亲鲍希茂、母亲陈慧兰分别是南京大学物理系和化学系的教授。1987年,鲍哲南毕业于南京市第十中学(现南京市金陵中学),同年被南京大学化学系录取。在大二末的暑假,鲍哲南进入配位化学国家重点实验室薛奇教授的高分子实验室,参加高分子复合科研工作。1990年鲍哲南大学三年级时,移民美国,进入伊利诺斯大学芝加哥分校继续读本科。1991年鲍哲南进入芝加哥大学化学系博士项目,导师是著名华裔高分子化学家于鲁平。1995年获得博士学位后,她进入贝尔实验室,越过博士后训练,

研究篇

直接成为聚合物和有机材料部门的首席研究员,2001年她被贝尔实验室聘为杰出研究员。在贝尔实验室的8年中,她在纳米电子学、有机晶体管等研究领域做出了重要的成果。

审查委员会在结论性报告中确认,贝尔实验室和其他研究机构中参与相关研究或撰写科学报告的大约20名科学家与舍恩造假案无关,包括鲍哲南在内的其他研究人员是清白无辜的,对此毫不知情,没有任何责任。

青年科学家在任何实验室接受训练的时候,重要的一课就是学会如何记录和保存科研数据:将实验中获得的数据忠实地记录到记录簿上;将原始数据作为重要档案妥善保存,防止被窜改,防止被人带走或销毁。即便现在大多使用计算机记录数据,也要以文件夹的方式长期保存备份,并在记录成文件的同时自己备份或者发给实验室管理者。文件夹上标注获得这些数据的日期。总之,科研数据要遵循"永不改动,永不删除"的原则。

2004年,鲍哲南离开贝尔实验室去斯坦福大学任副教授,现在担任斯坦福大学化学工程专业的教授、化学系教授,以及材料科学和工程专业教授。凭借开创性的工作,她获得了很多奖项和荣誉:美国化学会评出的12名对21世纪化学产生重大影响的杰出女青年科学家之一、美国麻省理工学院《技术评论》评出的21世纪100位青年创新者之一、美国纳米技术发明奖50名学者之一,入选汤森路透集团2011年发布的2000—2010年全球顶尖100位材料科学家名人堂。2011年4月,在凤凰卫视举办的"世界因你而美丽——影响世界华人盛典"上,鲍哲南教授获得年度"影响世界华人大奖"。2013年5月,她领导的团队发明了一种厚度比一美元钞票还薄、形状为邮票大小的心脏监视器。这台心脏监视器外形类似一块人类皮肤,在使用时被特制的黏合剂粘在手腕上,可帮助医生发现动脉硬化等心血管问题。2014年初,鲍哲南及其合作的研究团队,制造出了目前世界上运行最快的有机薄膜晶体管,证明了该技术在制造高清显示设备以及透明电子设备上的巨大潜力,相关论文发表在2014年1月8日出版的《自然—通讯》上。在她28岁的时候,有人曾经问过鲍哲南:"你的目标是什么?""当然是诺贝尔奖。"鲍哲南回答得自信满满、理所当然。

三位30岁左右的日本、德国、美国青年科学家在科学研究的起步阶段就做出具有冲击诺贝尔奖的工作,但在实验数据的处理这一基本问题上是否背离科学的社会规范,其结果是冰火两重天!

青年科学家,且研且自重!

在国际科学交流的平台上

在去年(2013年)年底,我就得知儿子要去香港出席学术会议,但一直不知道开什么会,我还在网上多方搜寻,都没有结果。直到儿子回家后给我看了会议网站的日程安排,我才知道又是一个戈登会议(去年参加过神经营养因子的戈登会议,详见《罗德岛上戈登会》)。刚好没有几天,就读到饶毅教授的博文《一个国际学术会议的16年》(科学网,http://blog.sciencenet.cn/blog-2237-816061.html),这引起我的极大兴趣。因为早就听说,饶毅他们创办了这个会议,现在儿子有幸出席这个会议,那么就方便我以该会议作为案例研究,了解一下国际科学交流的平台建构,附带初步评估儿子博士三四年实验研究学术水平的大致状况。

根据饶毅的介绍:1995年,他、鲁白、梅林与时任中国科学院院长的周光召先生联系,建议在中国举行小型、高质量的国际专业会议,得到周光召的积极支持。饶毅计划联合美国卓有声誉的戈登科学会议或称戈登研讨会(Gordon Research Conference,GRC)。戈登会议有很好的效果和很高的声誉,由美国科学促进会(AAAS)来全权负责戈登会议的管理。饶毅联系了中美双方有关人员,商定主要问题。大约1996年,中国科学院派香山科学会议组织者访美与GRC负责人对接,确定香山会议与戈登会议合作创办"分子和细胞神经生物学"的戈登会议(Molecular & Cellular Neurobiology Gordon Research Conference),每两年开一次。1998年,首次会议在北京举行,第二次在上海举行,以后改在香港,主要由美国国立卫生研究院、美国科学基金和香港科技大学资助。

这是一个完全纯粹科学交流的小型精英会议。与会者全是科学家和科学工作者,规模在100人左右,没有外界新闻媒体和行政长官参与。首次大会主席是美国国立卫生研究院(NIH)的鲁白和中国科学院上海脑研究所的吴建屏共同担任,饶毅为副主席。每次会议上全体投票选副主席、2年后就任、4年后转任主席。

会议的主题定得比较宽,以方便找到比较活跃的科学家,保证会议质量,并使之有吸引力。分子和细胞神经生物学差不多可以覆盖神经生物学的一半,另外的部分是系统、认知、计算神经生物学。

挑选好的报告人很重要,能保证质量;同时考虑兼顾一些领域,并兼顾欧洲、日本、新加坡、中国香港、中国台湾等地的科学家。在会议上做报告的,通常分为主旨演讲(50分钟)、一般演讲(25分钟)、短小演讲(15分钟)三种,内容都是专业领域中活跃且比较好的、尚没有发表的研究。主旨演讲与一般演讲是由会议主席邀请,他们的费用由组织者解决。为了避免演讲者不参加讨论,GRC规定演讲者参会必须超过24小时,否则不予报销。GRC的其他参会人员自由申请,有一定的竞争性,需要经过主席、副主席的挑选同意后,才能付费参会,不同于一些只要申请就能参加的会议。会议一般四天半,上午和晚上开会,下午自由交流,并有墙报展示。会议有很好的交流环节,一般为演讲后进入提问讨论环节,主旨演讲后有10分钟讨论,一般演讲与短小演讲都是5分钟讨论,三个下午还有墙报交流(另一个下午是自由活动),按照墙报作者姓氏字母顺序分成三组,每组一天。提供墙报的作者,在墙报前接受与会者的质询,可以有比较深入的讨论,学术质量很高。会场的内外交流,特别是中外科学研究者的交流,是会议的主要目的。一批优秀的国际科学家每两年一次来中国参加会议,对国内的老师和学生产生了很大的影响。有些研究者就是通过会议,得到了介绍自己研究工作的机会。一些博士研究生参会,对他们的成长很有意义,青年科学工作者与国际上活跃的著名科学家交流是一个极好的学习过程,使之感觉到已经成为国际科学共同体的一员。

演讲者和参会者都住在学生宿舍,不分资历的高低与成就的大小,完全没有中国其他学术会议的森严等级与铜钱臭味。

这次在香港科技大学举行的会议是第九次开会(2014年6月28日至7月4日),根据会议网站显示的会议日程表,主题是神经发育机理、回路集合、突触可塑性与神经精神疾病(Mechanisms of Neural Development, Circuit Assembly, Synaptic Plasticity and Neuropsychiatric Disorders),分9个专题:神经疾病的分子基础(Molecular Bases of Neurological Diseases)、突触形成的结构基础(Structural Bases of Synapse Formation)、神经发育的形态发生(Morphogenesis in Neural Development)、神经发育与测定(Neural Development and Lineage Determination)、神经回路发育与集合(Neural Circuit Development and Assembly)、突触多样化与规格(Synaptic Diversity and Specification)、神经回路可塑性与再生(Neural Circuit Plasticity and Regeneration)、神经回路与行为(Neural Circuits and Behaviors)、神经退行性变与再生的机制(Mechanisms of Neurodegeneration and Regeneration)。各专题的主持人分别是:香港科技大学的Karl Herrup、韩国科学技术院(KAIST)的Eunjoon Kim、美国密苏里州斯托瓦斯医学研究所(Stowers Institute for Medical Research)的Ron Yu、加州大学伯克利分校的孙毅、加州大学伯克利分校的John Ngai、德克萨斯大学西南医学中心的Weichun Lin、霍普金斯大学的明国莉、北京大学的饶毅、宾夕法尼亚大学的John Trojanowski。

此次会议的主席是加州大学旧金山分校(UCSF)医学院病理学系的Eric J. Huang教授。他是台湾大学临床医学的医学学士(1979—1986年),康奈尔大学分子生物学的博士

(1988—1992年),UCSF病理学的住院医生(1993—1995年)、博士后(1995—1997年),霍华德·休斯医学研究所(HHMI)神经科学学科的助理研究员(1997—1999年),UCSF的助理教授(2000—2005年)、副教授(2005—2009年)、教授(2009—)。

副主席是加州大学洛杉矶分校(UCLA)医学院精神病学与行为科学系、分子医药系副教授孙毅(Yi EE. Sun)。她是复旦大学生物化学专业的本科(1982—1987年),凯斯西储大学神经生物学专业的博士(1991—1996年),哈佛大学神经生物学系的博士后(1996—2001年),加州大学洛杉矶分校医学院的助理教授(2001—2007年)、副教授(2007—),GSK中国研发中心干细胞研究部总监(2008—2009年),同济大学医学院讲座教授、再生医学系主任与医学院干细胞研究中心主任(2009—)。中组部"千人计划"引进人才(2010年),长期致力于神经干细胞向特定神经元和胶质细胞分化过程中的细胞内信号传导通路和表观遗传调控机制研究,包括DNA甲基化、组蛋白修饰和非编码microRNAs研究,专注于干细胞与发育、分子遗传学与干细胞再生医学、表观基因组学和干细胞以及神经生理学与疾病模型等方向的研究。

本次会议的主旨演讲有两位,分别在第二天上午与第五天上午,一位是加州大学伯克利分校的蒲慕明教授,他是大家比较熟悉的著名科学家;另一位是斯坦福大学分子与细胞生理学系的托马斯·聚德霍夫(Thomas C. Südhof)教授,他是2013年诺贝尔生理学或医学奖得主,美国国家科学院院士、美国国家医学院院士、美国人文与科学院院士,HHMI研究员,曾任德克萨斯大学西南医学中心神经科学系主任。聚德霍夫是德国马普所生物物理化学专业的博士,1983年去德克萨斯大学西南医学中心分子遗传室做博士后,他的两位导师戈德斯坦(Joseph L. Goldstein)和布朗(Michael Stuart Brown)是1985年诺贝尔生理学或医学奖得主,导师戈德斯坦称他是"生物医学界的奇才,就像音乐界的伯恩斯坦,计算机界的乔布斯"。2008年后,聚德霍夫到斯坦福大学从事分子和细胞生理学研究。在他2013年得奖后,本届会议的组织者担心他太忙来不了,结果他不仅来了,而且不讲其去年得奖的系列研究(囊泡释放),而是讲了新的系列工作(突触联系),包括很多没有发表的有趣实验。聚德霍夫于2006年、2010年两次参加过"分子和细胞神经生物学"的戈登会议。

做一般演讲的有30位,他们中有诺贝尔奖得主、美国国家科学院院士、HHMI研究员、中国科学院院士、台湾"中央研究院"院士。其中有(以演讲的先后为序):

● 麻省理工学院(MIT)的蔡理慧(Li-Huei Tsai)教授,原来在台湾学的是兽医,后来听了某位诺贝尔奖得主的报告发现自己对分子生物学感兴趣,于是到西南医学中心读博士,之后在冷泉港实验室做博士后,再跟导师北迁到麻省总医院,就理所当然地进入哈佛医学院的教授队伍,2006年转到MIT任教。2011年当选为美国国家医学院院士。

● 加州大学旧金山分校的詹裕农(Yuh Nung Jan)与叶公杼(Lily Yeh Jan)教授,分别在不同专题上做演讲。他们都是HHMI研究员(1984年)、美国国家科学院院士(1996年)、中国台湾"中央研究院"院士(1998年)。詹、叶夫妇相随,是华人科学界著名的科学神仙眷侣。他们都是加州理工学院的硕士、博士,而且助理教授、副教授、教授、HHMI、美国院士、中国台湾院士都是同年获得。他们做出过诺贝尔奖级别的科学贡献,从他们实验室已经走出了几十位教授,分布在美国各个大学和研究机构,其中华人学者有斯坦福大学的骆利群、麻省理工学院的沈华智、西北大学的饶毅、纪念斯隆-凯特林癌症中心(Memorial Sloan-Kettering Cancer Center, MSKCC)的时海松等。

●香港科技大学生物化学系张明杰教授,1966年出生于浙江宁波,复旦大学化学专业本科(1984—1988年)、加拿大卡尔加里大学生物化学的博士(1988—1993年),主要研究方向是参与突触信号传导和细胞极性调控过程的各类复合物的构架、组装、转运等的分子机制;主要研究手段包括X射线晶体学和NMR。他所领导完成的"构建神经系统信号传导复合体的结构基础"项目获得2006年度国家自然科学奖二等奖。2011年当选为中国科学院院士。

●美国佐治亚摄政大学(Georgia Regents University Augusta)的梅林教授,也是"分子和细胞神经生物学"戈登会议发起人之一,他是江西医学院本科(1978—1982年),军事医学科学院神经药理专业的硕士(1982—1985年),美国亚利桑那大学药理与毒理学专业的博士(1989—1993年),霍普金斯大学的博士后(1993—1994年),弗吉尼亚大学医学院助理教授(1994—1999年),阿拉巴马大学伯明翰分校的助理教授和副教授(1999—2004年),佐治亚医学院(佐治亚摄政大学的前身)神经生物学教授(2004—)、分子医学与遗传学研究所所长,主要从事发育神经生物学的研究,在神经突触形成和可塑性的研究尤其是在神经肌肉接头形成和神经调节素与精神分裂症的机制等领域颇有建树,是该领域的国际领军人物,研究成果有助于对神经肌肉疾病、脊髓损伤、癫痫、精神疾病的治疗和诊断。2011年入选中组部"千人计划"。

●加州大学圣地亚哥分校(UCSD)的邹益民教授,现任神经生物学系主任。邹益民毕业于复旦大学,在CUSBEA(中美生物化学联合招生项目)奖学金的支持下在加州大学戴维斯分校获得博士学位,在加州大学旧金山分校马克·特榭-勒温(Marc Tessier-Lavigne)实验室进行博士后研究。2000—2006年在美国芝加哥大学(University of Chicago)建立实验室,并任助理教授、副教授,2006年至今在美国加州大学圣地亚哥分校任副教授、教授,斯隆研究奖得主。其主要从事神经轴突生长导向、功能性神经环路的构建、神经网络修复的分子和细胞机制的研究,从分子导向系统和神经活性的相互作用出发阐述了突触发生及特异性突触连接模式形成的机理。这一系列研究结果为提高脊柱损伤后神经元存活、抵抗退行性失调、促进轴突再生和功能恢复提供了理论依据。

●美国斯克里普斯研究所(The Scripps Research Institute, TSRI)Ulrich Mueller教授,现任TSRI的Dorris神经学中心的主任。TSRI是美国最大的私立非营利性研究机构,其基础研究涵盖免疫学、分子和细胞生物学、化学、神经科学、自身免疫性疾病、心血管病学、病毒学和合成疫苗的发展,始终站在生物医学科学的最前沿。

●哈佛大学干细胞与再生生物学杰夫瑞(Jeffrey Macklis),也是马萨诸塞州总医院神经病学教授,他成功将特定发育阶段的具有正常功能的胚胎神经元移植到对瘦素不敏感的小鼠下丘脑组织中,下丘脑细胞水平的修复成功暗示针对更高水平的疾病如脊髓损伤、自闭症、癫痫、脊髓侧索硬化症、帕金森病、亨廷顿舞蹈症等应用新的治疗方法的可能性。

●霍普金斯大学医学院细胞工程学研究所干细胞项目主任、神经病学与神经科学系教授宋洪军。他是北京大学的本科(1988—1992年),美国哥伦比亚大学的硕士(1992—1995年),1998年获美国加州大学圣地亚哥分校的博士(1995—1998年)[硕士、博士的导师都是蒲慕明(应该是跟蒲慕明从哥大跳槽到 UCSD)],美国索尔克研究院的博士后,霍普金斯大学医学院神经科学系的助理教授(2003—2007年)、副教授(2007—2011年)、教授(2011—　)。研究领域主要是调控成人神经系统的干细胞的特殊细胞形态的消失和分化的细胞和分子机制和它们在成熟中央神经系统环境里的迁移、引导及神经细胞后裔的突触神经的综合,并在成人神经系统的干细胞和神经发生的调控机制有新的发现。宋洪军与明国莉(2005年斯隆研究奖得主)也是华人科学家中的一对科学神仙眷侣,她是本次会议的一个专题讨论的主持人。

●加州大学圣克鲁兹分校(UCSC)的副教授 Yi Zuo。清华大学的本科,美国西北大学的博士,纽约大学、德克萨斯大学奥斯汀分校的博士后,斯隆研究奖得主。

●麻省理工学院(MIT)的 H. 罗伯特·霍维茨(H. Robert Horvitz),1968年获得麻省理工学院数学和经济学学士学位,1972年和1974年取得哈佛大学生物学硕士和博士学位,后历任麻省理工学院助理教授、副教授、教授,HHMI 研究员,美国国家科学院院士。他以研究线虫动物门的秀丽隐杆线虫而著名,发现了线虫中控制细胞死亡的关键基因并描绘出了这些基因的特征,他揭示了这些基因怎样在细胞死亡过程中相互作用,并且证实了人体内也存在相应的基因。因发现器官发育和细胞程序性细胞死亡(细胞程序化凋亡)的遗传调控机理,他与悉尼·布伦纳、约翰·E. 苏尔斯顿一起获得2002年诺贝尔生理学或医学奖。H. 罗伯特·霍维茨与同为 MIT 教授的夫人 Martha Constantine-Paton 是戈登会议的常客,可能除了饶毅等中国人以外就数他们到会最多。从2000年至2014年的14年中,他们两人除2010年外,每次都参加,且很认真(饶毅《一个国际学术会议的16年》)。霍维茨对此会的支持是美国戈登会议总部继续支持它的一个原因。他们不仅和一些中国科学家有良好的交往,也和研究生们有很好的接触和交往。他们飞到中国后用许多时间积极认真地参加学术会议、学术讨论和为神经所出谋划策,他们的言传身教使青年们看到卓有成就的科学家们的风格和他们对科学持之以恒的热爱。

●斯坦福大学神经外科学的陈路副教授,1989年毕业于无锡辅仁高中,以全市高考第二名的成绩考入中国科学技术大学生物系生物化学专业。1994年她赴美国南加州大学学习(陈路1996年回科大,在科大做了一个报告算是学士论文答辩,科大因此补发给她毕业证书。这个迟到的学士学位对她很重要!)。1998年获南加州大学神经科学的博士学位。此后在南加州大学、加州大学旧金山分校从事博士后研究。2003年与前夫包绍文(清华大学1985级学生)一起任教于加州大学伯克利分校,与包绍文共同发表超过15篇论文。2005年获得"麦克阿瑟天才奖"。2007年春,在美国费城的"神经细胞分子研究"学术会上,结识托马斯·聚德霍夫。2007年8月,陈路接到聚德霍夫主持的斯坦福大学细胞分子研究中心的邀请函,力邀她去那里工作。2008年,陈路(1972—)与聚德霍夫(1955—)结婚,育有一对儿女。

麦克阿瑟天才奖旨在表彰在社会发展中发挥重要作用的创造性人才,每年评选各领域20名至25名杰出人士,有华裔背景的获奖人有14人:丘成桐,Stephen Lee(李政道的次子)、管坤良、徐冰、姚鸿泽、萧强、盛宗亮、庄晓威、陈路、陶哲轩、何琳、李翊雲、宋晓东、张益唐。饶毅曾在《朋友好》博文中,提到获得麦克阿瑟天才奖的有位最为神秘的"不该得的现在大家不会知道的"人,指的是陈路。同为神经科学家的饶毅,应该熟悉陈路的工作,一定有特殊的理由认为陈路"不该得"这个奖。

●哈佛大学医学院、波士顿儿童医院的何志刚教授,南京高淳人,1984年本科毕业于南京医学院(现改为南京医科大学)临床医学专业;1987年获南京医学院病理生理学硕士学位。硕士毕业后,他曾在南京医学院病理生理学教研室工作过一段时间,后到加拿大多伦多大学留学(具体不知是何年),1996年获得遗传学专业博士学位。随后赴美在美国加州大学旧金山分校的著名发育神经生物学家马克·特榭-勒温教授实验室做博士后研究工作。何志刚于1999年被美国哈佛大学医学院附属儿童医院聘为助理教授,从事神经再生分子机制研究,不知何年任美国哈佛大学医学院神经生物学系和附属儿童医院智力障碍研究中心副教授。2006年,何志刚成为南京医科大学的特聘教授(柔性引进),2007年成为上海交通大学长江学者讲座教授,2009年成为华东师范大学兼职教授,2013年被江苏省中医院特聘为医院首席科学家。2014年,汤森路透知识产权与科学事业部(Thomson Reuters Intellectual Property and Science Business)发布《2014年度全球最具影响力科学家》(*The World's Most Influential Scientific Minds*:2014),列举了全世界范围内发表获得同行高频引用论文的顶级科学家,何志刚教授入榜神经科学与行为领域"2014世界最具影响力科学家"名单。

早在2009年,在多伦多大学分子遗传学系40周年庆典上,儿子就结识了这位学长,何志刚是该系最优秀的博士之一。2011年,儿子又在霍普金斯大学医学院神经科学系的研讨会上听过他的学术报告,并与之共进晚餐进一步交流。本次会议结束后,他们同机从香港飞回南京,儿子还搭乘某单位派来接何志刚的车一同去古南都饭店,然后自己打车回家。

●加州大学伯克利分校神经生物学系的教授丹扬(Yang Dan)。她是北京大学物理系的本科（1985—1989 年），哥伦比亚大学的博士（1989—1994 年），导师是蒲慕明。毕业后在洛克菲勒大学、哈佛大学进行博士后研究，导师是 R. Clay Reid。她是斯隆研究奖得主，HHMI 研究员，现在是蒲慕明的夫人。

●香港科技大学的叶玉如（Nancy Ip）教授，现任香港科技大学理学院副院长、生物化学系系主任及生物技术研究所所长、分子神经科学国家重点实验室主任。1977 年在美国波士顿的西蒙斯学院获得化学及生物学双学士学位，1983 年获得哈佛大学医学院药理学博士学位。1993 年起受聘于香港科技大学，历任讲师、副教授、教授和讲座教授。其长期致力于探索神经科学的前沿领域，对多种神经营养因子、细胞表面受体以及蛋白激酶所介导的信号通路做了深入研究，阐述了调节神经系统发育和功能的关键生物学过程，给相关研究领域带来了重要而深远的影响。她的研究不但揭示了多种神经系统疾病的分子机理，而且也为诊断和治疗这些疾病提供了重要依据。她是中国科学院院士（2001 年），国家自然科学奖二等奖（2004 年）得主，"2004 年欧莱雅—联合国教科文组织世界杰出女科学家成就奖"得主。

●台湾"中央研究院"（Academia Sinica）的简正鼎（Cheng-Ting Chien）。他是台湾大学化学系的学士（1985 年），纽约州立大学石溪分校生物化学和细胞生物研究所的博士（1993 年），加州大学旧金山分校的博士后（1993—1996 年），"中央研究院"分子生物研究所研究助理员（1996—2000 年）、副研究员（2000—2004 年）、研究员（2004—2013 年）、特聘研究员（2013—   ）。

还有，宾夕法尼亚大学的 Virginia Lee，伊利诺伊大学芝加哥分校解剖学与细胞生物学系的 Scott Brady，日本理化学研究脑科学研究所的 Tomomi Shimogori，加州大学旧金山分校的 Arturo Alvarez-Buylla，加州大学旧金山分校、HHMI 研究员的 David Rowitch，加州大学旧金山分校的 Arnold Kriegstein，华盛顿大学的 Rachel Wong，瑞士巴塞尔大学（University of Basel）的 Peter Scheiffele，哥伦比亚大学、HHMI 研究员的 Oliver Hobert，日本东京大学（University of Tokyo）的 Kazuo Emoto，加州大学旧金山分校的 Nirao Shah，日本理化学研究脑科学研究所的 Toru Takumi，美国斯克里普斯研究所佛罗里达所区的神经科学系的 Baoji Xu，美国基因泰克公司（Genentech）的 Joseph Lewcock，斯坦福大学的 Aaron Gitler。

做简短演讲的有 13 位，他们主要是助理教授、博士后与博士候选人。其中有（以演讲的先后为序）：

●中国科学院上海神经科学研究所于翔研究员。英国剑桥大学三一学院自然科学（生物化学）专业的本科（1992—1995 年），英国剑桥大学 MRC 分子生物学实验室（Laboratory of Molecular Biology）分子生物学方向的博士（1995—1999 年），美国斯坦福大学医学中心神经生物学方向的博士后（1999—2005 年），2005 年 4 月 28 日起任中国科学院神经科学研究所"树突发育与神经环路形成"研究组组长、研究员，入选中国科学院"百人计划"（2005—

研究篇

2007年),入选上海市浦江人才计划(2006年),是2011年度国家杰出青年科学基金获得者,2014年7月晋升为高级研究员。其主要是通过体内和体外研究,结合分子生物学、光学成像、电生理学等手段阐述树突形态发生的分子机制及其对突触功能和神经环路形成的影响。这些研究结果将更清晰地阐明树突发育和神经环路形成的分子机制,并将有助于对发育性神经疾病的理解。

●斯坦福大学的博士后葛学彩。她是北京大学健康科学中心药物学专业的本科(1996—2000年),清华大学神经生物学专业的硕士(2000—2003年),哈佛大学医学院神经生物学系神经生物学专业的博士(2003—2009年),导师是蔡理慧,斯坦福大学医学中心的博士后(2009—2014)。

●麻省理工学院脑与认知科学系的林映晞助理教授。1986年从南宁三中毕业后,考取清华大学,先后于1991年和1994年获得清华大学工程物理专业学士和硕士学位。1994年到哈佛大学攻读物理学博士。1999年年底博士毕业之后,到哈佛大学医学院神经生物学系做博士后。2001年,在等待了一年的空位(bench)之后,林映晞如愿以偿进入格林伯格教授(Mike Greenberg)实验室。格林伯格教授是美国国家科学院院士、现任神经生物学系主任,也是儿子导师第二期博士后的合作教师。2009年1月,林映晞应聘到MIT麦戈文脑科学研究所(McGovern Institute for Brain Research)建立自己的实验室,并获得MIT提供的启动资金,后又申请到NIH的研究项目。2011年年底,她曾在《科学》发表了一篇长篇学术论文,是关于"环境恐惧识别"(contextual fear conditioning)实验,揭示Npas4基因对大脑短期记忆转化为长期记忆的关键作用,对人类进一步理解短期记忆在大脑中转化为长期记忆的机制做出重要贡献,对老年痴呆症、健忘症等大脑神经疾病的研究和治疗产生深远影响。

●德克萨斯大学西南医学中心分子生物学系的张纯理(Chun-Li Zhang)助理教授。他是武汉大学微生物学专业的本科(1986—1990年),中国科学院武汉病毒研究所分子生物学的硕士(1990—1993年)、助理研究员(1993—1997年),德克萨斯大学西南医学中心遗传学的博士(1997—2003年)、萨克生物研究所(Salk Institute for Biological Studies)神经科学专业的博士后(2003—2008年),德克萨斯大学西南医学中心助理教授,曾成功地将成体小鼠脊髓中形成瘢痕的星形胶质细胞转化为了神经元,在活体哺乳动物大脑和脊髓中生成了新的神经细胞。当然,现在断定这些初步研究中生成的神经元是否能够促成功能改善(未来研究工作的一个目标)还为时过早。

还有,斯坦福大学的Jun Ding,加州大学旧金山分校的Sarah X. Luo,杜克大学的Chay Kuo,日本神户大学(Kobe University)的Hideki Enomoto,奥地利科学技术研究所(IST Austria)的Simon Hippenmeyer,加拿大英属哥伦比亚大学的Shernaz Bamji,洛克菲勒大学(Rockefeller University)的Christine Cho等。

儿子原本只是提供墙报的。在5月份的时候,我敦促他积极争取做报告,还专门写了

《拉大参加国际学术会议的附加价值》一文,阐明做演讲的重要性。但是他告诉我,他没有提出演讲的申请,现在已经过了演讲申请的最后期限。等到 6 月中旬,会议主席 Eric J. Huang 教授邀请他做报告,儿子遂即答应。或许是儿子所在实验室的地位与名气,或许是论文摘要的质量与新颖,总之,儿子成了本次会议极少数做演讲的博士候选人,或许是资历最浅、年纪最小的报告人。在会议网站提供的会议日程表(电子版)上只有儿子提供墙报的名录,并没有做演讲的名录。但是在会议报到时提供的会议日程表(纸质版)上,有儿子做简短演讲的名录。他是在会议第二天上午结束前、蒲慕明的主旨演讲之后开讲的。儿子在简短演讲中,简略介绍了 2013 年 10 月份做出的一个较为重要的发现,引起了不少学者的兴趣。在演讲讨论以及墙报讨论中,他很好地回答了与会者的提问。在会议的最后一天,经过全体与会者的投票,儿子的墙报获得"优秀海报奖"的第一名(共 45 份墙报)。此次共有 6 人获奖,博士后与博士候选人各 3 人。

儿子就是这样登上了国际科学交流的平台。

附录:

马克·特榭-勒温(Marc Tessier-Lavigne)于 1959 年出生在加拿大,7 岁至 17 岁与父亲一起随北约部队驻扎在欧洲。1977 年至 1980 年他在加拿大麦吉尔大学读物理学,1982 年曾在《物理化学杂志》发表论文,主要介绍双层膜上脂质介导的分子间相互作用。1980 年至 1982 年获英国罗德奖学金支持在牛津大学读哲学和生理学第二本科学位。1983 年至 1987 年在伦敦大学学院读生理学,主要研究视觉电生理,获博士学位。1987 年至 1991 年在美国哥伦比亚大学医学院做博士后,其间开始研究神经纤维连接的关键步骤——轴突导向,以 1988 年 1 篇在《自然》上发表的论文引人瞩目。1991 年加入加州大学旧金山分校(UCSF),他在助理教授期间的研究蜚声科学界,他和他实验室的博士后于 1994 年在《细胞》上发表两篇论文,用生物化学方法分离提纯吸引性轴突导向的蛋白质(netrin),这是被公认为达到诺贝尔奖程度的研究成果。2001 年他转任斯坦福大学生物系教授,2003 年至 2011 年曾任基因泰克公司副总裁,2011 年任纽约的洛克菲勒大学校长,他也创办生物技术公司并为其主要科学顾问。他于 2001 年入选英国皇家学会,2005 年入选美国国家科学院,2011 年入选美国国家医学院。2016 年 2 月 4 日,斯坦福大学宣布经过 6 个月几千小时筛选材料和候选人后,校长遴选委员会 19 位成员一致同意聘请马克·特榭-勒温出任斯坦福大学第 11 任校长。马克·特榭-勒温于 2016 年 9 月 1 日重返斯坦福大学正式上任,距 1891 年第一批学生入学斯坦福大学正好 125 周年。

本文中提到的何志刚、邹益民教授都是马克·特榭-勒温 20 世纪 90 年代的博士后。

在浓郁的学术氛围中

终于有机会看到儿子提交给分子与细胞神经生物学戈登会议的墙报或做简短演讲的提纲,我当然是看不懂其中的内容,不过依然可以通过墙报的署名与标注来探幽发微,讨论一下儿子今天取得如此优异成绩(在戈登会议上做简短演讲并得到海报奖的第一名)所经历严格训练的条件与环境。

墙报的署名单位是:

1. Human Genetics Training Program, The Johns Hopkins University, School of Medicine, Baltimore, MD, USA.

2. Department of Neurobiology, Harvard Medical School, Boston, MA, USA.

3. Howard Hughes Medical Institute, Harvard Medical School, Boston, MA, USA.

第一单位是儿子所在也就是被录取的博士项目,人类遗传学是遗传学的一个二级学科,也是霍普金斯大学的一个王牌学科,在国际上具有显著的领导地位。它培养的主体单位是霍普金斯大学医学院医学遗传研究所,该所是世界上医学遗传学科的创建机构,同时也是该领域获得人类遗传学少数几项诺贝尔奖的原创基地。医学遗传研究所的创办人是维克多·马克库斯克,在20世纪的遗传学史上,几乎可以与孟德尔、摩尔根、沃森等耳熟能详的科学家齐名。他首先将遗传学应用到了临床,开创了医学遗传学,从而为医学和遗传学的发展做出了卓越的贡献。他还是人类基因组计划的先驱,也是近50年不断再版(纸质版、网络版)、全世界医学遗传学家的圣经《人类孟德尔遗传》(Mendelian Inheritance in Man, MIN)的主编。马克库斯克在医学遗传研究所的教学与研究长达半个多世纪之久(详见《医学遗传学之父》)。关于人类遗传学博士项目,我在《博士培养的基本构架》中较为系统地介绍过它的特点:严格完整的科学训练、精心挑选的学术苗子、阵容强大的教授队伍。人类遗传学项目的负责人David Valle(MD)是杜克大学的学士(1965年)、医学博士(1969年),1975年到霍普金斯大学工作至今已40多年。1976—2006年,David Valle担任HHMI研究员30年。儿子正是在严格训练与潜移默化中度过了两年的学术奠基。

除了博士前的基础教育之外,儿子的这项研究成果主要是在两所大学的学术氛围中做出的,一个是霍普金斯大学医学院,一个是哈佛大学医学院。由于美国大学的医学院一般都是与校本部分居设立的、相对独立的研究机构,所以,我们主要讨论医学院而不是大学本部的学术质量,依据是《美国新闻和世界报道》(*U. S. New & World Report*)的 *Best Medical Schools*: *Research*(2008—2015)。这是《美国新闻和世界报道》期刊按教学质量(学校间评分及所在地区政府评分)、学术研究活动(学校总体和教职员工个人)、学生(学生入学前参加入学测验成绩、本科生课程平均分和申请入学人员接受率)及教学资源等做出的综合排名。在8年期间,哈佛大学医学院始终排在美国大学医学院的第一名,老大的地位一直没有被动摇过;霍普金斯大学医学院稳定排在美国大学医学院的前三名,虽然没有得过第一名,但第二名得过三次,第三名得过五次。另外,得过三次第二名的宾夕法尼亚大学医学院,其中有一次是与霍普金斯大学医学院并列第二名,第三名两次,第四名三次;得过两次第二名的斯坦福大学医学院,第四名二次,第五名一次,第六名一次,第七名一次,十名之外一次,几乎是逐年上升排名的。圣路易斯华盛顿大学医学院曾与霍普金斯大学医学院、宾夕法尼亚大学医学院各并列过一次第三名。多年的排名数据还是可以综合地反映出医学院科学研究的整体状况。哈佛大学与霍普金斯大学的所在地——波士顿地区与华盛顿地区(含马里兰的部分地区),分别是美国生物医学研究与产业的重镇,学术交流氛围浓郁,有若干所著名大学、众多医院、研究机构与著名公司。此外,应该是加州,那里有斯坦福大学、加州大学旧金山分校与加州大学圣地亚哥分校,以及湾区的生物公司。从博士学业的第二年开始,儿子在神经科学/神经生物学专业的导师指导下从事科学实验研究,同时主要参加神经科学/神经生物学系的学术研讨活动。在8年期间,哈佛大学的神经科学/神经生物学专业排名第一名七次,第五名一次,稳居第一的地位,在最近一次下滑,但是综合整体第一的地位还是没有任何悬念。霍普金斯大学的神经科学/神经生物学专业稳定排在美国大学的前五名,第三名四次,第四名三次,第五名一次,总排名依然是第三名,第二名应该是斯坦福大学。另外,在神经科学/神经生物学专业排名前五名的还有斯坦福大学(第一名一次,第二名七次)、加州大学圣地亚哥分校(第二名一次,第三名一次,第五名三次)、加州理工学院(第三名一次)、麻省理工学院(第四名三次,第五名四次)、加州大学旧金山分校(第三名三次,第五名一次)、洛克菲勒大学(第四名一次)。由于有若干次是排名并列的原因,所以第三名、第四名、第五名之和都大于8。我之所以拿医学院与专业的排名做比较,主要是受到饶毅的启发:"我国在国外留学的学生,至少在生命科学,迄今为止进入前五最顶尖系科的研究生较少。"(饶毅《饶议科学Ⅱ》,上海科技教育出版社,2014年,第262页)儿子大概可以算是生命科学专业中进入美国前五最顶尖医学院、专业的学生之一。

第三单位是霍华德·休斯医学研究所(Howard Hughes Medical Institute, HHMI)。它是由美国富商霍德华·休斯先生于1953年以个人股权投资形式创立的公益性私立基金。其成立的最初目的在于揭示生命自身的遗传规律。经过多年的发展,HHMI目前已经成为美国最大的生物医学研究私立基金会之一,致力于支持生物医学前沿基础研究和生物医学教育,在美国生物医学研究的发展中发挥了举足轻重的作用。HHMI坚信,如果给予具有卓越天赋和想象力的科学家以充足的资源、时间和自由度开展富有挑战性的科学研究,那么他们将做出对人类而言具有深远科学价值的基础性贡献。所以,HHMI主要支持生物医学研究中的大胆思考和尝试,敢于探索科学中的未知领域,同时承担巨大的不确定性和风险。其每年资助300多名具有超常天赋、责任感和想象力的做原创科研的生物医学科学家,其中包括5%的诺贝尔奖获得者和30%的美国国家科学院院士。儿子的导师现在是HHMI研究员,每年获得100万美元的研究经费(可根据不同情况进行个性化调整,每年还有3次机会向HHMI申请购买新仪器设备的费用),持续资助5年,以后还可以申请滚动支持。HHMI研究员的评审标准是:以严谨而深入的方式提出和追踪重要的生物学问题;将其研究领域推向新的高度,并始终保持在领先地位;发明新的实验工具或方法,得到富有创新性的实验方案,可用于解决重要生物学难题(必要时可运用其他学科的概念或技术);推进基础生物和医学的联系;承诺未来将为科学发展做出原创性贡献。对于获得HHMI聘用的研究员,在福利待遇方面,HHMI参考相同研究机构、相同职位且情况类似的人员薪金为HHMI研究员提供全额工资和相关保险福利,但是HHMI研究员不得再以任何方式接受其他单位的补助补贴等。HHMI研究员所领导实验室的所有博士后以及工作人员的工资、福利也均由HHMI负责,HHMI还将为研究员支付实验室日常运行费用。HHMI研究员则需严格遵守HHMI有关科学研究的各项规章制度。儿子除博士学业第一年的生活费与学费是由美国国立卫生研究院(NIH)资助的,而从第二年开始一直到毕业,每年获得的3万—4万美元的生活费都是来自HHMI。有点遗憾的是,儿子在博士第三年曾经申请过HHMI资助外国留学生的奖学金,虽然通过了学校的选拔进入全美范围的角逐,最终因当年科研还没有做出实质性的成果,没有成为全美50名接受HHMI直接资助的优秀外国留学生中的一分子。

墙报的标注是NIH与HHMI,即墙报展示的科研工作是得到了NIH与HHMI的资助(This work is being supported by NIH grant NS34814 and the Howard Hughes Medical Institute)。严格来说,做出该科研成果的人员的劳务成本是由HHMI承担的,科研成果自身的实验成本是由NIH项目的资金支持,并向NIH交账;如果能够做出更好、质量更高的成果,能够开辟出新的研究方向,则有可能成为下一个新的NIH项目的前提与基础。

美国国立卫生研究院(National Institutes of Health,NIH)是美国主要的医学与行为学研究(medical and behavioral research)机构,任务是探索生命本质和行为学方面的基础知识,并充分运用这些知识延长人类寿命,以及预防、诊断和治疗各种疾病和残障。作为美国最主要的医学与行为学研究和资助机构,NIH是世界上最具影响力的医学研究中心之一,是美国公共健康服务中心(PHS)的下属部门之一,隶属美国卫生与公众服务部(Department of Health and Human Services, HHS)。NIH 及其附属机构的总部(campus)位于马里兰州的 Bethesda(2011 年我们父子曾在华盛顿坐地铁,因方向反了,正好路过 NIH),占地超过 300 英亩(约 121.4 万 m^2),拥有 75 座建筑,资产已超过 300 亿美元。其近几十年取得的研究成果极大地改善了人类的生命健康状况。曾接受过 NIH 资助的有许多是世界最著名的科学家和医生,他们中有 100 多位曾荣获过诺贝尔奖,涉及的研究领域也异常广泛。NIH 的根本任务就是合理使用纳税人的钱支持生物医学研究,基金是最主要的资助方式,支持各种与人类健康相关的研究项目和培训计划。支持儿子研究课题的 NIH 项目 NS34814,每年 40 万美元,为期 3 年。

儿子这项工作的前期研究基础是:

1. Harrington A W, Ginty D D. *Nat. Rev. Neurosci*, 2013, 14: 177 - 187.
2. Delcroix J D et al. *Neuron*, 2003, 39: 69 - 84.
3. Ye H, Kuruvilla R, Zweifel L S, Ginty D D. *Neuron*, 2003, 39: 57 - 68.
4. Sharma N et al. *Neuron*, 2010, 67: 422 - 434.
5. Harrington A W et al. *Cell*, 2011, 146: 421 - 434.
6. Deinhardt K et al. *Neuron*, 2006, 52: 293 - 305.

在导师与多位师兄、师姐们 10 多年来该方向上共同努力的基础上,儿子初步推进并有所发现、有所进步,才有今天取得的成就。

研究篇

美国一流大学理科博士究竟可以达到什么样的水平？

2015年2月11日,千人计划网公示了第十一批"千人计划"青年人才名单,有一个人引起了极大关注:

序号:238 姓名:陆盈盈 性别:女 出生日期:1988-11-30 申报单位:浙江大学 落地省份:浙江 回国前任职单位:斯坦福大学 专业技术职务:Postdoctoral Scholar 博士后 学科分组:工程与材料科学 毕业院校:2015年1月毕业于康奈尔大学 Cornell University 学位:博士

在浙江大学化学工程联合国家重点实验室官网上显示陆盈盈的简历:2010年6月毕业于浙江大学化学工程与生物工程学院,获得学士学位。2014年6月获得美国康奈尔大学(Cornell University)博士学位;博士毕业后在康奈尔大学和斯坦福大学(Stanford University)从事能源材料领域博士后研究工作。2015年入选"青年千人计划";2015年8月全职回浙江大学工作。

两个网站显示的博士毕业时间不同,应该不是有什么作假的行为,而是表述上的差异:千人计划网上的"2015年1月"应该是陆盈盈获得博士学位的时间。或者博士论文正式提交的时间;浙江大学化学工程联合国家重点实验室官网上的"2014年6月"估计是陆盈盈完成博士课题答辩的时间。根据《青年海外高层次人才引进工作细则》,申请"青年千人计划"的人选,须具备以下条件:属自然科学或工程技术领域,年龄不超过40周岁;在海外知名高校取得博士学位,并有3年以上的海外科研工作经历;申报时在海外知名高校、科研机构或知名企业研发机构有正式教学或科研职位;引进后全职回国工作;为所从事科研领域同龄人中的拔尖人才,有成为该领域学术或技术带头人的发展潜力。对博士在读期间已取得突出研究成果的应届毕业生,或其他有突出成绩的,可以破格引进。浙江大学在申请"千人计划"青年人才的时候(国家申报截止时间是2014年9月中旬),陆盈盈尚未获得博士学位,但属于应届毕业生中被破格引进的。

陆盈盈在美国的导师、康奈尔大学化学与生物分子工程系的林登·阿彻(Lynden A. Archer)教授高度评价了陆盈盈的学术能力:"陆盈盈的博士论文,聚焦于一个持续了40多年的学术难题,即锂、钠、铝等金属在作为充电电池的负电极时的电沉积不稳定性。在过去30年内,许多领域内的世界知名学者都曾尝试解决这一难题,但都未成功。但陆盈盈博士提出了几个根本的解决方案,显示了其非凡的水平。她的博士论文的贡献比一般博士论文的贡献都更具深度和广度。为此,2014年12月,陆盈盈被授予'WC Hooey'奖。这是康奈尔大学化学和生物分子工程系授予杰出研究生的最高奖项。"

陆盈盈在博士期间发表的论文可以佐证林登·阿彻教授的主观评价:在材料科学顶级刊物《自然—材料》(*Nature Materials*)发表两篇论文,其中2012年第一作者一篇(IF:32.841),2014年2人共同第一作者一篇(IF:36.425)。此外,还在 *Angewandte Chemie Inernational Edition*,*Advanced Energy Materials*,*Journal of Materials Chemistry*,*Journal of Power Sources*,*Electrochemistry Communications* 等刊物发表第一作者论文6篇,其他合作论文8篇。无论在论文数量还是学术质量上,陆盈盈堪称极其优秀!更值得注意的是,我们没有检索到陆盈盈在浙江大学期间发表过学术论文,但在美国大学读博士的4年多的时间里,就有如此辉煌的研究成就,不知道是如何做到的?!

为了更深入比较、客观评估美国一流大学大学理科博士究竟可以达到什么样的水平,我们选择一个实验室培养出的中国留学生来做具体的分析讨论,可以有参照性地研究、了解比较真实的博士质量。我们选择大卫·金蒂(David D. Ginty)教授个人主页提供的论文目录(学生之前与别的老师合作的论文不计在内,会议论文也不计在内),分析该实验室培养博士的实际状况。金蒂教授从2004年开始成为霍普金斯大学医学院神经科学系教授,2013年后是哈佛大学医学院神经生物学系教授;从2000年开始是霍华德·休斯医学研究所助理研究员,2004年至今是霍华德·休斯医学研究所研究员。2015年,金蒂教授成为美国人文与科学院的新晋院士。

自2001年毕业第一个中国籍博士研究生到2016年的15年里,金蒂实验室一共毕业了8位中国籍博士研究生,除1人是硕士研究生之外,其余7人都是中国大学的四年制本科毕业生:北京大学(5人)(其中1人是中国科学院的硕士研究生)、清华大学(2人)的生物学专业,还有一位是香港科技大学生物化学专业。

学术成绩最好的应当是黎莉诗与白玲,恰好是北大、清华各一位。

黎莉诗(Lishi Li,2013年毕业)在2011年年底就在《细胞》(IF:32.403)上发表一篇研究论文(research article)(第一作者,合作作者11人),距正式进金蒂实验室仅3年多,几乎就完成了博士论文,应该是最短时间做出最优秀成果的。她在2014年初又在 *eLife*(IF:9.322)上发表一篇研究论文(第一作者,合作作者2人)。开放性获取期刊 *eLife* 是美国霍华德·休斯医学研究所、德国马克斯·普朗克协会(the Max Planck Society)、英国威康信托基金会(the Wellcome Trust)三大科学基金资助机构创办的一种新的学术期刊。该期刊办刊宗旨是促进重要科学成果的发表和分享,提高科学论文发表的效率,使科学家和科学研究都从中受益。当然在其高调进入市场时,将期刊定位于生物医学领域的高端期刊,文章范围覆盖基础理论研究、转化及临床研究,并希望发表能推动学科发展、解决长期困惑、开创新的技术及开辟新的研究领域的杰出论文。$eLife$ 的主编是加州大学伯克利分校教授、《美国国家科学院院刊》(PNAS)卸任主编、2013 年诺贝尔生理学或医学奖得主兰迪·谢克曼(Randy Schekman)。在博士毕业前一年(2012 年),黎莉诗还获得了大卫·I. 马赫特奖(David I. Macht Award,霍普金斯大学第 35 届青年研究者奖)。

毕业于广州市执信中学的黎莉诗,2003 年广东高考名列第三(4 个 900 分,1 个 894,她 885 分);北京大学元培学院 2007 届毕业生,在生命科学学院于龙川教授指导下完成"CGRP 参与阿片耐受和成瘾的神经机制"课题,并发表《伏核内的 ΔFosB——吗啡成瘾中的重要调节因子》(黎莉诗、于龙川,《生理科学进展》2006 年第 37 卷第 2 期)。

在完成博士论文后,黎莉诗还在霍普金斯大学技术转移办公室做过 13 个月的实习生(Intern Analyst),大约 2013 年 4 月去了洛克菲勒大学做博士后。一年后,她于 2014 年 8 月又在《细胞》上发表一篇研究论文(第二作者,合作作者 3 人)。2015 年考入美国著名咨询公司麦肯锡咨询公司。

可以与黎莉诗比肩的是白玲(Ling Bai,2016 年毕业),2015 年年底在《细胞》(IF:28.71)上发表一篇研究论文(2 人共同第一作者,合作作者 9 人),不过这也是白玲在博士七年级才完成的成果;2014 年年底,白玲在《科学》(IF:33.611)上发表一篇研究论文(第二作者,合作作者 3 人);2014 年在《细胞》(IF:32.242)上发表一篇研究论文(第五作者,合作作者 7 人)。这篇研究论文在 2014 年发表时原本没有白玲,只是在 2015 年初的勘误表中才加上的。文中的一张图是她在实验室轮转期间做出的成果,被后续的研究者发表论文时遗漏了,直到论文正式刊出时才被发现。2016 年,白玲还在《细胞》上发表了一篇研究论文(第九作者,合作作者 24 人)。由此可见,白玲参加了很多博士后的研究课题,可谓学术界的劳动模范!

白玲是清华大学 2009 届毕业生,曾是清华大学登山队队员,攀登过珠穆朗玛峰。

如果要客观评价中国留学生的水平质量,国家优秀自费留学生奖学金无疑是一个重要的指标。经教育部批准,国家留学基金管理委员会为奖励品学兼优的自费留学人员在学业上取得的优异成绩,鼓励自费留学人员回国工作和以多种形式为国服务,设立"国家优秀自费留学生奖学金"。金蒂实验室共有三位学生获得此项殊荣:

刘音(Yin Liu,2013 年获奖者,2013 年毕业)2012 年年底在《科学》(IF:31.477)上发表一篇研究论文(第一作者,合作作者 8 人)。博士毕业后,刘音到斯坦福大学做博士后。她原来是北京大学生命科学学院 2006 届毕业生。刘音与白玲一样,读博士时间较长,进入过七年级。

郭霆(Ting Guo,2010年获奖者,2011年毕业)2011年初在《自然—神经科学》(*Nature Neuroscience*)(IF:15.531)上发表一篇研究论文(第一作者,合作作者6人),2009年在《神经元》(*Neuron*)(IF:13.260)上发表一篇研究论文(第二作者,合作作者7人)。博士毕业后,郭霆去了麦肯锡咨询公司(上海分部、纽约分部)工作,2014年以后在纽约对冲基金工作。他原来是清华大学生物科学技术系2005届毕业生。

陈溪(Xi Chen,2005年获奖者,2006年毕业)2005年在《神经元》(IF:14.304)上发表一篇研究论文(第一作者,合作作者10人),2006年在《神经元》(IF:13.894)上发表一篇研究论文(第二作者,合作作者3人)。博士毕业后,陈溪去了哈佛大学医学院攻读临床医学博士学位(MD),她原来是北京大学生命科学学院2001届毕业生,在北大期间的三年科研活动与导师等合作获得过一项发明专利(第三人)。

现在已经回国成为教授的只有一人——叶海虹(Haihong Ye,2003年毕业),她现在是首都医科大学基础医学院医学遗传学系教授(2012—   )。叶海虹2003年在《神经元》(IF:14.439)上发表一篇研究论文(第一作者,合作作者4人),2000年在《神经元》上发表一篇研究论文(第二作者,合作作者3人),2004年在《细胞》上发表一篇研究论文(第六作者,合作作者7人),2005年在《神经元》上发表一篇研究论文(第二作者,合作作者8人)。博士毕业后,叶海虹去了新加坡国立大学分子细胞生物学研究所做博士后(2004—2007年),再到中国科学院生物物理研究所任副研究员(2008—2012年),她原本是北京大学生命科学学院1998届毕业生。

留在美国企业工作的只有一位,那就是从金蒂实验室第一位毕业的中国留学生钱校忠(Xiaozhong Qian,2001年毕业),1992年北京大学毕业,1995年在中国科学院获得硕士学位。博士入学第三年的1998年在《神经元》上发表一篇研究论文(第一作者,合作作者4人),2001年在《分子与细胞生物学》(*Molecular and Cellular Biology*,IF:5.372)上发表一篇论文(第一作者,合作作者2人)。博士毕业后,他投身生物制药行业,先是再生元制药公司(Regeneron Pharmaceuticals)(2000—2002年),以后库华根公司(CuraGen Corporation)(2002—2008年)、森林实验室(Forest Laboratories)(2008—2015年)、新基医药公司(Celgene Corporation)(2015年至今)。钱校忠的北大同学宋洪军1998年博士毕业,2002年助理教授,2007年为副教授,2011年为教授,获得霍普金斯大学医学院终身教职。

可能比较弱的是没有第一作者的研究论文而获得博士学位的黄斯奕(Siyi Huang,2013年毕业),仅2012年年底在《科学》上发表一篇研究论文(第三作者,合作作者8人,第一作者是刘音)。2015年,已经是哈佛大学医学院博士后的黄斯奕,才将自己博士论文的研究成果发表在 *eLife*(第一作者,合作作者5人,IF:9.3)。黄斯奕是香港科技大学2008届毕业生。

综合8位学生的情况,我们可以得到如下一点认识:杰出的学生,可以发表一篇第一作者的CNS(IF:31—32)论文完成博士学业;优秀的学生,可以发表一篇第一作者的本学科顶

研究篇

级刊物论文(IF:13—15),并还有一二篇合作论文(研究论文或综述论文),方能完成博士学业,有机会还能获得国家优秀自费留学生奖学金。

值得注意的是,该实验室的中国留学生尚未在《自然》(IF:42.351)发表一篇第一作者研究论文。

作为对比,2014年标注为中国科研机构的学者以通讯联系人或第一作者身份在CNS发表的文章共124篇(还有大量子刊论文未包括在内),其中研究论文66篇,综述论文4篇。在66篇研究论文中,主要依靠基因组测序、甲基化组等"组学"分析方法完成的论文有11篇,报道蛋白、蛋白复合体等结构的论文9篇,依靠化石进行古生物学分析的论文4篇,建立新型方法、途径的论文12篇,探究机理、成因的论文30篇。后两种类型约占CNS研究论文数的三分之二。金蒂实验室的论文基本上属于探究机理、成因的一类。

从博士毕业的出路上看,五人去做博士后,其中一位回国进入学术界成为教授,一位进入咨询公司,三位还在做博士后(一位在斯坦福大学医学院,一位在哈佛大学医学院,一位在加州大学旧金山分校);两位直接工作,一位去了咨询公司,一位去了制药公司;既没做博士后也没直接工作,而是去读临床医学想做医生的也有一位,在哈佛大学医学院。

由此可见,中国大学优秀的本科毕业生,经过美国一流大学一流学科5—6年左右时间的培养,其杰出者是有机会登上国际学术殿堂的顶端,其优秀者也已经达到入选"青年千人计划"的水准。

生命科学领域的顶级期刊

《细胞》(Cell)是国际学术界公认的生命科学领域顶级期刊,自创刊至今已有40多年,一向以学术严谨、评审严明、原创严格著称。因其学术影响力,《细胞》期刊与有着百年历史的英国《自然》期刊和美国《科学》期刊并驾齐驱,是全世界最权威的学术期刊之一,通称CNS。其2015年的影响因子为31.957,高于《科学》的影响因子(31.027),低于《自然》的影响因子(38.597),表明它所刊登的文章广受引用。在《细胞》期刊上刊发论文对生命科学工作者而言,如同奥运会金牌之于运动员、奥斯卡小金人之于电影人,是对努力成果的最高肯定。某种程度上,它在生物学界的影响力甚至超过了《自然》与《科学》。

《细胞》的诞生地是美国波士顿。1974年,科学出版奇才本杰明·列文(Benjamin Lewin)在麻省理工学院出版社创办了一份综合性生命科学期刊《细胞》。1986年,列文购买《细胞》期刊并创建了细胞出版社(Cell Press),并在此后13年间创办了《神经元》(Neuron)、《免疫》(Immunity)和《分子细胞》(Molecular Cell)三份期刊。从1974年至1999年的25年里,本杰明·列文一直担任《细胞》杂志总编辑。1999年,爱思唯尔(Elsevier)公司购买了细胞出版社。以后,细胞出版社陆续创办了其他期刊:*Developmental Cell*(2001年),*Cancer Cell*(2002年),*Cell Metabolism*(2005年),*Cell Host & Microbe*(2007年),*Cell Stem Cell*(2007年)。目前,爱思唯尔拥有《细胞》和《柳叶刀》在内的2 000多家学术期刊。《细胞》是一份双周刊,国际刊号是:ISSN 0092-8674。

研究篇

《细胞》获得国际学术声誉和取得巨大成功应归功于它的三根支柱:

第一根支柱是长篇叙述格式。在《细胞》创办之前,科学期刊主要有两种类型:一种是杂志型期刊,发表短小精悍文章,反映科学热点,读者量比较大,如《科学》和《自然》等;一种是学会型期刊,发表可长达50页甚至以上的学术文章,比较专业,但是读者量很小。科学出版界一直在热点但不完整的研究论文和完整、让人信服的研究论文之间妥协,《细胞》综合了两种类型的优势,创建颇具特色的长篇完整叙述体格式,既向作者提供足够的篇幅让他们能全面完整地讲述其研究工作,又能让读者能够阅读并理解其他学科领域的发展,从而对自己的领域有所启发,这样可以有更大的读者群,让期刊有极高的显示度,确保《细胞》对作者和读者都具有极高的价值。如果论文短小,那么只有领域内的专家才能理解。《细胞》读起来最为畅快,故事完整、逻辑清晰、思路缜密,且意义重大,而《自然》和《科学》,通常正文只有2—3页、3—4组图,其篇幅偏短,字体偏小,晦涩难懂,感觉每一句话都暗藏玄机,读起来浑身不爽。通常还要打开几十页的补充材料,与正文相互比证,短短的几页文字阅读时间通常比十几页的《细胞》上的文章还要长。《细胞》每个月都会收到200多篇的论文,但每期的《细胞》的文章总数不能超过15篇。

第二根支柱是编辑主导原则。与其他期刊不一样,《细胞》的编辑是全职编辑(现为11名),他们不是兼职的大学教授或职业科学家,不做具体的生物医学研究。期刊要体现编辑的思想,发表论文的决定权在于编辑。《细胞》刊发论文的决定是由编辑团队做出的,如果审稿人的意见不一致,那么最终的决定并不是靠简单的"统计"做出,编辑以评判作者原文的方式评判审稿人意见,并提出自己对文章的见解。这就是清晰而坚强的编辑主导原则。

《细胞》选择编辑有几个基本条件:拥有博士学位、拥有在实验室做实验的经历、有广博的科学知识和广泛的科学兴趣;在严格的面试过程中,还要测试候选人的科学鉴赏力、公正的能力和沟通交流能力。主编是学术期刊的灵魂,是学术期刊的旗帜,他就像一个乐队的指挥,直接决定着学术期刊的发展方向与品位。现任总编辑艾米莉·马库斯(Emilie Marcus),1982年在美国卫斯里大学获得生物学学士学位,之后到哥伦比亚大学跟随埃里克·坎德尔(Eric R. Kandel)从事研究(坎德尔在信号传导方面的研究获得2000年的诺贝尔生理学或医学奖)。1996年,她获得耶鲁大学神经生物学博士学位,之后在索尔克研究所和加州大学圣地亚哥分校做博士后研究。1998年,她出任《神经元》的编辑,2003年至今任《细胞》总编辑。她喜欢关注科学的不同学科和领域及其发展。如果做科学研究,就必须大部分时间都专注在某一个特定的领域,但是做编辑的话,就有机会关注其他学科,这是最让艾米莉·马库斯感兴趣的地方。《细胞》对编辑的要求是有能力获得最好的文章,维持公正、稳定的编辑标准,积极主动与前沿科学家进行交流和沟通,判断近3—5年或者10年内最重要的科学问题,准确鉴别和判断什么是最重要、最基础或是能开拓新领域的研究,并适应不断变化的科学出版技术。

为了确保《细胞》发表尽可能多的重要而有趣的研究,编辑就不能只待在办公室等待科学家主动投稿。通常《细胞》编辑都会主动地走出去,到学术会场和实验室,与科学家进行深入的交谈,了解他们在实验室做什么、哪些是《细胞》发表领域中的有趣问题,并鼓励科学家积极向《细胞》投稿。这样,所发表的论文最终经受得起时间的考验。同样,无论是来自诺贝尔奖获得者还是来自知名实验室、最亲密朋友的稿件,《细胞》编辑决定的标准都是一样的,编辑的决定必须建立在论文的科学内容上。必须承认这样一个事实:期刊的价值百分之百地建立在编辑对稿件做决定时的公正性,即使只发表极小部分的关系稿,期刊的声望会立即进入地狱,失去对科学界的价值。《细胞》编辑每天会召开1—1.5小时的编辑会,集体讨论稿件的处理情况。如果一位编辑遇到难以处理的关系稿,那么另一位编辑则来接手这篇稿件。当然,《细胞》编辑也会努力帮助他们提高研究的质量,让论文能在《细胞》上发表,但不会降低期刊的标准来满足这些方面的考虑。

第三根支柱也是最重要的支柱,即科学远见卓识。由于其活跃在世界级的学术殿堂,掌握了识别重大科学发现和评价科学数据的技能,《细胞》形成了一个十分优良的传统,能判断和选择真正最重要的研究,将其发表能成为经典的论文,其中包括导致了众多获得诺贝尔奖的论文。据不完全统计,至少有10篇论文为作者的获奖论文,包括因iPS的工作日本京都大学山中伸弥(Shinya Yamanaka)获得2012年诺贝尔生理学或医学奖,Kazutoshi Takahashi 和 Shinya Yamanaka 师徒二人2006年在《细胞》上发表了那篇里程碑式的论文,该文目前谷歌学术引用次数将近15 000次。《细胞》绝大部分发表的论文都是天才之作或高质量的工作,对人类的贡献是巨大的。因为编辑不做具体的生物医学研究,所以将所有时间用在了解科学的各个方面,以更广泛的视野来审视科学,发现什么是最重要、最有趣的科学,同时也可避免编辑自身学识的限制与利益的束缚,确保编辑标准的公正性、稳定性和一致性。

《细胞》最关心的是论文所提出的问题。在科学领域中,有很重要的大问题公众们都很关心,也有很小的问题只能在小的领域引起关注。首先,《细胞》寻找的是那些可以提出改变生物学发展进程的,甚至有可能震撼生物学界的问题。其次,《细胞》还要看科学家如何充分地做实验、验证过程以及得出严谨的结论。

科学远见卓识、编辑主导原则、叙述长文格式是《细胞》区分于其他期刊的三个主要因素。

《细胞》编委们是生命科学领域的一流科学家和学科带头人。因为进入任何一个领域的国际主流期刊的编委都是不容易的,某种程度上讲也是一个荣誉。期刊编委(editorial board member)的主要职责就是协助主编联系邀请审稿人,整理审稿报告,并给出自己的判断与决定。现有华人科学家(4位华裔、2位中国人)编委6人,以当选先后为序:

1. 钱泽南(Robert Tijan):加州大学伯克利分校教授,HHMI研究员、所长。加州大学伯克利分校的本科,哈佛大学的博士。

2. 林温德(Wendell Lim),加州大学旧金山分校教授,HHMI研究员。哈佛大学的本科,麻省理工学院的博士。

3. 庄晓威(女),哈佛大学教授,HHMI研究员。中国科学技术大学的本科,加州大学旧金山分校的博士。

4. 许田,耶鲁大学教授,HHMI研究员。复旦大学的本科,耶鲁大学的博士。

5. 曹雪涛,中国医学科学院教授、院长。第二军医大学的本科、博士。

6. 邓宏魁,北京大学教授。武汉大学的本科,上海第二医科大学的硕士,加州大学洛杉矶分校的博士。

一个实验室在 CNS 上发表文章的规模,尤其是在《细胞》上发表文章的规模,可以大致反映出该实验室在生物医学领域的地位与影响。金蒂实验室在 CNS 上共发表论文 20 篇,其中《细胞》8 篇、《科学》9 篇、《自然》3 篇。发表在《细胞》上的 8 篇中,1 篇是综述(2006 年),7 篇是研究论文。该实验室已经毕业的中国籍博士研究生做出了他们应有的贡献:黎莉诗(2011 年)第一作者 1 篇,白玲(2015 年)与另一人共同第一作者 1 篇,白玲(2014 年)第五作者 1 篇,叶海虹(2004 年)第六作者 1 篇。金蒂自己在做博士后时(1994 年)有第一作者 1 篇。金蒂以通讯作者身份共发表 7 篇:助理教授期间 1 篇(1996 年),副教授期间 1 篇(2004 年),教授期间 5 篇(2006 年、2011 年 8 月、2011 年 12 月、2014 年、2015 年)。金蒂从博士后到教授,每晋升一级都有《细胞》论文;并且凭借《细胞》《自然》《科学》各 3 篇论文拿下哈佛大学讲座教授席位,美国人文与科学院院士。

向《自然》发起冲击

"今天投稿 Nature"！

儿子在除夕(2017年)夜晚10点多从微信上传来信息，让我激动了几乎一个晚上。这不仅是半年多来他第一次主动汇报学业进展情况，而且提供了我们估量他博士论文质量的主观评价。

正如参加奥林匹克运动会是全世界大多数运动员的梦想一样，能在英国《自然》(nature)和美国《科学》(Science)上发表论文是全世界大多数科学家的夙愿。这两大刊物都是国际性周刊，《自然》侧重宏观性和前瞻性，而《科学》则侧重微观性与务实性。可以这样比喻，《自然》是学术刊物中的浪漫主义代表，而《科学》则是现实主义代表。

从1869年创刊至今的148年中，《自然》一直推动着世界科学的进步，率先发布了一系列影响人类的科技成果，如达尔文的自然选择论(1880年)、X光的发现(1896年)、电子的发现(1897年)、原子的分裂和铀的裂变(1932年)、DNA结构(1953年)、激光(1960年)、板块构造理论(1966年)、单克隆抗体(1975年)、艾滋病(1983年)、臭氧空洞(1985年)、克隆羊"多利"(1996年)、人类基因组图谱(2001年)、全球变暖(2009年)，等等。作为最负盛名和最权威的综合性自然科学期刊，《自然》一直是科学研究成果报道的前沿阵地，在科学研究领域占据着极重要的地位。

《自然》由英国自然出版集团(Nature Publishing Group,1843年创立)出版发行，该集团是麦克米兰出版有限公司(Macmillan Publisher Ltd.)的科学出版机构，总部设在伦敦，另在纽约、旧金山、华盛顿特区、东京、巴黎、慕尼黑等地设有办事处，是一个全球性的出版公司。《自然》是当今世界上历史悠久、影响较大、读者面广泛的综合性自然科学刊物，其主要任务是：刊登生物学、天文学、物理学、无线电电子学、医学和心理学等方面的最新研究成果的评述与重要的研究工作简报。除了《自然》之外，《自然》系列杂志包括18种以发表原创性研究报告为主的月刊与15种综述性期刊。18种学术性期刊：*Nature Biotechnology*, *Nature Cell Biology*, *Nature Chemistry*, *Nature Chemical Biology*, *Nature Climate Change*, *Nature Communications*, *Nature Genetics*, *Nature Geoscience*, *Nature Immunology*, *Nature*

Materials, Nature Medicine, Nature Methods, Nature Nanotechnology, Nature Neuroscience, Nature Photonics, Nature Physics, Nature Protocols, Nature Structural & Molecular。15种综述性期刊:Nature Reviews Cancer, Nature Reviews Drug Discovery, Nature Reviews Genetics, Nature Reviews Immunology, Nature Reviews Microbiology, Nature Reviews Molecular Cell Biology, Nature Reviews Neuroscience, Nature Reviews Cardiology, Nature Reviews Endocrinology, Nature Reviews Gastroenterology & Hepatology, Nature Reviews Nephrology, Nature Reviews Neurology, Nature Reviews Clinical Oncology, Nature Reviews Rheumatology, Nature Reviews Urology。这些期刊覆盖了自然科学的各个领域,以最快的速度、最严格的标准自由发表这些领域里最高水平的论文,不受任何政府和学术机构的影响。

《自然》的原创性研究论文主要发表在论文、通讯和简讯栏目。论文(Articles)是原创性研究报告,篇幅较长,较为全面地论述某一重要科学问题的实质性进展及其近期、远期的重要意义,每期约3篇。篇幅一般不超过5个版面(每版面约1 300字),参考文献不超过50条,同时附有150字以内的摘要。"论文"的正文一般3 000字左右,前面可有500字的引文,阐述本工作的研究背景,在得出简明扼要的结论之前可有1—2小段进行讨论。"论文"可分成几个小标题,但一般不超过6个,每个标题不超过40个字符,文中图表一般5—6个。

通讯(Letters)是原创性研究的短篇报道,聚焦于某一突出发现,通常不超过3个版面,参考文献不超过30条,可附3—4个图表。

简讯(Brief Communications)是非正式的、读者面更广的精品版块。《自然》每周一般刊登2—4篇简讯。这类简讯多系审稿人或编辑对通讯加以缩减而成。短评(Communications Arising)是简讯栏目中的一种,是对《自然》既往发表的综述或原创性研究报告的阐述及重要的或能够引起读者兴趣的评论。

《自然》的版面只允许每星期发表约3篇"论文"和16篇左右的"通讯"类论文。

《自然》始终如一地履行创刊号中确定的办刊宗旨"将科学研究和科学发现的伟大成果展示于公众面前"的承诺,致力于发表那些既有突出的科学意义又有广泛的读者群体的研究论文。由于《自然》兼顾专业与通俗两个方面,它对专业学术论文的审稿标准也很独特,即更关注新发现。这种新发现必须具备以下三个特质:第一,它能为基础科学研究开拓新的方向,提出新的问题;第二,它提供的证据和解释能有力地解决当前具有争议性的科学问题;第三,它的发现具有公众效应,或者说是具有新闻价值。

一般来说,《自然》的"论文"与类论文具有原创性(必须是原创的,必须是作者的独立工作)、重要性(这种判断通常是由《自然》的编辑在审稿人的帮助下做出的,审稿人可通过正式报告反映自己对稿件的意见)、跨学科性(必须能够让其他科学领域的研究人员感兴趣)、可读性(能够让读者比较容易看懂)、新颖性(既可以是对以前人们不知道的某种现象的描述,又可以是向以前被人们广为接受的某个假设提出质疑)等基本特征。虽然《自然》发表的每一篇论文并非都要包括以上全部要素,但它们通常要满足其中一个以上的条件。《自然》并不排除发表那些专业性很强但却非常重要的论文,也不排除发表那些介绍目前还无法解释的有趣现象的论文,但由于版面有限,这些类型的论文被录用的机会相对来说要小一些。

从2015年3月开始,《自然》与其姐妹期刊的审稿制度开启崭新的时代,投稿作者可自由在单盲(single blind)审稿和双盲(double blind)审稿之间做出选择,即可以向审稿人公开自己的身份,也可以不公开自己的身份。一般情况下,《自然》从收稿到决定接受约一个月,评修一个半月,排版、校对、印刷一个半月,整个发表周期为4个月。投稿之后,有几个重要节点需要关注:

(1) 一周之内:是否送审

《自然》本着对作者和研究成果负责的态度,会对投稿尽快处理。稿件提交后首先会被送到熟悉该领域的编辑手中,他会参考科学顾问和其他编辑的意见决定是否送审。只有确实具有创新性、启发性和具有近期、远期重要意义的稿件才能被送审。作者一般在投稿后一周之内就会得到通知,知道稿件是否可被送审。

(2) 二周之内或规定的时间之内:是否发表

决定送审的大多数稿件需要经过2—3位审稿人的审稿。《自然》对审稿人的要求是:与作者及其所属机构无利益关系,能够全面、公正评价文章中提及的技术问题,目前或近期评审过相关稿件,在规定的时间内能完成审稿工作。大多数审稿人会在1周之内或规定的时间之内将意见自网上返回编辑部。一收到评审意见,编辑们就会迅速决定是否发表。判断一篇文章是否会引起广大读者的兴趣,是由《自然》的编辑们决定的,而非审稿人。

作者在收到论文录用通知时往往还会收到《自然》论文抽印本的订购单,需要付费购买论文抽印本。

(3) 二周之外或者更长时间:多轮审稿

《自然》严格的审稿和烦琐的修改程序是举世闻名的,其投稿录用率不到10%,所有发表在《自然》上的论文都要经过一轮、两轮甚至多轮审稿。《自然》的论文最快可以在收稿2周内发表,经常在收稿后1个月发表。《自然》的时效性极强,重要的科研突破能及时和读者见面。这不仅对科学技术的快速传播具有重要意义,而且使《自然》的品牌在读者中得到有力的强化。当然,也有需要较长时间的,例如,施一公及其团队的研究成果"*Structure and Mechanism of the S Component of a Bacterial ECF Transporter*"于2010年3月10日投到《自然》,经过严格的审稿程序之后,9月9日通知被正式录用,10月24日在线发表,最后于12月2日正式在纸质《自然》上发表。此论文从投稿到正式在纸质期刊上发表前后历经近9个月。

(4) 修改、重审、退稿或转投

由于审稿人提出了非常严重的技术问题或作者的结论不能成立时，编辑会在信中明确指出稿件是否可以再完善、修改后重投。若稿件被退回，拒绝重投。如果作者有充分的学术理由要求重审，可以书面形式提出申请。由于特殊读者群的兴趣问题和版面有限，许多质量非常高的文章不得不被拒绝。由于编辑的原因而非技术原因被拒绝发表的稿件也可能适合于在其他姐妹期刊上发表，但是编辑会事先征得作者同意，这样做的优点是可以将审稿人的意见和建议转给其他期刊的编辑，从而为作者节约了大量时间。

(5) 录用后的编辑修改

稿件一旦被录用，《自然》编辑会对拟发表的文章进行语言、长度、术语、注释、图表等的编辑修改，也欢迎作者对所做的修改提出意见，但《自然》对文章格式、图表大小等保留最终决定权。

(6) 正式发表前的宣传

部分被录用的稿件在发表前一周，《自然》将举行新闻发布会，通过网络、报纸、杂志、广播和电视等媒体使作者和最新内容得到最大程度的关注。作者本人也可安排宣传活动，但必须遵守《自然》的出版规定，最好事先与《自然》出版办公室协调。

儿子勇敢地迈出向《自然》投稿这一步，是一个了不起的进步！无论结果如何，我坚信儿子博士阶段几年辛勤劳动的努力一定会有一个圆满的丰硕果实。

对此，我充满无限的期待，殷切地敬候佳音！

论文上了《自然》"正刊"的"长文"(20190923)

五一假期结束后,我从天泉湖养老度假村回到龙江阳光广场的高教公寓,照例打开笔记本上网闲逛。偶然进入儿子博士导师在霍华德·休斯医学研究所(Howard Hughes Medical Institute)的主页,看看有什么新的论文发表。在 PubMed 栏目中,最新一篇论文的作者 Ye M 跃入眼里。怎么这么眼熟,因为我的英文名也是这样表述的。突然意识到,这是我可爱的儿子!再看论文发表的刊物,不得了,是《自然》(*Nature*)!并标明在线发表。哦,我想起来了。在今年春节,我们去美国与儿子一起欢度中国新年的时候,儿子曾经跟我说过,他与南外一个学长有过一个合作研究,经过三年多的努力,已经向《自然》投稿了。这是儿子在自己博士论文完成之后,做的一项附带的研究课题。当时,我不太以为然,因为儿子曾将博士论文压缩提炼后向《自然》杂志投过稿,我在《向〈自然〉发起冲击》一文记录了我当时的满心欢喜。但是,经过 9 个月的评审、修改再提交多轮反复之后,论文最终还是被拒了;以后改投《细胞》杂志,又经过 8 个月评审、修改再提交多轮反复之后,依然功败垂成。我深知研究论文上《自然》杂志的难度是无以复加的。我还是不敢相信,我将论文的作者信息(Author information)点开,看到了 Department of Neurobiology, Howard Hughes Medical Institute, Harvard Medical School, Boston, MA, USA. (哈佛大学医学院神经生物学系,霍华德·休斯医学研究所,波士顿,美国),以及同一单位的第七作者 Ginty D D(儿子博士导师金蒂)。

Nature. 2019 May;569(7755):229-235. doi: 10.1038/s41586-019-1156-9. Epub 2019 May 1.
Innervation of thermogenic adipose tissue via a calsyntenin 3β-S100b axis.
Zeng X[1,2], Ye M[3], Resch JM[4], Jedrychowski MP[1,2], Hu B[1,2], Lowell BB[4,5], Ginty DD[3], Spiegelman BM[6,7].
Author information
1 Department of Cancer Biology, Dana Farber Cancer Institute, Boston, MA, USA.
2 Department of Cell Biology, Harvard Medical School, Boston, MA, USA.
3 Department of Neurobiology, Howard Hughes Medical Institute, Harvard Medical School, Boston, MA, USA.
4 Division of Endocrinology, Diabetes and Metabolism, Department of Medicine, Beth Israel Deaconess Medical Center, Harvard Medical School, Boston, MA, USA.
5 Program in Neuroscience, Harvard Medical School, Boston, MA, USA.
6 Department of Cancer Biology, Dana Farber Cancer Institute, Boston, MA, USA. bruce_spiegelman@dfci.harvard.edu.
7 Department of Cell Biology, Harvard Medical School, Boston, MA, USA. bruce_spiegelman@dfci.harvard.edu.

不仅如此,我立即进入《自然》杂志的网站,查到了不是缩写而是全名的标注 Mengchen Ye,终于确认无疑,是我儿子!一时极度激动,欣喜若狂,喜悦之情溢于言表。儿子冲击《自然》杂志终于成功了。再仔细一看,不得了!虽然内容我几乎看不懂,但我们依然可以从一些外部特征(正刊、长文、评论、合作等方面)了解该文的意义与价值。

先说"正刊"(也称为"主刊")。《自然》自1869年创刊以来,一直是世界上最负盛名和最具权威的综合性自然科学期刊之一。它刊载的内容经常被世界各地新闻媒体作为最新科学信息的最可靠来源而被广泛传播,它的科学文献的被引用频率雄踞世界科技刊物之首。《自然》杂志除了"正刊"之外,还有以发表原创性研究报告为主的50多种专业性子刊以及便

ARTICLE

Innervation of thermogenic adipose tissue via a calsyntenin 3β–S100b axis

Xing Zeng[1,2], Mengchen Ye[3], Jon M. Resch[4], Mark P. Jedrychowski[1,2], Bo Hu[1,2], Bradford B. Lowell[4,5], David D. Ginty[3] & Bruce M. Spiegelman[1,2*]

The sympathetic nervous system drives brown and beige adipocyte thermogenesis through the release of noradrenaline from local axons. However, the molecular basis of higher levels of sympathetic innervation of thermogenic fat, compared to white fat, has remained unknown. Here we show that thermogenic adipocytes express a previously unknown, mammal-specific protein of the endoplasmic reticulum that we term calsyntenin 3β. Genetic loss or gain of expression of calsyntenin 3β in adipocytes reduces or enhances functional sympathetic innervation, respectively, in adipose tissue. Ablation of calsyntenin 3β predisposes mice on a high-fat diet to obesity. Mechanistically, calsyntenin 3β promotes endoplasmic-reticulum localization and secretion of S100b—a protein that lacks a signal peptide—from brown adipocytes. S100b stimulates neurite outgrowth from sympathetic neurons in vitro. A deficiency of S100b phenocopies deficiency of calsyntenin 3β, and forced expression of S100b in brown adipocytes rescues the defective sympathetic innervation that is caused by ablation of calsyntenin 3β. Our data reveal a mammal-specific mechanism of communication between thermogenic adipocytes and sympathetic neurons.

A hallmark of mammalian evolution is the emergence of brown adipose tissue (BAT), an organ that is specialized for performing non-shivering thermogenesis[1]. The presence of BAT confers an evolutionary advantage to mammals by enhancing their adaptability to cold stress and the survival of newborns. The powerful ability of thermogenic fat to oxidize substrates and increase energy expenditure has drawn growing interest as a therapeutic approach to address obesity and associated metabolic disorders[2].

BAT thermogenesis requires innervation by the sympathetic nervous system. Sympathetic nerves release the neurotransmitter noradrenaline from local axons[3,4], which activates the β-adrenergic receptor–cAMP–PKA pathway in adipocytes to drive lipolysis and thermogenic respiration[5,6]. Consistent with the thermogenic function of BAT, this tissue is much more richly innervated by sympathetic nerves than white adipose tissue (WAT)[7]. Nevertheless, the molecular basis of this selective recruitment of sympathetic innervation has remained largely unexplored.

PRDM16 has recently been identified as an important transcriptional regulator that drives the thermogenic program in beige adipocytes[8,9], which are a distinct type of inducible thermogenic adipocytes that mainly reside in subcutaneous WAT[10]. Forced expression of PRDM16 leads to increased sympathetic innervation of beige adipocytes[11]; and adipose-specific ablation of PRDM16 has the opposite effect[12]. These observations strongly suggest that adipocyte-derived factors can influence the extent of sympathetic innervation of the adipose tissue. Here we show that a previously unknown, mammal-specific membrane protein, which we have named calsyntenin 3β (CLSTN3β), promotes the sympathetic innervation of both brown and beige adipocytes. CLSTN3β binds to—and enhances the protein expression and secretion of—S100b, a protein that is unconventionally secreted without a signal peptide. S100b, in turn, acts as a neurotrophic factor to stimulate sympathetic axon growth.

Clstn3b is an adipose-specific gene

Adipose-specific ablation of lysine-specific demethylase 1 (Lsd1, also known as Kdm1a) has previously been found to cause severe BAT dysfunction[13]. Expression of calsyntenin 3 (Clstn3) is strongly down-regulated in LSD1-deficient BAT (Extended Data Fig. 1a). CLSTN3 is a plasma-membrane protein that promotes synaptogenesis in the central nervous system[14]. In contrast to the known form of Clstn3, the completely distinct and unannotated form of Clstn3b is expressed in BAT (Fig. 1a). Clstn3b appears to contain three exons: the first exon, which is large and unique, lies within an intron of Clstn3, and the final two exons are shared with Clstn3 (Fig. 1a). Chromatin immunoprecipitation with sequencing (ChIP–seq) analyses for histone markers and transcription regulators suggest that a promoter and enhancer of Clstn3b that are distinct from those of Clstn3 exist in BAT (Extended Data Fig. 1b). Taken together, these observations suggest that Clstn3b is a previously unknown gene that is expressed in BAT, rather than a splicing variant of Clstn3.

Clstn3b mRNA expression is highly restricted to adipose tissue: the level of expression in the interscapular BAT is sixfold higher than in either the inguinal subcutaneous WAT or the perigonadal visceral WAT (Fig. 1b). Clstn3b expression is strongly induced in the inguinal subcutaneous WAT upon exposure to cold (Extended Data Fig. 1c), which suggests that Clstn3b is also highly expressed in beige adipocytes.

We next attempted to clone the Clstn3b cDNA. We successfully amplified a 1,074-bp open reading frame that was predicted to encode a protein of 357 amino acids in length, from a cDNA library of mouse BAT (Fig. 1c); this confirmed the existence of Clstn3b at the transcript level. Notably, the N-terminal extracellular portion of CLSTN3—which is essential for interaction between CLSTN3 and α-neurexins, and for the synaptogenic activity of this protein—is completely missing in CLSTN3β, which strongly suggests that the two proteins have distinct functions.

[1]Department of Cancer Biology, Dana Farber Cancer Institute, Boston, MA, USA. [2]Department of Cell Biology, Harvard Medical School, Boston, MA, USA. [3]Department of Neurobiology, Howard Hughes Medical Institute, Harvard Medical School, Boston, MA, USA. [4]Division of Endocrinology, Diabetes and Metabolism, Department of Medicine, Beth Israel Deaconess Medical Center, Harvard Medical School, Boston, MA, USA. [5]Program in Neuroscience, Harvard Medical School, Boston, MA, USA. *e-mail: bruce_spiegelman@dfci.harvard.edu

于科学家们能够更多地了解各个科学领域而经过筛选、报道最新重要信息的几种综述性子刊,这些期刊覆盖了自然科学的各个领域,以最快的速度、最严格的标准自由发表这些领域里最高水平的论文,不受任何政府和学术机构的影响。

我们只讨论在《自然》"正刊"发表的研究论文。第一,《自然》"正刊"发表的研究论文涵盖了科学技术所有领域,所以能上的论文,不仅在某一学科内衡量,而且是在整个科技领域内权衡。第二,在《自然》"正刊"发表的研究论文选择标准极其严格。每星期收到约200篇论文,由于版面有限,大约只有20篇能够在"正刊"发表出来,仅占10%左右。那么,什么样的论文最有可能挤进如此有限的版面呢?选择的标准又是什么呢?

原创性:《自然》"正刊"录用论文首要的标准是研究论文必须原创,其中核心部分的任何内容不得在其他地方发表过或向其他刊物投过稿,必须是作者的独立研究工作。《自然》杂志有一些特殊的规定,例如:题目和摘要里不要使用 novel, first time 等词汇,因为《自然》认为,研究的原创性不是靠说出来的,而是需要经历时间的检验。

重要性:《自然》宗旨之一是"向大众提供科学工作的重大成果和科学发现"。在《自然》"正刊"中发表的科学论文是能够对科学领域有重大影响、重大突破的,或者开辟新的重要研究领域与颠覆性的技术,能在科学家及一般大众中均具有极广泛的影响力;它既可以是对以前人们不知道的某种现象的描述,也可以是向以前被人们广为接受的某个假设提出质疑。这种判断通常是由《自然》杂志的编辑在审稿人的帮助下做出的。

交叉性:作为综合性科学刊物,《自然》"正刊"希望有很大比例的读者会对自己领域之外的研究工作产生浓厚兴趣,吸引其他科学领域的研究人员。《自然》"正刊"优先考虑那些新颖、别致、巧妙的研究工作,包括那些通过一个非常简单的路径、通过对方法的巧妙改进而得到某种可靠结果的研究工作,以及那些将一个领域的知识巧妙应用于另一领域的研究工作。

此外,可读性也是一个特殊要求。《自然》"正刊"要求发表的论文能够让读者比较容易看懂。这主要不仅是语言问题或文风问题,而且是逻辑条理的表达问题。研究论文要做到尽可能简单明了地解释自己的研究工作。

此次,在《自然》"正刊"发表(2019年5月1日在线发表,2019年5月9日纸质出版)的论文,题目是《产热脂肪细胞和交感神经元之间的哺乳动物特异性通信机制》。该论文显示产热脂肪细胞表达哺乳动物以前未知的,内质网特异性蛋白质,称之为 Calsyntenin 3β。脂肪细胞中 Calsyntenin 3β 的遗传损失或表达增加分别减少或增强脂肪组织中的功能性交感神经支配。消除 Calsyntenin 3β 使高脂肪饮食的小鼠易患肥胖症。在机制上,Calsyntenin 3β 促进棕色脂肪细胞 S100b-a 蛋白(该蛋白缺乏信号肽)的内质网定位和分泌。S100b 在体外刺激交感神经元的神经突向外生长。棕色脂肪细胞中的 S100b/Calsyntenin 3β 被同时缺失,有趣的是,在棕色脂肪细胞中再次表达 S100b,挽救了由 Calsyntenin 3β 缺失引起的缺陷性交感神经支配。该研究数据揭示了产热脂肪细胞和交感神经元之间存在一种哺乳动物特异性的通信机制。论文的通讯作者是美国科学院院士 Bruce M. Spiegelman，哈佛大学医学院细胞生物学教授，2008 年，他曾发现棕色脂肪的转换开关蛋白，这一成果被《科学》(Science)杂志评为年度十大突破之一。Bruce M. Spiegelman 博士曾荣获美国糖尿病学会(ADA)2012 年班廷奖，该奖是 ADA 的最高科学奖项，授予对了解、治疗和预防糖尿病作出卓越贡献和具有深远影响力的个人。Spiegelman 博士是首个提出胰岛素抵抗的核心是炎症(以 TNF-α 为代表)这一概念的科学家。

对《自然》杂志来说，"正刊"是综合性刊物，更偏向全体科学界；而子刊是偏向某一专业的，领域要窄一些，专门针对某一类别的研究。虽然通过影响因子(IF)比较，《自然》少数专业性子刊与综述性子刊甚至可能高于《自然》"正刊"，但总体而言，还是《自然》"正刊"更有影响力。尽管对于某些影响因子在 20 以上的子刊，很难说《自然》"正刊"就一定比子刊强，但《自然》"正刊"比其子刊难发是不争的事实。《自然》"正刊"算顶级(Tier 0)，每年上千篇论文，分散到各领域可以说是凤毛麟角。一般吸引力(General attraction)意义更大，也就是说可以有更多更广领域的读者群(readership)。按照每年发文数量，"正刊"还是难度极高而且影响力巨大。少的发文量决定了一旦见刊，就会引来大量媒体关注，及时关注(immediate attention)程度大得惊人。《自然》子刊按照专业大类划分，其实虽然各子刊有影响因子差别，但是学科和学科之间相比是不分优劣的。这些算是次顶级(Tier 0.5)，每个子刊每年刊发 200 篇文章。即便这样划分，其实每个子刊包含的面也非常广泛。例如，《自然·生物医学工程》(Nature Biomedical Engineering)就包括几十个大领域，每个关键词其实就是世界上很大的一个研究共同体(community)，对应几百或几千个的研究员群体。《自然》子刊的论文质量和水平其实和《自然》"正刊"是难分伯仲的。

再说"长文"(Articles)。《自然》的原创性研究论文主要发表在长文(Articles)、通迅(Letters)和简讯(Brief Communications)栏目。在此之前，大约有 40 页的非正式栏目，主要包括：目录页、观点、新闻、新闻简报、新闻分析、简评、读者回音、评论、新闻和观点、特写、书评、回顾、美术与科学、综述和进展、职业和招聘等。非正式栏目所发表的文章来自主动投稿、编辑特约和编辑人员撰写的文章。

"长文"是原始研究工作的报告，其结论代表了某一重要科学问题的实质性进展，具有近期和远期的重要影响力，许多不同领域的读者都会对其感兴趣。篇幅一般不超过 5 个版面(一整页文字大约为 1 300 个单词)，参考文献不超过 50 条。"长文"在正文之前有一个摘要，摘要不标参考文献，长度最多 150 个单词，其中不含数字、缩写或计量单位。摘要主要面对该领域以外的读者群，是对研究工作背景和原理的简要陈述，最后用一句话概括主要结论；"长文"正文一般 3 000 字左右，前面可有 500 字的引文(与摘要部分有一些重复是允许的)，阐述本工作的研究背景，接下来对研究工作的发现做精练的、集中的分析，最后是得出简明扼要的结论。"长文"可分成若干个小标题,但一般不超过 6 个,每个标题不超过 40 个字符,文中图表一般 5~6 张。

"通讯"(Letters)(也可以称为"快报")是原创性研究的短篇报道,聚焦于某一突出发现,该发现可能对其他领域的科学家有重要意义。它通常不超过 3 个版面,参考文献不超过 30 条,一般以不超过 180 字的引文开始,引文主要针对其他领域的读者群,是对研究背景和原理的简单陈述,最后用一句话描述主要结论;接下来的段落是引文的进一步延伸,但不能与引文重复,并且只能有一小段的讨论部分。这两部分总长约 1 500 字,可附 3~4 张图表。

"简讯"(Brief Communications)是非正式的、读者面更广的精品版块。《自然》每期一般刊登 2~4 篇简讯。这类简讯多系审稿人或编辑对通讯(Letters)加以缩减而成,而非已发表的"长文"与"通讯"的前期报道或附录,一般只配有一小幅图片或表格;仅提供一些初步研究数据以论证或补充或质疑过去发表在《自然》或其他期刊上的稿件基本不在考虑之内。

"短评"(Communications Arising)是简讯栏目中的一种,是对《自然》既往发表的综述或原创性研究报告的阐述及重要的或能够引起读者兴趣的评论,只能在线提交。提交之前,应先送交被评论文章的作者,允许对方有 2 周的时间答复。双方通信的复印件(即使对方没有回复)也要同时提交。《自然》不接收对其他期刊发表的文章进行评论的短评。稿件的参考文献、题目、作者名单、致谢等不在字数统计之内。

一般说来,《自然》"正刊"的简讯与短评不属于研究论文,只有"长文"与"通讯"才是《自然》"正刊"的论文。中国有学者将简讯与短评等列在自己的论文目录里,宣称自己有多少篇《自然》论文;也有批评者指责《自然》的论文并非都是高质量的,这些行为不是误读了《自然》,就是别有用心。

在《自然》"正刊"的研究论文中,一般说来,"长文"与"通讯"是两个档次:"长文"论文比较详细,每期只有 2~3 篇;"通讯"论文比较简短,每期约有 15~16 篇。"通讯"论文略次于"长文"论文,主要在于影响力与引用率!

接下来是"评论"。《自然》杂志"正刊"的"新闻和观点"(News and Views)栏目是一个将科学新闻传达给广大读者的论坛。这是在所有媒体中对所发现的科学研究进行评论的影响最大的论坛。科学家们从"新闻和观点"栏目中找寻自己领域和其他领域的热点;它十分有价值,也是最受欢迎的栏目。在此,我们只讨论"新闻和观点"对《自然》杂志"正刊"发表的"长文"的评论,即主要从学术意义上对"长文"研究提出批评和评价,评论文章通常占 2~3 页。

有几点值得注意:第一,由于《自然》杂志认为即将发表的"长文"是涉及发展得特别快、特别激动人心的研究领域,需要引起读者的兴趣,所以委托相关领域杰出的科学家撰写评论。只有这样,才能充分阐明所评论的"长文"的价值与意义。第二,由于评论随"长文"一

研究篇

并刊出,通常会在决定发表的"长文"等待正式出版之前委托专家撰写评论,且评论者不能与"长文"作者属于同一研究机构,也不能与"长文"作者有合作研究的关系,以保证评论的客观公正。所以,评论要比综述文章快得多,是关于最热门研究的权威专家的最新观点。

"长文"《产热脂肪细胞和交感神经元之间的哺乳动物特异性通信机制》的评论,用了一个引人注目的标题《为什么棕色脂肪组织中有大量神经?》(Why brown fat has a lot of nerve. Nature, 2019, 569(9): 196-197)一语切中要点,揭示了《产热脂肪细胞和交感神经元之间的哺乳动物特异性通信机制》的学科交叉特性:第一是研究脂肪组织的代谢机制;第二是研究神经元的功能作用,特别是被学术界忽视的棕色脂肪组织中存在神经元的原因与机理。

评论作者是霍普金斯大学生物系讲座教授 Rejji Kuruvilla,她是印度裔的女性科学家,本科毕业于印度加尔各答大学(Calcutta University),博士毕业于美国休斯敦大学(the University of Houston),在霍普金斯大学完成她的博士后训练,以后一直在霍普金斯大学任教,主要从事棕色脂肪组织(brown adipose tissue)研究,在《细胞》杂志上发表过阐明棕色脂肪组织有望成为用于糖尿病治疗的神经营养因子(NGF)等观点的重要学术论文。

最后是合作。《自然》杂志大部分论文都是研究机构合作完成的,因为科学合作是实现研究资源共享、学术思想交流、降低科研难度以及学者获得学术声誉的重要形式。这篇《产热脂肪细胞和交感神经元之间的哺乳动物特异性通信机制》在《自然》杂志"正刊"发表的"长文"是儿子与双重学长(南京外国语学校、哈佛大学医学院)曾行的合作论文。该文揭示出产热脂肪细胞和交感神经元之间存在一种哺乳动物特异性的通信机制。这是儿子完成自己博士论文等待发表的一年多期间的附带研究成果。他们通过积极争取和参与科研合作,力争在国际先进的科学研究队伍中占有一席之地,提高自身的国际影响力。论文在线发表后,国内媒体立即做出反应:"重磅!在5月1日,中国学者/华人在 Nature 同时发表了9篇文章":

1. 中国科学院上海生物化学与细胞生物学研究所徐国良院士联合复旦大学唐惠儒教授和中国科学院武汉水生生物研究所黄开耀研究员等多个课题组合作发表了题为"A Vitamin-C-derived DNA Modification Catalysed by an Algal TET Homologue"的研究论文,该研究对于丰富DNA修饰的研究内容,更进一步了解表观遗传学的深度内涵具有重要的意义。

2. 清华大学李丕龙研究团队在线发表了题为"Arabidopsis FLL2 Promotes Liquid-Liquid Phase Separation of Polyadenylation Complexes"的文章。该研究结果表明,卷曲螺旋域蛋白可以促进液-液相分离,这扩展了我们对控制液体样体内动力学原理的理解。

3. 中国科学院物理所柳延辉研究团队发表了题为"High-temperature Bulk Metallic Glasses Developed by Combinatorial Methods"的文章,为高强度、高温、大块的其他具有高性能的玻璃合金的研究提供了理论的可能和方法的支持。

4. 密歇根大学医学院邹伟平团队发表了题为"CD8＋T Cells Regulate Tumour Ferroptosis During Cancer Immunotherapy"的研究论文,该研究显示免疫疗法激活的CD8＋T细胞增强肿瘤细胞中的特异性脂质过氧化,并且增加的ferroptosis有助于免疫疗法的抗肿瘤功效,T细胞促进的肿瘤ferroptosis是一种抗肿瘤机制,并且与检查点阻断相结合靶向途径是一种潜在的治疗方法。

5. 中国科学院青藏高原研究所陈发虎、兰州大学张东菊及德国马普演化人类学研究所Jean-Jacques Hublin共同通讯在 Nature 在线发表题为"A late Middle Pleistocene Denisovan mandible from the Tibetan Plateau"的研究论文,该研究为进一步探讨丹尼索瓦人的体质形态特征及其在东亚地区的分布、青藏高原早期人类活动历史及其对高海拔环境适应等问题提供了关键证据。

6. 哈佛大学医学院Bruce M. Spiegelman团队(曾行第一作者)在线发表题为"Innervation of Thermogenic Adipose Tissue via a Calsyntenin 3β-S100b Axis"的研究论文,该研究显示产热脂肪细胞表达哺乳动物以前未知的、内质网特异性蛋白质,称之为Calsyntenin 3β,该研究数据揭示了产热脂肪细胞和交感神经元之间的哺乳动物特异性通信机制。

7. 耶鲁大学David G. Schatz、Xiong Yong及北京中医药大学徐安龙共同通讯在线发表题为"Transposon Molecular Domestication and the Evolution of the RAG Recombinase"的研究论文,研究结果揭示了抑制RAG介导的转座的双层机制,阐明了V(D)J重组的进化,并提供了控制转座子分子归化的原理的见解。

8. 美国Salk研究所Tony Hunter院士和史宇博士以及南方科技大学田瑞军教授等合作发表了题为"Targeting LIF-mediated Paracrine Interaction for Pancreatic Cancer Therapy and Monitoring"的文章,研究结果显示白血病抑制因子(Leukemia inhibitory factor, LIF)是介导胰腺癌细胞和星状细胞之间信号传导的关键因子,并且其可以作为胰腺癌治疗靶点

研究篇

和生物标志物。

9. 复旦大学金力团队在线发表题为"Phylogenetic Evidence for Sino-Tibetan Origin in Northern China in the Late Neolithic"的研究论文,该研究结果为进一步开展东亚史前人类活动的跨学科研究提供了语言学立足点。

这 9 篇全部都是在《自然》"正刊"发表,其中,第 1、3、4、5、8、9 篇共 6 篇是"通讯",第 2、6、7 篇共 3 篇是"长文";第 1、3、4、8 篇是 2019 年 5 月 1 日纸质出版,第 2、5、6、7、9 篇是在线发表,纸质出版是 5 月 1 日之后的近期。严格来说,从通讯作者单位归属来看,第 1、2、3、9 篇属于中国,第 5、7、8 篇部分属于中国,部分属于美国,第 4、6 篇不属于中国而属于美国,只是第一作者或通讯作者是华裔。由此可见,国内科技媒体在宣传中国科技成就时常有夸大之嫌,缺乏实事求是、严谨的科学态度。

《产热脂肪细胞和交感神经元之间的哺乳动物特异性通信机制》第一作者是曾行,现为哈佛大学医学院细胞生物学系(Department of Cell Biology, Harvard Medical School)、达纳法癌症研究所(Dana Farber Cancer Institute)博士后,研究方向是脂代谢、糖尿病等。曾行毕业于南京外国语学校(2001 届)、清华大学生物系(2005 届,本科)、哈佛大学医学院(2011 年届,博士),2011 年国家优秀自费留学生奖得主。

第二作者是叶梦尘,哈佛大学医学院神经生物学系(Department of Neurobiology, Harvard Medical School)、霍华德·休斯医学研究所(Howard Hughes Medical Institute)博士生,研究方向是交感神经。叶梦尘毕业于南京外国语学校(2006 届)、加拿大多伦多大学分子遗传系(2010 届,本科)、霍普金斯大学医学院医学遗传所、哈佛大学医学院神经生物学系(2017 届,博士),现在已经是加州大学伯克利分校细胞与分子生物学系博士后。

在对"产热脂肪细胞和交感神经元之间的哺乳动物特异性通信机制"合作研究与论文撰写的时候,曾行是哈佛大学医学院的博士后,这主要是他的研究课题;当时,叶梦尘是霍普金斯大学医学院、哈佛大学医学院的博士候选人,主要擅长交感神经元传导机制研究。这是他们的首次合作,就取得了不俗的成绩,不失为一段佳话,可喜可贺!这实在值得大书特书的,以此表达我对儿子取得进步的敬意。(《重磅丨中国学者同时在 *Nature* 发表 9 篇文章,兰州大学、南方科技大学等持续发力,在表观遗传学、植物学、材料学等领域取得新突破》,http://c.360webcache.com/c? m=d0d864b3e8e76b04e7e2f32a7995f2af&q)

关于博士后实验室选择的讨论

2017年6月29日,儿子在邮件中写道:

"我现在正在考虑博后的事情,在两个实验室中选择:一个是 Maria Barna 在斯坦福,一个是 Michael Rape 在伯克利。你怎么看?"

经过2天的艰难紧张的资料分析与评估研究后,我做出了如下的分析与看法:

Maria Barna 与 Michael Rape,有些是共同的:实验室所在地都在加州旧金山湾区,地理位置较好,气候宜人;都是名列前茅的学校,基本是排名前十的学校;都是主攻发育神经生物学的,是你感兴趣的与有实力的领域;都是有《自然》《细胞》多篇第一作者(反映自己的科研能力)与通讯作者(反映指导学生的能力)的论文,在科学领域有比较扎实的成就;而且都是1976年出生的,比你大12岁,尚属于较为年富力强的一代;两人都曾指导过中国学生(论文作者的署名上看出),比较好沟通;实验室也都不是很大的那种,从合作作者的人数推断的。

研究篇

两者很不同的地方有:

一女,一男;一个助理教授,一个正教授(还是霍华德·休斯医学研究所研究员);Maria Barna 即使今年就升副教授,也是资历较浅,对你以后的推荐求职帮助较小。但她能拿到斯坦福大学的教职也是很不寻常的。

一个在私立大学,一个在公立大学;加州大学伯克利分校的政治运动较多,是美国左派势力的大本营,校园不甚安定,科研经费应该有点紧张。斯坦福大学的医学院是美国少有与大学本部在一起的,校园环境(自然的、人文的)好,近几年排名上升得很快,几乎稳坐美国医学院的第二把交椅。科研经费应该十分充足,花重金聘请了不少学者,学术环境与创业环境都是没有任何地方可以比拟的。

一个在美国受的教育,一个在德国受的教育,本科到博士毕业;德国人较为刻板,不活泼圆通,与你的性格可能容易发生冲突。博士后,一个在加州大学旧金山分校,一个在哈佛大学医学院;都是生物医学,尤其是发育生物学的重镇。在你的学术谱系中,似乎还没有加州大学旧金山分校的渊源。

从教育经历上看,Maria Barna 本科是人类学,属于文科,但有多篇研究论文发表,实属不易。读博士时改读发育生物学,所以花了很长的时间才毕业。但是,Maria Barna 取得的成绩卓著,第一作者的论文《自然》1 篇,《自然遗传学》1 篇,《发育细胞》2 篇,还有一篇合作作者的论文发表在《自然遗传学》上。虽然博士读得时间长了一点,似乎有 8 到 9 年,但取得这么好的成绩,第一作者论文的影响因子之和大约接近 100 了,似乎也值了。Michael Rape 本科与博士都是生物化学,大学本科 5 年,因本科毕业获得最高荣誉学位,同时获得生物化学硕士学位。在位于德国马丁雷德的马克斯·普朗先生物化学研究所做博士,3 年拿下博士学位。但论文没有查到,具体成绩如何不详。

从博士后训练上看,Maria Barna 做博士后期间获得众多奖项,得到科学共同体的普遍认可。不仅是博士后的几个资助项目获得奖项,而且在 2011 年她荣获了美国国立卫生研究院"创新奖",该奖旨在鼓励获奖者在共同基金会支持下从事创新性和探险性的研究。她在博士后期间(2007—2013 年),主要依靠自己拿到的基金项目支持研究,自己做通讯作者,发表研究论文《自然》1 篇,《细胞》1 篇,以及综述论文《自然综述》1 篇。Michael Rape 的博士后(2003—2006 年)完成之后,于 2007 年在《自然》上发表 2 篇第一作者(并列第一作者)的研究论文,但通讯作者是博士后的导师,可见应该算是博士后的成果。

无论在博士期间还是在博士后期间,Maria Barna 花的时间都很长(1998—2013 年),而 Michael Rape 则花了很短的时间(1999—2006 年),两者相差 8 年时间。一则是因为美国、德国博士体制的差异,二则不知是否是由于转专业造成的。

从建立独立实验室上看,Maria Barna 在助理教授期间(2013—2017 年),已有研究论文《自然》1 篇,《细胞》2 篇,《分子细胞》1 篇,《自然通信》1 篇,其中于 2014 年获得了斯隆研究奖。你导师的博士后 Chenghua Gu 刚成为哈佛大学医学院助理教授(2008 年)时,也获得了该奖项。Maria Barna 似乎比 Chenghua Gu 水平略高一点,今年应该可以升副教授,拿到斯坦福大学的终身教职。Michael Rape 在助理教授期间(2006—2011 年)在《细胞》《美国国家科学院院刊》各发表论文 1 篇,在《分子细胞》发表 3 篇,成绩应该比 Maria Barna 同期略差一点。

从当前的科研情况上看,Maria Barna 专啃硬骨头,于 2011 年与 2015 年发表在《细胞》上的 2 篇论文在"核糖体定制化"领域做出了重要突破。2015 年她在《自然》发表论文,阐明不同核糖体蛋白能赋予特异性。(2017 年 6 月 25 日)在《分子细胞》上阐明了核糖体可能专注于制造特定的蛋白质系列。Maria Barna 多篇论文在同一主题上专攻,并取得很好的社会评价。Michael Rape 研究主题比较广泛,好差文章都有,在"钙在调节骨生长中发挥重要作用"方面比较出名。

如果选 Michael Rape 做博士后的合作导师会比较稳妥。他在副教授期间发表的论文有《自然》1 篇,《细胞》1 篇;正教授以后发表的论文有《自然》1 篇,《细胞》2 篇,《分子细胞》1 篇,《美国国家科学院院刊》1 篇,指导学生的能力大大增强,实验室规模也扩大了。他于

2013年成为正教授的同时,也成为霍华德·休斯医学研究所的研究员,有稳定的经费支持。作为合作导师,关心与帮助博士后的精力或许会少一点。

如果选Maria Barna做博士后的合作导师或许会有很大的风险,她指导学生的经验不多,社会声望不高,对以后推荐你去拿美国一流研究型大学教职的帮助可能不大。但是,另一方面,或许正是因为职位较低,厚积薄发,成长空间较大,所以必须闯劲更大,最近几年必须要出最好成果;作为学术明星,你们并肩作战的可能性比较大,出的成果质量会高一点。

有几个例证显示:

第一例,今年和你导师一起当选美国国家科学院院士的袁钧瑛,1958年出生,1977年上海高考理科状元,她的博士后导师是麻省理工学院的罗伯特·霍维茨(H. Robert Horvitz),1947年出生,比她大11岁。1989年袁钧瑛没选哈佛医院院教授做导师,而是进入麻省理工学院的罗伯特·霍维茨实验室的时候,他也不过是42岁,大致也是助理教授或副教授,霍维茨在2002年因发现器官发育和细胞程序性细胞死亡获得诺贝尔奖的颁奖演讲中,赞许了袁钧瑛的工作对他获得诺贝尔奖的贡献。在2014年香港戈登会议上,你应该见过罗伯特·霍维茨,他也是做大会报告的,不是做主旨演讲的。

第二例,1965年出生的何志刚,1996年在美国加州大学旧金山分校(UCSF)著名发育神经生物学家马克·特榭-勒温(Marc Tessier-Lavigne)实验室做博士后研究工作(邹益民也是他的博士后)。特榭-勒温1959年出生,比何志刚大6岁,于1991年加入加州大学旧金山分校,当时是副教授,公认的科学界的明星。他和他实验室的博士后于1994年在《细胞》发表两篇论文,用生物化学方法分离提纯吸引性轴突导向的蛋白质(netrin),这是被公认为达到可以获得诺贝尔奖程度的研究成果。马克·特榭-勒温现在是斯坦福大学的校长。

我的愚见,选Maria Barna相对合适,在斯坦福大学可以找到更多更好的合作者,比较容易独立,可以学习她如何争取科研项目,自己做论文第一作者与通讯作者。上周四《自然》上有黄海亮(南大强化班本科,霍普金斯大学生物医学工程博士,麻省总医院博士后)的一篇文章,就是自己做论文第一作者与通讯作者。共同通讯作者有哈佛大学的丘奇。

2017年7月1日,我将上述意见发给儿子,次日收到儿子的邮件后,我再次做出我的回应:

看到你的回电,爸爸欣喜若狂!

第一,"八月十四号答辩",从2010年8月20日赴美留学至今,整整7年的奋战,转战霍普金斯大学(3年)与哈佛大学(4年)两大顶级医学院,终于可以顺利毕业了,可贺可喜!

第二,"文章现在在改,争取一两个月内发表",说明文章已经被录用,正在作形式上或技术性修改。如果在《自然》正刊登出,应该可以弥补你们实验室没有独立的《自然》正刊论文的缺憾,也是你们实验室中国留学生发表的最高影响因子的博士论文。

第三,"一切顺利的话,九月回来",自从2015年国庆期间,我们在波士顿相见,已经快两

研究篇

年了。金秋9月，我们又可以见到你，我可爱的儿子。

第四，"十月一号开始博后"，看来博士后的工作已经基本确定，你即将开始新的征程。在博士后实验室的选择中，你的看法很好，我支持！首先，关于对Maria获奖多的看法，我忽略了你说的"主要是因为女性的原因。最近几年这里特别强调支持女性和弱势群体科学家，其实学术可能未必顶尖。"其次，关于Maria的学术，我根本就看不懂，但赞同你的分析"感觉Maria不够扎实，属于想法在前，数据都不是特别实在，很多都是凑上去的，这个核糖体定制化的理念我不知道是不是值得追踪。她的几篇文章虽然发得好，但内容漏洞不少。"或许与她是文科出身有关，善于拔高或者发掘新闻价值。在你的字里行间可以明显地看出，你导师及其实验室传递给你好的科研传统、良好的学术训练与求实的学术风气，同时也充分体现了你敏锐的学术眼光与价值趣味。

你的看法很好！应该以你的看法为准，选择加州大学伯克利分校的Michael Rape实验室比较稳妥。

今天，我又看了一下Michael Rape的资料，其中有几点当时被我忽略了，实际应当值得注意：

第一，Michael Rape是2013年升的教授，同年成为霍华德·休斯医学研究所研究员。该年，他37岁。金帝升教授与任霍华德·休斯医学研究所研究员是38岁。2018年，Michael Rape的霍华德·休斯医学研究所研究员就要接受考核了，即使通不过，还可以继续获得资助两年。跟他做一期博士后（2017—2020年），经费还是可以有保障的。

第二，Michael Rape的实验室规模和你现在所在实验室几乎相当。目前在读的学生有15人，其中，博士后8人，博士3人，本科生4人。博士后远比博士多，说明科研课题丰富。

第三，跟Michael Rape做博士后的学生都比较有竞争力。6位博士后都标明是某个基金支持的，例如，NIH/NIGMS Kirschstein Fellowship，Jane Coffin Childs Fellowship，NIH K99 Fellowship，American Cancer Society Fellowship，只有1个博士后没有标明。虽然有些肯定是Michael Rape的课题，但一定有博士后是从外部得到的资助。从5个博士后的去向看，有诺华公司的研究员、韩国科学技术研究院的课题组长、旧金山湾区初创企业Nurix的科学家，还有去了伯克利的公司、非上市生物技术公司DiaCarta，等等。Michael Rape的博士后至少在11人以上。

第四，培养的博士质量都比较高。在读博士研究生中，有一个还拿到过HHMI Gilliam Fellowship，应该是有很强的科研能力与成绩。他已经培养出7位博士，有的去UCSF做博士后，有的到基因泰克公司做博士后或者资深研究科学家，也有的去UCSF做MD学生。只是在读博士人少一点，目前仅3人，这也是正常的，或许与公立大学招生体制的限制有关。

第五，比较重视培养本科生。本科生包括暑期学生在该实验室的现有4人，说明该实验室比较善于培养学生，有一定的吸引力。已毕业的本科生后来去向也都很好，有的去了哈佛,MIT,伯克利等名校做博士研究生,有的去 UCLA 读 MD,或者去 UCLA 做技术员。

还有一点,从图片上看,实验室有几个中国人的脸,但从名字拼写上看,好像不是在中国本科后留学美国的,而是直接就是华裔美国人、移民或中学、本科就是在美国上的,姓名就是美国化。

附注:

1. 2012 年 10 月,Maria Barna 来过中国,到过苏州独墅湖高教区(我每年秋学期都要在那里上课),应邀在 2012 年冷泉港亚洲系列学术会议 RNA 生物学上做报告。

2. 实验室网站的资料透明,这比较好。学习与研究的履历清楚,培养学生的情况显示充分,与金蒂在霍普金斯大学医学院时展现的一样,值得信任。

研究篇

榜样篇

实验室人生

实验室是科学研究的场所，也是享受科学的地方。

实验室人生就是在实验室渡过自己青春年华的人生。

实验室人生是一种特殊的人生道路，一种常人不易理解的生活方式，一种科学家沉醉其中、乐此不疲的职业选择。

遗传学界第一个诺贝尔奖获得者(1933年)、美国霍普金斯大学博士学位获得者(1890年)、现代实验生物学奠基人摩尔根(Thomas Hunt Morgan, 1866—1945年)的一生就是典型的实验室人生。

也许是"突变基因"，摩尔根双亲家族都是当年南方奴隶制时代的豪门贵族，出过外交官、律师、军人、议员和政府官员。摩尔根却是一个"另类"，一个以科学贡献而荣耀家族门楣的职业科学家。摩尔根戏称，加上十月怀胎，他的"实际生命"应该从1865年开始。这一年，孟德尔发现遗传学基本定律，开创了现代遗传学的时代。

也许是"天生的博物学家"。摩尔根生来就对大自然中的一切都充满了好奇心。他喜欢到野外去捕蝴蝶、捉虫子、掏鸟窝和采集奇形怪状、色彩斑斓的石头。他经常趴在地上仔细观察昆虫是如何采食、如何筑巢。他还会把捕捉到的虫、鸟带回家去解剖，看看它们身体内部的构造。10岁的时候，在摩尔根的反复要求下，父母同意把家中的两个房间给他建立了自己第一个实验室，摆放自己亲手采集和制作的鸟、鸟蛋、蝴蝶、化石、矿石等各种标本，开始了他的实验室人生。

也许是"无事可干"。大学毕业时，同学们有的经商，有的从教，有的办农场，有的去了地质队，而摩尔根对这些工作都不感兴趣。他自称：因为不知道干什么好，才决定去读研究生的。1886年，摩尔根(20岁)在获得动物学学士学位后，进入霍普金斯大学学习研究生课程。霍普金斯大学以医学和生物学见长，办学方向侧重于研究生教育，特别是它非常强调基础研究和培养学生的动手实验能力。这些为摩尔根日后的研究打下了良好的基础，并使他形成了"一切都要经过实验"的信条。1888年，摩尔根谢绝了母校肯塔基州立学院博物学教师的聘任。摩尔根得到了一笔丰厚的奖学金——每年500美元，这几乎是一个青年教师的年薪。

榜样篇

不过,由于 1888 年财务亏损,学生要自付学费 100 元。摩尔根选择继续攻读博士学位,并师从著名形态学家布鲁克斯(William Keith Brooks,1848—1908 年),开始在马萨诸塞州的伍兹·霍尔(Woods Hole)海洋生物实验室进行有关海洋蜘蛛的研究。布鲁克斯给他定的课题是搞清海蜘蛛类动物蜘蛛蟹分类学地位,但摩尔根却对海蜘蛛的胚胎发育产生了兴趣。当时正值生物学研究发生革命性变化的重要年代,以观察、描述为主的传统研究方法正逐步向实验生物学过渡,摩尔根也因此成为一名实验生物学家。1890 年春,摩尔根把结果写成了长达 76 页、附有 8 幅插图的"论海蜘蛛"博士论文,获霍普金斯大学博士学位(24 岁,用了 3 年多)。由布鲁克斯推荐,全文发表在《霍普金斯大学生物实验室研究报告》杂志上。

也许是"为哥大数苍蝇"。1891 年秋,摩尔根受聘于布林马尔学院,任生物学副教授;1895 年升为正教授。其间他一直从事实验胚胎学和再生问题的研究。1903 年摩尔根应细胞生物学家威尔森(Edmund B. Wilson)之邀赴哥伦比亚大学任实验动物学教授,几乎不上本科生的课。从 1904 年到 1928 年,摩尔根创建了以果蝇为实验材料的研究室,聚集了几个热爱科学、扎扎实实做科学、迷恋研究的人,既善于独立开展工作,又有集体主义精神,从事进化和遗传方面的工作。当时美国还不是世界科学的中心,生物学还不是带头科学,摩尔根的实验室奠定了一个新学科的主要理论基础,给世界带来极大的震动。1910 年至 1915 年,摩尔根及其学生的研究工作对现代遗传学的奠定和发展起了关键和核心的作用。几十年后,他们的贡献从基础研究扩展到医药、农业应用,催生了生物产业。这是何等伟大的实验室人生啊!

也许是"不甘清闲"。1928 年,62 岁的摩尔根不甘心颐养天年的清闲生活,应聘为加州理工学院的生物学部主任。在以数理见长的理工大学重建了一个遗传学研究中心,继续从事遗传学及发育、分化问题的研究。摩尔根毕生从事胚胎学和遗传学研究,在孟德尔定律的基础上,创立现代遗传学的"基因理论",实现了遗传学上的第一次理论综合:在胚胎学和进化论之间架设了遗传学桥梁,推动了细胞生物学的发展,并促使生物学研究从细胞水平向分子水平过渡,以及遗传学向生物学等其他学科的渗透,为生物学实现新的大综合奠定了基础。

摩尔根在实验室中度过了整整半个世纪的幸福时光。

附记:仅以此短文作为祝贺儿子 22 岁生日的贺词,鼓励他开始自己的"实验室人生"。摩尔根是霍普金斯大学博士毕业生中第一个诺贝尔生理学或医学奖获得者。

好奇心驱动

2010年2月初,由于按照霍普金斯大学医学院博士研究生"招生规则"的要求,儿子拟定了8位老师作为面试他的评审委员,格雷德(Carol Greider,1961—)赫然列在其中。这是我第一次注意到格雷德,因为她在4个月前刚获得2009年诺贝尔生理学或医学奖。这是第100个诺贝尔生理学或医学奖,是首次由两名女性分享这一奖项,格雷德成为100年来最年轻的女性得主。现在,儿子已经是聆听格雷德授课的博士研究生,刚完成第一个实验室轮转,即将开始第二个实验室轮转,还需要寻找第三个实验室,我再次想到了她。我希望儿子能去格雷德的实验室做轮转。这样就能够近距离地接触与了解这位科学家,她为什么能在读博士的第二年(24岁)就做出那个创造性的实验,奠定了她今天获得诺贝尔奖的主要科学发现。

她在得奖后表示,自己有幸在端粒酶研究方面有所建树,在这方面的"科学发现纯粹是受好奇心驱动的"。她说:"我们当时并不知道端粒酶与癌症有任何关联度,只是出于好奇,想知道染色体是如何保持其完整性。"好奇心就是人们希望自己能知道或了解更多事物的不满足心态,是个体学习的内在动机,是创造性人才的重要特征。

热爱生物学

格雷德出生于美国加州南部的圣地亚哥(San Diego),她的双亲都是科学家:父亲是一位物理学家,母亲是一位生物学家。不幸的是,母亲在格雷德很小的时候就去世了。她的父亲在耶鲁大学获得了一个教职,格雷德随父亲在纽黑文度过了10年时间。

孩提时代的格雷德有阅读障碍,就是那种智力正常或超常,但在阅读成绩上落后的现象。格雷德在学校里遇上了很多麻烦,还被迫去了补习班。格雷德曾认为自己很笨。当然,克服阅读障碍很困难,因为这严重影响到格雷德的单词拼写。格雷德曾想过用一些方式去弥补,并学着把事件记住,这表现在格雷德的化学和解剖学的课程学得很好。最近英国一项研究指出,达·芬奇与毕加索都有阅读障碍,美国发明之王爱迪生与英国科学家法拉第也都有阅读障碍,最后他们却都因才能出众而成名,他们的成功可能与此有关。

当父亲成为加州大学戴维斯分校的一名物理学教授,格雷德就随父搬到加州北部的戴

榜样篇

维斯开始了自己的中学学业,并喜欢上了生物学。不过,格雷德不是那种有作品可以参加科技展的中学生。格雷德的父亲对她从事科学事业的影响巨大,"我父亲会经常与我谈论学术自由,强调做你喜欢做的事,这对我的学术之路起很重要的作用。他会说,'你可以做任何你想做的,但是你必须热爱你想要做的事'"。

1979年,从戴维斯高中毕业后,格雷德在父亲的好友斯威尼(Bea Sweeney)鼓励下进入加州大学圣巴巴拉分校学习生物学,最初兴趣是海洋生物学。格雷德接受的是精英教育,有很多优秀教师指导她的学习。斯威尼对格雷德也发挥了重要影响,建议她选择正确的研究方式,大学阶段应该首先确定到底是实验科学还是理论研究更适合自己。或许,阅读障碍的阴影依然困扰着格雷德,因此格雷德选择侧重实验研究。从大学一年级开始,格雷德在斯威尼实验室研究生物节律现象,此外还研究了神经系统中微管的作用。大学二年级时,格雷德进入生物化学实验室,她立刻意识到自己寻找到了研究兴趣。格雷德很享受实验室科学研究,既学习生物学理论和方法,又学会与实验同伴交流思想。大三做交换生时,格雷德交流去德国的某生物化学实验室进行研究。格雷德喜欢做实验并且乐在其中,也意识到这种工作方式适合她。1983年,格雷德以优异成绩毕业,获得加州大学圣巴巴拉分校的生物学学士学位。

尽管格雷德的成绩优异且研究经验丰富,但是阅读能力较低,导致了她的GRE成绩不佳,在一定程度上影响到博士项目的申请,但她仍然获得了美国顶级大学加州理工学院和加州大学伯克利分校两所名校的面试机会。格雷德通过面试,决定进入加州大学伯克利分校攻读博士学位。

探求端粒酶

1983年秋季,22岁的格雷德在加州大学伯克利分校开始她的博士研究生生涯。在通过两个实验室轮转后,1984年4月,在第三个实验室轮转,格雷德进入布莱克本(Elizabeth H. Blackburn)实验室。

布莱克本由于在端粒研究领域的卓越贡献而被尊称为"端粒女王"。有关染色体端粒的研究可以追溯到20世纪30年代。当时,赫尔曼·约瑟夫·缪勒(Hermann Joseph Muller)(1938年)以果蝇、巴巴拉·麦克林托克(Barbara McClintock)(1939年)以玉米为材料各自独立地发现,染色体断裂后所产生的末端之间能够相互融合,而其自然末端之间、自然末端与新产生的断裂端之间不能融合。缪勒将这一特殊的结构命名为端粒(telomere)(在希腊语中,词根"telos"和"meros"分别是"末端"及"部分"的意思)。

在此后30多年的时间里,有关端粒的研究近乎处于停顿状态。20世纪70年代初,因发现DNA双螺旋结构而获得诺贝尔奖的詹姆斯·沃森(James Watson)提出了染色体"末端复制问题(end-replicating problem)"。这个问题也引起了布莱克本的兴趣。布莱克本的研究得益于她使用了一种特殊的模式生物——四膜虫(Tetrahymena)。1978年,布莱克本和乔·盖尔(Joe Gall)确定了端粒的 DNA 序列。细胞每分裂一次，它就会变短一次。但通常端粒却不会，这背后一定有些什么让端粒长度保持平衡的机制。1980 年，当布莱克本报告这一结果时，该结果立即得到了杰克·绍斯塔克(Jack W. Szostak)的关注。他们合作研究结果有力地证明了端粒对染色体的保护作用。

1984 年格雷德刚进布莱克本实验室时面临的问题是，如果知道端粒随时间变短，那它们又是怎样重新变长的呢？当时主要有两种观点：一种认为由遗传重组实现；而另一种则认为由尚未鉴定的酶负责。布莱克本坚持后一种观点，问题是能否将该酶鉴定成功。格雷德义无反顾地接受了这个挑战。对于一位研究生而言，找到这个酶是一件非常艰巨的任务。科学研究不仅仅需要勇气，而且还需要执着的科学精神和严谨的科学态度。在随后的时间中，格雷德平均每天工作 12 小时，此外还弥补自己在 DNA 克隆技术方面和其他实验技术方面的不足。布莱克本与格雷德精心讨论设计实验，用四膜虫的核抽提液与体外的端粒 DNA 进行温育，试图在体外检测到这个"酶"活性，看到端粒的延伸。1984 年年底圣诞节来临之际，格雷德打开暗盒曝光 x 光片，终于清楚地看到了"酶"活性。在测序胶的同位素曝光片上，端粒底物明显被重新加上了 DNA 碱基，而且每 6 个碱基形成一条很深的带，与四膜虫端粒重复基本单位为 6 个碱基正好吻合。格雷德发现了端粒确实能被某种酶延长，从而避免了端粒的损耗。由于该酶具有添加端粒重复序列的功能，与末端转移酶类似，因此师生俩将其命名为"四膜虫端粒末端转移酶"，考虑到这个名字过于冗长和绕嘴，因此 1987 年被简称为端粒酶(telomerase)。23 岁的格雷德成为"端粒酶之母"。

依据科学的严谨性，格雷德和布莱克本进一步去证实这个结果不是由于潜在人为因素造成的假阳性。在排除所有可能因素后，1985 年 6 月他们确信这个结果真实可靠，写出师生合作的论文发表在 1985 年年底的《细胞》杂志上，就是这篇论文使格雷德有资格分享诺贝尔奖。

记得在 1987 年，有一位中国科学家在超导研究领域有两项重要发现：转变剂由氮改为氢，转变温度突破了"理论上限"，为超导的工业化应用开辟了广阔的道路。但是，这位中国科学院院士在做出一次重要实验之后，立即发表成果，忘记了科学是需要严格反复验证的基本规则。后来遭到质疑，他又没有能立即再现实验结果。这是中国科学家与诺贝尔奖最近距离一次的擦肩而过，在诺贝尔奖颁奖之后他再次做出更好的实验结果，但对于他而言，只能永远的"心痛"！

研究不放松

格雷德说："是什么触动和激发像我这样的基础科学家的好奇心？任何时候我们都在做一系列实验和探索各种各样的科学难题，当完成某项试验，你认为你已经回答了某个问题，你很可能又面临三到四个新的问题。我们的做法表明，虽然你可以做某项精致的研究，试图回答有关疾病的某一具体问题，但你也可以按照你的嗅觉去提出问题和发现答案。"

在随后的2年博士课题研究中,格雷德对端粒酶进行了进一步的纯化和深入研究,发现酶由蛋白质和RNA两部分构成,其中的RNA发挥了末端延长时的模板,而蛋白质具有逆转录酶活性。

1987年,26岁的格雷德获得分子生物学博士学位。1988年,格雷德到位于纽约长岛的冷泉港实验室做博士后,继续进行端粒酶的研究工作。博士后结束之后,格雷德留在冷泉港实验室成为一名助理研究员(相当于助理教授)专职做研究,开始与加拿大麦克马斯特大学(McMaster University)的哈雷(Calvin Harley)进行合作。哈雷的研究兴趣在细胞衰老,而格雷德的兴趣在端粒,两人的合作将端粒与衰老紧密联系在一起。1990年,他们的研究表明端粒长度与细胞衰老相关,端粒缩短造成了细胞衰老现象的发生。格雷德还与哈雷合作研究癌细胞中的端粒特征,癌细胞中的端粒酶被激活,这使癌细胞端粒随着细胞分裂不出现缩短现象而免于衰老,相反继续增值,成为不死的"永生"细胞。这些结果对理解衰老发生机制和肿瘤治疗有重要意义。格雷德还发现端粒酶在DNA损伤和染色体稳定性方面发挥重要作用。

1997年,格雷德离开待了10年的冷泉港实验室到霍普金斯大学医学院任副教授,建立了自己的实验室进行研究。格雷德一方面继续研究端粒酶的生物化学特性,确定了端粒RNA的二级结构和功能,另一方面探索端粒酶的遗传学问题,发现端粒酶在生物体中具有功能保守性。

格雷德还发现在端粒酶缺乏的情况下可显著减少肿瘤形成。这进一步说明抑制端粒酶是治疗肿瘤的重要策略。格雷德还关注干细胞与端粒酶的关联,以小鼠模型来理解端粒酶在干细胞衰竭中的作用,这有利于对有机体衰老和端粒的关联形成更清晰的理解,将端粒酶研究应用于临床。

格雷德对端粒酶生物化学和生理功能的研究极大拓展了端粒研究领域,加深了人们对细胞衰老、死亡和癌症发生等分子机制的理解,为端粒酶的临床应用奠定了基础。到霍普金斯大学的第二年,1998年,还是副教授的格雷德获得了北美医学界极负盛名、有诺贝尔奖"预报"美誉的盖尔德纳(Gairdner)基金会奖。1999年,格雷德在霍普金斯大学医学院升为分子生物学与遗传学系教授。2003年起,格雷德成为霍普金斯大学医学院分子生物学与遗传学系的丹尼尔·纳森斯(Daniel Nathans)讲座教授和系主任,同年成为美国国家科学院院士与美国人文与科学院院士。2006年,格雷德与布莱克本、绍斯塔克共同摘取艾伯特·拉斯克基础医学研究奖,即美国医学界最高奖项。许多艾伯特·拉斯克奖获得者日后成为诺贝尔奖得主。

根据Web of Science的SCI数据库,格雷德25年共发表59篇论文(见图1),包括学术论文39篇、会议摘要9篇、评论4篇、社论4篇、会议论文2篇、通讯1篇。就总量而言,格雷德的论文数不算多,甚至很多年都没有论文发表。但就质量而言,有影响因子30多的《细胞》与《自然》,还有极高的引用率。

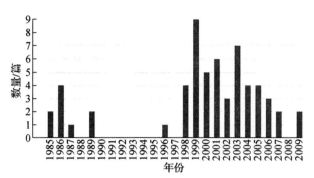

图1 1985—2009年SCI收录格雷德的论文情况

格雷德的59篇论文共被引用6 751次,平均每篇引用114.42次,平均每年被引用270.04次;其中2005年被引用数最高,共618次;H指数为35(有35篇文章每篇最少被引用35次)(见图2)。

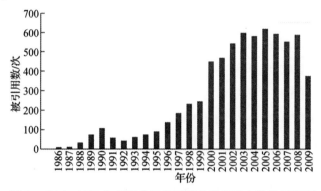

图2 1986—2009年SCI收录格雷德的发表论文被引用情况

格雷德的59篇论文发表在31种SCI收录期刊上,其中《细胞》10篇,占总文章量的16.949 2%。1985年那篇发表在《细胞》上的论文被引用1 300次,平均被引用次数/年为52.00。还有一篇1987年的论文也发表在《细胞》上,被引用485次,平均被引用次数/年为22.05。此外,还有1989年发表在《自然》上的论文,被引用781次,平均被引用次数/年为37.19,这三篇论文都是博士期间的研究成果,格雷德均为第一作者,都是与导师布莱克本合作的。我也十分好奇:格雷德在博士期间如何进行艰苦卓绝的科学研究,取得如此"辉煌成就"。也不得不令人生出另外一个困惑:一个美国杰出的博士研究生,相当于多少个中国大学教授以及多少个中国科学院院士?!

对于这样杰出的科学家,有什么理由不去选择进入她的实验室做轮转。当然,也不一定去选她做博士论文的指导教师。或许太难了!

附记:

在2010年圣诞节前,写下这篇短文,纪念26年前格雷德所做的那个天才的实验。

科学神仙眷侣

"神仙眷侣"是中国古代对恩爱夫妻的敬称,夫妻恩爱就好似神仙一样的惬意。

在科学界,尤其是神经科学界最配得上"科学神仙眷侣"的当属美国加州大学旧金山分校(UCSF)的詹裕农(Yuh Nung Jan)、叶公杼(Lily Yeh Jan)夫妇。他们同为 1945 年出生,一同毕业于台湾大学物理系(詹比叶大一个月、高一个年级),1968 年共同来到美国加州理工学院物理系学习理论物理,1970 年对生物学产生兴趣的他们双双转到 1969 年诺贝尔生理学或医学奖得主、生物系教授戴尔布鲁克(Max Delbrück)门下,成了科学研究上的合作伙伴。1974 年拿到博士学位后,夫妇俩在生物系另一位搞物理出身的著名教授班瑟(Seymour Benzer)实验室进行博士后研究。1977 年,夫妇俩到哈佛大学医学院库夫勒(Stephen Kuffler)教授实验室继续从事博士后研究。1979 年,他们同时被加州大学旧金山分校聘为助理教授,1983 年同时晋升为副教授;1984 年同时被著名的霍华德·休斯医学所(HHMI)聘为研究员,1985 年同时晋升为教授。1996 年他们夫妇共同被选为美国国家科学院院士,是美国国家科学院院士中唯一的华裔夫妻。叶公杼曾于 1995 年就获选为美国国家科学院院士,但因詹裕农未获提名而婉拒,直到第二年詹裕农也获得提名后才接受。1998 年,他们同时当选为台湾"中央研究院"院士。2004 年初,又同时获得了生物物理学会颁发的 Cole 奖。几十年来,詹裕农夫妇主要是研究人类神经系统如何形成及工作。詹裕农夫妇的 20 世纪 80 年代的博士研究生饶毅在 10 年前就曾预测,叶公杼和詹裕农因钾通道的发现有可能或值得获得诺贝尔生理学或医学奖。

在从事神经科学研究的华人夫妻档中还有一对年青、耀眼的学术明星,那就是霍普金斯大学医学院宋洪军(Hongjun Song)、明国莉(Guo-Li Ming)夫妇(见图 3)。他们夫妻二人在大学毕业后不到 20 年的时间内成长为美国著名大学医学院的正教授,在不到 10 年的时间内以在《细胞》《神经元》上发表多篇论文取得著名 HYJ 制度中的终身职。HYJ 制度即 Harvard-Yale-Johns Hopkins System。在这种制度下,学校教师分为 senior faculty 和 junior faculty。senior faculty 就是 professor,正教授,有终身职,junior faculty 没有终身职,但是 junior faculty 分为 assistant professor 和 associate professor 两档。

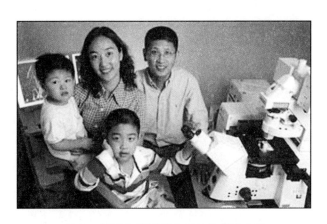

图 3 宋洪军、明国莉夫妇与他们的小孩

图片来源：霍普金斯大学医学院的 DOME 杂志第 56 卷，2005 年 12 月 10 日，Deborah Rudacille 的《爱在实验室（实验室爱情故事）》

神经科学家宋洪军、明国莉夫妇在中国的高中时代相恋，大学毕业后赴美求学与工作近 20 年，10 年前在霍普金斯大学医学院建立了各自的独立实验室，实验室相邻，研究方向相近，通力合作，共同致力于找出因创伤或疾病被损坏的再生脑细胞，并试图建造干细胞成为某一疾病需要的一类神经元细胞。

1988—1992 年，宋洪军在北京大学生物系就读。在高中期间获得计算机、数学全国高中竞赛三等奖各一项，分别在高一、高二学年。1992—1995 年，其在哥伦比亚大学师从蒲慕明教授读研究生。

明国莉比宋低一级，1989—1994 年在同济医科大学公共卫生学院妇幼卫生专业就读，并获得 MD 学位（应该是医学学士学位而不是医学博士学位）。1994 年起，她赴美在哥伦比亚大学读研究生，导师也是蒲慕明。1995 年，蒲慕明被聘到加州大学圣地亚哥分校（UCSD）任教，宋洪军、明国莉夫妇一并从纽约的哥伦比亚大学转入 UCSD 继续完成博士工作。宋洪军的博士成果分别刊登在《自然》《神经元》《科学》上，明国莉的博士成果刊登在《神经元》(2 篇)。

1998 年，宋洪军在美国加州的萨克生物研究所跟随 2 位霍华德·休斯医学研究所研究员做博士后研究，那一年，他们的第一个儿子 Max 出生，为此明国莉休学一段时间后继续进行博士论文研究。2002 年，宋、明夫妇选择霍普金斯大学医学院细胞工程研究所，同任神经病学与神经科学助理教授。2004 年，他们的第二个儿子 Maggie 出生。2007 年，他们同时晋升为副教授，2011 年同时晋升为教授。

2007 年，在《细胞》的论文中，宋、明夫妇发现了精神分裂症和其他情绪障碍的一个重要风险因子在正常成熟大脑中的作用。这种基因就是 DISC（编码 DISC1 蛋白），它编码一种在成熟大脑中充当新生神经细胞的一类"音乐指挥棒（musical conductor）"，指导新细胞达到适当的位置，以使它们能够完美地整合进我们复杂的神经系统中。如果 DISC1 蛋白不能正常工作,那么新的神经元就会无法融入神经系统"大家庭"。

2009年,仍然在《细胞》杂志上,宋、明夫妇发现在成年人海马体新形成的神经元中抑制DISC1基因表达,将导致AKT过度活跃,而AKT基因是一种与精神分裂症相关的基因。进一步研究表明,抑制DISC1基因或基因改良AKT信号所导致的神经细胞发育异常,可以通过哺乳动物雷帕霉素靶蛋白进行改善。这项研究成果表明DISC1基因的又一重要作用:破坏DISC1基因表达将导致新生神经元发生错误的迁移和定位,并最终导致海马体神经细胞出现病理性混乱。

2011年,还是在《细胞》杂志上,宋、明夫妇报告研发了一种遗传标记新方法,可以帮助追踪成体小鼠海马齿状回(dentate gyrus)中的单个静态的、能表达巢蛋白的放射状胶质细胞样细胞(radial glia-like,RGL)前体。这种克隆分析方法能识别出RGL活化多个模式,包括对称的和不对称的自我更新。这些研究结果都表明RGLs是自我更新的多能性神经干细胞,这一研究也为了解成人神经干细胞提供了重要资料。

最近几年,宋、明夫妇关心国内生命科学研究事业,多次回国讲学、参与筹建科研机构,如清华-霍普金斯大学生物医学工程联合研究中心,上海交通大学Bio-X研究院干细胞与发育研究中心(Center for Stem Cell and Development Research),推动国内相关科研发展。2011年,清华大学干细胞与再生医学中心成立,宋洪军与美国Stowers医学研究所的解亭教授就共同为这一中心牵头组建了一支杰出青年科学家核心团队。同年,明国莉入选上海高校特聘教授(东方学者),成为上海交通大学的讲座教授。

2010年儿子申请霍普金斯大学医学院博士项目时,宋副教授面试过他40—50分钟,并得到首肯。那时起,我就开始关注他,特别是他们夫妇近期成果丰硕,引起我的兴趣与好奇。在这个物欲横流、急功近利的时代,还有如此艰辛地耕耘跋涉的青年科学家,更值得人们的敬佩与学习。本文就是表达我对他们的敬意!

他们应当是有志于科学事业的当代青年学生的学习楷模。

科学超级巨星

> 如一切恋情一样,导师与学生关系的进程很难顺利,并常有一个痛苦的结局……关系结束后,双方常会怀有一些最强烈的感情:仰慕和藐视,欣赏和怨恨,悲伤、愤怒、痛苦及宽慰——正如一段刻骨铭心的恋情结束后一样。
>
> ——Daniel J. Levinson *The Seasons of a Man's Life*

儿子与霍普金斯大学医学院最直接、最紧密关系的系所有两个:一是博士项目所在的遗传医学研究所(McKusick-Nathans Institute of Genetic Medicine),一是博士导师所在的神经科学系(Solomon H. Snyder Department of Neuroscience),这两个系所都是用其创始人的名字来命名的。在美国文化中,一直有对创始人尊重的优良传统,公司是如此,大学更是如此,大学的系所当然也不例外。Nathans(内森斯)是1978年诺贝尔生理学或医学奖的三位获奖者之一,时年50岁,当时是霍普金斯大学医学院微生物系教授、系主任。McKusick(马克库斯克)与Solomon H. Snyder(所罗门·斯奈德)也曾做出过值得获诺贝尔生理学或医学奖的工作。

因为刚买到新近再版的《师从天才:一个科学王朝的崛起》,打算利用暑假好好再读一遍。弥补两年前好不容易通过学生在东南大学九龙湖校区借过此书但没有来得及仔细阅读的缺憾。所以,我想先来分析一下斯奈德的辉煌业绩,过几天再讨论马克库斯克的学术功绩,看看这些学科创始人有何德何能可以享受用自己名字来命名一个学术单位的崇高待遇。

斯奈德是很早就引起我关注的一位科学家。有两篇很有影响的短文都提到斯奈德。

饶毅在科学网的博文中指出:"Avaram Goldstein(美国斯坦福大学)、Solomon Snyder(美国霍普金斯大学)、John Hughes(英国帝国理工学院 Imperial College of Science and Technology),发现痛觉的分子机理。Goldstein 提出证明鸦片受体的方法,Snyder 实验室的 Candace Pert,纽约大学的 Eric Simon 和瑞典的 Lars Terenius 用 Goldstein 的方法发现鸦片受体,在英国苏格兰 Aberdeen 工作的 John Hughes 和导师 Hans Kosterlitz 发现第一个内

源性鸦片肽。Kosterlitz 已经去世。严格地说,李卓浩(Choh H. Li, UC Berkeley)是第一个发现有镇痛作用的蛋白质,他在 1964 年发现 B-Lipotropin 而且知道其有镇痛作用,但未提出内源性的鸦片样物质概念,而且他已经去世多年了。"(《二十一项值得获诺贝尔生理或医学奖的工作及科学家》,2002 - 10 - 06)

方舟子在《学术评价有新招》中指出:"赫希认为 h 指数能够比较准确地反映一个人的学术成就。一个人的 h 指数越高,则表明他的论文影响力越大。在当代物理学家当中,h 指数最高的是普林斯顿大学的理论物理学家爱德华·维腾(Edward Witten),达 110。维腾被普遍认为是当代最有影响力的理论物理学家。中国读者较为熟悉的霍金的 h 指数也比较高,为 62。生物学家当中 h 指数最高的为沃尔夫医学奖获得者、霍普金斯大学神经生物学家斯奈德(Solomon H. Snyder),高达 191,其次为诺贝尔生理学或医学奖获得者、加州理工学院生物学家巴尔的摩(David Baltimore),达 160。生物学家的 h 指数都偏高,表明 h 指数就像其他指标一样,不适合用于跨学科的比较。"(《中国青年报·冰点周刊》,2006 - 01 - 11)

斯奈德 1938 年出生在华盛顿,17 岁入乔治城大学,大学未毕业就直接转入乔治城大学的医学院。他热爱音乐,特别擅长吉他,大学期间靠教吉他挣钱付学费。同时,他喜欢哲学,读过尼采与弗洛伊德的著作,对心智的复杂深奥极感兴趣,立志成为一名精神病医生。1962 年,斯奈德以优异的成绩毕业获得医学博士(MD)学位,并在旧金山的凯泽医院当实习医生。

由于他新婚妻子必须在华盛顿完成大学学业,1963 年,斯奈德暂时放弃做临床医生的理想而加盟了 NIH 的阿克塞尔罗德(Julius Axelrod)——一位曾是在实验室里头苦干的技工——实验室做博士后,在那里度过了两年多的美好时光,他们共同开创了一个新的领域:神经药理学。师生二人彼此欣赏,相互仰慕。斯奈德多次满怀深情地说:"我职业生涯中每件事情全要归功于阿克塞尔罗德。"而 1970 年诺贝尔生理学或医学奖获得者阿克塞尔罗德则在出席诺贝尔奖颁奖典礼的当天,在一张诺贝尔故居照片上写道:"斯奈德:感谢你,由于你的帮助,我才能有今天。"

1965 年,斯奈德终于有机会既做一名精神病医生,又可以做一名药理学的研究人员,霍普金斯大学医学院向他敞开大门。在 31 岁的时候,斯奈德成了精神病学正教授,霍普金斯大学校史上最年轻的教授。

1970 年春天,英国文学专业学生、正在做餐馆鸡尾酒招待员的帕特(Candace Pert)打算读研究生,致力于研究生物学和行为学,不是分别研究,而是合二为一;她对大脑有兴趣。有人向她推荐了"怪才斯奈德"。帕特通过非正式办法,将自己的学历证书等材料放到了斯奈德的书桌上。3 天后,将近半夜时,帕特在家里接到了斯奈德打来的电话,"我们接收你了,现在正式申请吧"。当年夏天,帕特成为斯奈德的博士研究生。

1971 年夏天,斯奈德出席了一个关于分子药理学的会议。会上的演讲者之一是斯坦福大学药理学家戈德斯坦(A. Goldstein),他提出了阿片受体(opioid receptors)课题以及也成为范例被后人仿效的实验战略,但是他当时做的一些实验,用日后的标准看均算失败的。1972年初,斯奈德建议帕特进行阿片受体研究。1972年9月22日,帕特的实验成功。帕特与斯奈德立即合写出论文《阿片受体:在神经组织中的证明》在《科学》(1973年3月9日)上发表。该论文在开头写道:"世上存在着一种特异性阿片受体,这方面的药理学证据令人信服,但迄今尚无人能从生物化学角度直接证明它的存在。我们现在这里报告阿片受体结合的直接证明过程、其在神经组织中的定位及以下两者之间的密切比较——阿片制剂的药理学效力,与它们对阿片受体结合的亲和力。"他们两人的论文满足了戈尔茨坦两年前确立的所有验证标准。

很快,美联社立即发布消息:霍普金斯大学医学院的两名研究人员有了科研上的重大突破,它可能导致人们改进对毒品成瘾的治疗。一名教授和一名博士生首次在大脑中发现了传导毒品效应——如欣快感、无痛感及成瘾的部位。斯奈德与帕特做出的阿片受体的发现,开辟了全新的领域。人们不仅能对成瘾本质有新了解,而且亦能据此作为进一步研究成瘾问题的工具。但更重要的是,它代表了一个强有力的新技术(受体技术)可以用以整体上探索人体、神经系统及心智。例如,安定是否起到了镇静药的作用?咖啡因是否使人失眠?作为这些药的作用对象,其一定存在着受体,并可像阿片受体一样对其加以研究。关于大脑中的众多神经递质,情况也是一样,这些递质每个均应有自己的受体。(参见[美]罗伯特·卡尼格尔《师从天才:一个科学王朝的崛起》,江载芬、闫鲜宁、张新颖译,世纪出版集团、上海科技教育出版社,2012年)

1978年斯奈德被授予拉斯克基础医学研究奖(Albert Lasker Medical Research Award for Basic medical Research,美国生物医学研究方面的最高奖,号称美国的诺贝尔奖),而帕特却被排斥在外。帕特立即公开提出抗议。有传闻说,由于帕特的抗议,使诺贝尔奖评委会多名委员改变了意见,致使在最后一分钟把斯奈德拉了下来。诺贝尔奖通常在每年10月的固定日期宣布。但在斯奈德、科斯特利茨和休斯获拉斯克奖的第二年,诺贝尔奖评委会内显然发生了一场神秘的辩论,连宣布诺贝尔奖的日期都推迟了。最后,当年的诺贝尔生理学或医学奖给了CT扫描仪的研制者。瑞典人朴素的信念是:埋头科研,不沾丑闻。拉斯克奖引起的争议,在诺贝尔奖评委会看来已损害了斯奈德的清名。

在40岁的时候,斯奈德成为美国神经科学协会的主席,他的学生聚会为他庆祝,将他的400篇论文复制编成4大本书作为贺礼。1980年,霍普金斯大学成立了神经科学系,由斯奈德任系主任,一直到2006年他才卸任让位给第二任系主任理查德·胡格尼尔(Richard Huganir)。30多年来,在斯奈德与胡格尼尔的组织与领导下,霍普金斯大学神经科学学科一直居美国前五位。

斯奈德不仅做出了值得获得诺贝尔奖的科学成就,而且他的论文帮助别人获得了诺贝尔奖,20世纪80年代中期,弗雷德·哈钦森癌症研究中心的琳达·巴克(Linda B. Buck)读到了斯奈德领导的研究小组于1985年发表的一篇关于嗅觉的论文《负责气味吡嗪的嗅受体蛋白的分离和鉴定》。该论文估计,"人类能感知1万种以上不同的化合物,甚至能够感知气味化合物的轻度改变"。于是在此基础上,巴克提出了新的课题:这一个嗅觉系统是怎么能够察觉数量如此众多的、性质不同的化合物?神经系统又是怎样将这样复杂的化学结构转译成多重的不同气味感受状态?从1988年3月起巴克开始全身心投入气味受体的寻觅之中,直到1991年3月投寄出题为《一个新的多基因家族可能编码的气味受体:气味识别的分子基础》的论文,后在《细胞》(1991年4月5日)上发表。斯奈德第一个表示对该论文内容的怀疑。在1991年就初战告捷,巴克坚持13年,从不同层次、不同角度一直执着探索这个研究领域,终于修成正果,获得了2004年的诺贝尔生理学或医学奖。斯奈德再一次与诺贝尔奖擦肩而过。

除了大量的学术论文,斯奈德还写了8部科学著作来构建他的神经科学。斯奈德是美国国家科学院院士、美国人文与科学院院士、美国国家医学院院士、美国哲学学会会员(美国的最高学术研究机构,不是专门研究哲学的美国哲学协会),还是多家生物医药企业的顾问与首席科学家,几乎拿遍了美国生物医学方面的所有奖项。

斯奈德具有获得诺贝尔奖的实力与能力,也做出过值得获诺贝尔生理学或医学奖的工作;他能敏锐地发现科学问题,迅速设计实验并组织力量完成实验写出论文;他打一枪换个地方,追求短平快,战线拉得太长,有很好的明星效应。但是,缺乏像他的同事格雷德(Carol Greider)那样,坚持在一个重要的科学问题上做几十年的艰苦努力最终修成正果。75岁的斯奈德,唯一遗憾的是至今还没有获得过诺贝尔奖,以后获奖的机会只是具有理论上的可能性,现实上是十分渺茫的!

真是"性格决定命运"!

医学遗传学之父

今天是马克库斯克(Victor Almon McKusick,1921—2008年)逝世5周年。在20世纪的遗传学史上,几乎可以与孟德尔、摩尔根、沃森等耳熟能详的科学家齐名的大概只有马克库斯克。他首先将遗传学应用到了临床,开创了医学遗传学,从而为医学和遗传学的发展做出了卓越的贡献;他还是人类基因组计划的先驱,是近50年不断再版、全世界医学遗传学家的圣经《人类孟德尔遗传》的主编。

马克库斯克出生于美国缅因州,父母都是教师,父亲还是当地一所高中的校长。1940年至1943年,马克库斯克就读于波士顿的塔夫茨大学(Tufts University)。第二次世界大战的爆发导致医学学生生源严重短缺。1943年霍普金斯大学医学院决定从其他大学补招一些学生进入医学速成班学习。因此,马克库斯克在未获得学士学位的情况下,于1943年2月22日进入霍普金斯大学医学院学习,1946年获得医学博士学位(MD)。马克库斯克自1943年到逝世一直都没有离开过霍普金斯大学医学院,在那里度过了65年的学习和科研生涯,成为学校建立以来任期最长的员工。

毕业后,马克库斯克原本打算回到家乡做一名全科医生,恰好有机会进入当时著名的霍普金斯医院的Osler内科门诊部实习2年,完成了住院医生的训练;他在心内科方面得到了重点培养,跟随著名内科医生哈维(A. McGehee Harvey)学习理论医学和临床实践,这极大丰富了马克库斯克的医学知识,并使其坚定成为一名著名的临床医生。1950年起,马克库斯克先后担任霍普金斯医院Osler内科的住院医师和主治医师。1954年,马克库斯克还成了霍普金斯大学医学院的助理教授,2年后就晋升为副教授,1960年开始担任教授。

马克库斯克早期擅长于心脏杂音的诊断和治疗。他通过采用贝尔实验室光谱心音描记器而使心脏诊断技术得到很大提高,能够更清晰地描述心音,替代了当时评价心脏状况的方法。1958年,他出版了具有很大影响力的权威教科书《健康和疾病中的心音》,从而确立了马克库斯克在心脏病临床方面的学术声誉。然而,一种特殊心脏疾病的临床治疗却改变了他的研究方向。

马克库斯克在对许多心脏病病例临床观察时发现,许多疾病的发生具有家族性,这使他

榜样篇

意识到该类疾病的发生可能与特定基因相关，因此将研究兴趣转向搜寻疾病的发生原因。马克库斯克研究了一种心脏缺陷疾病——马氏综合征(Marfan syndrome)，注意到病人除了有心血管异常外，还表现为骨骼异常和晶状体脱落的现象，由于这些特征总是伴随出现，根据遗传学的知识，马克库斯克推测这是一些遗传性结缔组织紊乱导致的普通症状，并通过深入比较研究后写出了他的第一部专著《遗传性结缔组织疾病》(1956年)，从而开始了医学遗传学的研究，同时也促使毕生从事鉴定遗传疾病原因的科学研究。马克库斯克对医学史、系谱学和遗传学等方面一直都充满了极大兴趣，并将其应用于自己后来的医学研究之中。

马克库斯克随后又对其他心理缺陷相关疾病、血液疾病和侏儒症等进行了全面的研究，并证明它们也具有遗传因素。1956年，马克库斯克在霍普金斯大学医学院建立遗传医学研究所，并在霍普金斯医院建立遗传医学专科门诊部，成为美国最早的医学遗传学部门之一，从而开创了一个新的学科。1957年，马克库斯克在接受采访时说："我的一些同事认为我放弃心内科，转而研究无人问津的基因缺陷是一种职业自杀行为。"其实，马克库斯克认为自己并没有完全离开心脏病研究，只不过从1957年起自己对心脏病学的关注在减少，而对遗传学方面的投入在增加。后来的事实证明，正是当初的决定使他成为一个新领域的先驱和奠基人，在医学发展史上占据了一席之地。而现在，全美有100多家有资质的临床遗传病诊所，临床医生数以千计，而医学遗传学也正式成为医学的一个重要分支。

如果说，经典遗传学以高等生物(豌豆、玉米和果蝇)为研究对象，出现了孟德尔、摩尔根等科学大师，分子遗传学直接研究DNA，诞生了沃森、克里克等科学巨匠，那么医学遗传学则以人的疾病为研究目标，最终阐明其发生机理，其创始人马克库斯克对人类的科学贡献就更直接、更伟大。当然，难度就更大。

马克库斯克是人类遗传学家中较早意识到小鼠可以作为理解人类疾病的一种理想模型，因为小鼠和人类在发育和生理学方面具有许多的相似性，能够弥补一些临床无法开展研究的难题。1959年，马克库斯克请求美国小儿麻痹症国家基金会(Natiortal Foundation for lnfantile Paralysis)来资助在缅因州的美国杰克逊实验室(Jackson Laboratory)开设两周医学遗传学暑期课程。杰克逊实验室是国际最著名的小鼠遗传学研究中心。1960年，马克库斯克与多名遗传学家在杰克逊实验室共同创立了拥有极高声誉的医学遗传学和实验哺乳动物遗传学短期培训，一直持续至今，50年来从未间断。它原本是针对当时大部分临床医生的遗传学知识非常欠缺的状况而进行的遗传学方面的相关培训，目前已被作为医学遗传学或人类遗传学专业博士项目的关键性计划，该短期课程帮助培训了几千名博士研究生、内科医生、护士、遗传学顾问和其他健康教育方面的工作者。

儿子在2011年的暑假参加过这个暑期课程(夏令营)，这是列入博士前培养计划的任务之一，霍普金斯大学医学院遗传医学研究所(McKusick-Nathans Institute of Genetic Medicine)的网站上还刊载多幅他们在缅因州东南部的巴尔港(Bar Harbor)听课、参观、讨论、聚餐、潜海、登山、露营、划船、观看橄榄球比赛、骑车穿越原始森林的照片,使我们有机会目睹他的同学们的风采。相比那些美国同学的硕壮与成熟,儿子显得十分单薄与稚嫩。缅因州有崎岖的海岸、广袤的森林、起伏的丘陵,盛产巨钳龙虾、蛤蜊与蓝莓,风景优美,也是旅游度假的好去处。美国的博士精英教育在紧张热烈的学术活动之余一定包含休闲、美食与娱乐,真是难以抵御"和平演变"的诱惑!

在大量遗传性疾病被描述、部分疾病的致病基因被正确定位的基础上,马克库斯克敏锐意识到有必要对这些信息进行归纳和总结,以利于研究人员的检索和查阅。马克库斯克花了6年时间终于成功编辑出版了《人类孟德尔遗传》(Mendelian Inheritance in Man,MIM)(1966年)一书,第一版共收录当时所有已知或怀疑与人类临床症状(包括出生缺陷和遗传性疾病)相关的1 800多个基因。到1998年该书已经出到第十二版(最后一个纸质版),此时收录基因达到12 000多个,成为医学遗传学最权威的百科全书,是全世界临床医生、科研人员及病人获取有关基因和疾病关联的最主要来源。MIM包括所有已知的遗传病、遗传决定的性状及其基因,除了简略描述各种疾病的临床特征、诊断、鉴别诊断、治疗与预防之外,还提供已知有关致病基因的连锁关系、染色体定位、组成结构和功能、动物模型等资料,并附有经缜密筛选的相关参考文献。MIM制定的各种遗传病、性状、基因的编号(简称MIM号)为全世界所公认。为了使人类遗传学的信息为广泛的研究者、医生与病人使用,马克库斯克及时顺应互联网发展的要求,推出了《在线人类孟德尔遗传学》(Online Mendelian Inheritance in Man,OMIM)数据库,该数据库能够及时更新,成为医学遗传学研究的基本数据库和最常用的工具。这项成就为推动医学的发展发挥了不可估量的作用。

马克库斯克还是少数几位率先提出人类基因组可行性的科学家之一。早在1969年,马克库斯克就在一个国际会议上提出,如果想寻找解决出生缺陷和遗传紊乱疾病的方法,则必须将所有的基因定位,而这个目标的实现则依赖于对基因组的全面认识。在随后的多个场合,马克库斯克都在持续推动人类基因组的研究,1973年帮助组建了第一个人类基因绘图工作室,这是人类基因组计划的前身。为了协调国际间合作进行人类基因组图谱绘制以及测序计划执行,1988年,马克库斯克发起建立了人类基因组计划组织(the Human Genome Organization,HUGO)并担任第一任主席(1988—1990年),全面启动人类基因组计划(Human Genome Project,HGP)。因该计划对预防治疗遗传疾病、破解人类遗传密码具有里程碑式的意义,与曼哈顿原子弹计划、阿波罗登月计划一起被称为20世纪的人类自然科学史上三大科学计划。

1999年,霍普金斯医学院建立了以马克库斯克与1978年诺贝尔生理学或医学奖获得者内萨斯(Daniel Nathans)的名字联合冠名的遗传医学研究所(McKusick-Nathans Institute of Genetic Medicine)。

马克库斯克的著述广泛,涵盖了心血管病学、内科学、遗传学和医学遗传学等方面,为医

榜样篇

学的发展发挥了巨大的推动作用,赢得了科学界的尊敬。他是美国国家科学院院士、美国人文和科学院院士、美国哲学学会会员、英国皇家内科学院院士,俄罗斯医学科学院外籍院士。他获得了加拿大加德纳国际奖(1977年)、拉斯克医学特殊贡献奖(1997年)、美国国家科学奖(2001年)等国际重大奖项。有意思的是,和斯奈德一样,马克库斯克也没有获得诺贝尔奖。他们相似之处还有,都没有获得过本科学士学位,也没有获得哲学博士学位(PhD),只获得过一个医学博士学位(MD)。

由于马克库斯克对医学遗传学发展的重要影响以及做出过许多具有决定意义的重大发现,因此被科学界尊称为医学遗传学之父。

中国神经科学的营养因子

蒲慕明是一位具有国际声望的神经生物学家,在美国与中国的科学界都具有极好的声誉。我从 2010 年就开始关注蒲慕明的科学生涯,仔细阅读过他在神经所多次年会上的讲话以及写给研究生的邮件,并在《实验室人生》等中引用蒲慕明关于如何做科学研究、如何培养学生的精辟论述。

一个月前(2014 年 3 月 19 日),我终于有机会亲耳聆听蒲先生的学术报告《大脑可塑性:从突触到认知》,晚上还冲动地跑到九龙湖校区与大学生一道旁听(自从学校主校区搬到九龙湖校区 8 年来第一次去听讲座)2014 "东南大学人文大讲座"系列演讲之一《科学与人生》,并在人文大讲座上如同 30 多年前做大学生时的方式第一个向蒲先生提了 2 个问题。后来与儿子交流的时候,受到儿子的严厉批评:第一是场合不对,应该在私下里个别面谈;第二提问方式不对,太直接,让人难堪,不好回答。我心悦诚服地接受他的观点。

不过,我对蒲慕明的科学成就没有特别的兴趣。一直以来,我只对蒲慕明这个人作为神经生物学家的科学人生有浓郁的兴趣:究竟是什么因素造成了他那么不屈不挠、克服重重困难、执着顽强地促进中国神经科学的发展?

我一直不明白具有台湾背景(其父曾任台湾航空工业发展中心主任、自己在台湾长大,毕业于台湾"清华大学")的蒲慕明为什么早在 20 世纪 80 年代初就来到中国大陆?从履历表上看,他 1970 年台湾"清华大学"物理系毕业,1974 年美国霍普金斯大学获得博士学位。1974 年至 1976 年先后在美国伍兹•霍尔海洋生物研究所、美国普渡大学生命科学系做博士后。1976 年在美国加州大学尔湾(Irvine)分校拿到助理教授的教职。之前,他申请过两份工作:第一份是联合国教科文组织的工作。"我想为世界的科学文化教育做点贡献,但是很可惜,我连面试的机会都没有得到。"第二份是回母校任教,台湾"清华大学"校长亲笔回信:"年轻人立志报国是好事,此事交由沈君山院长办理。"不知什么原因,后来蒲慕明没有如愿以偿。

1981 年,北京医学院和美国加州大学尔湾分校合作开办了一个讲习班,加州大学派遣蒲慕明赴中国讲课,开始了长达 20 多年的帮助恢复和建设中国神经科学研究的工作。那时,蒲慕明 33 岁,是加州大学尔湾分校生理系的副教授。

学会研究：享受科学生活

1984年，时任美国加州大学尔湾分校生理系教授的蒲慕明以兼职身份参与筹建清华大学生物和生物工程系，并受聘兼任该系的主任。起初，蒲慕明为清华大学生物系定名为"生物科学和技术系"。改革开放初期的中国，基本不具备他大刀阔斧、施展才华的环境。蒲慕明后来解释："我在清华大学之所以没有继续做下去，原因在于：一是我当时还很年轻，显然力不从心；二是国内科研的大气候还没有形成。我也很无奈，无力更多地改变什么，所以我两年后只能选择了离开。"

其实，蒲慕明也对加州大学尔湾分校的学术环境很不满意，对自己的研究成果不满意。蒲慕明不想继续在那里待下去。但是，一个二流学校的终身职教授，要到一流学校去，通常不会立刻拿到终身职教授。但是，蒲慕明还是决定要找一个好的环境，就给耶鲁大学新成立的分子神经生物学系主任打电话申请加盟。得到对方的允诺，但没有 tenure track（试用期为5—7年，通过后可以拿到终身教职）的职位，只有 non-tenure-track 的 research professor，即所拿的工资是全靠教授申请的科研经费；一旦拿不到经费就没有工资，就得马上离开。在美国，大多数学校副教授是终身职，只有哈佛大学、霍普金斯大学、耶鲁大学晋升到教授才是终身职。蒲慕明还是冒险离开了尔湾分校到耶鲁大学医学院分子神经生物学系去了（1985年）。1988年，蒲慕明拿到了哥伦比亚大学终身职教授。

在哥伦比亚大学任教期间的前三年，蒲慕明还参与筹建香港科技大学，并负责生物学科发展、招聘人才等工作。时任香港科技大学理学院院长、后任该校学术副校长的钱致榕教授是知名美籍物理学家、霍普金斯大学物理系教授，参加过L3、CMS等高能物理实验。我在演讲会上向蒲先生提问的时候提到钱致榕教授，蒲慕明当场证实了他在霍普金斯大学物理系做博士研究生，曾在钱致榕副教授的实验室做过轮转，那是一个属于大科学的大实验室。那时，蒲慕明的工作是协助装置一个由精确排列金丝导线组成的粒子探测器。仪器完成后运到另一所大学进行测试，最后被安装在日内瓦的一个大型仪器上。蒲慕明对此不感兴趣，后来转到一个小的生物物理实验室。那个实验室正好在用物理技术研究膜蛋白的扩散现象，蒲慕明在那里顺利地完成了他的博士论文，"两年半拿到博士学位"（蒲慕明）。我不清楚，蒲慕明究竟是哪年赴美读博士？或许大学毕业到博士入学之前在台湾服过一年兵役？

1997年夏天，美国国立卫生研究院的鲁白在美国某戈登会议上见到蒲慕明，谈起他和弗吉尼亚大学的梅林、华盛顿大学的饶毅三位海外华人学者联袂在中科院上海脑研究所建立了联合实验室的工作。蒲慕明允诺有机会可以去帮帮忙！鲁白向时任中科院脑研究所所长的吴建屏转达了蒲慕明的意愿。吴建屏立即发邮件给蒲慕明邀请其回国。1998年春天，路甬祥率团访问美国，在旧金山机场的咖啡屋里约见了蒲慕明，谈了一个多小时。1998年夏天，蒲慕明参观了上海几个与神经科学有关的研究所，并受吴建屏委托，撰写脑研究所的定位报告——建立一个全新的现代科研体制的研究所，用一个新的体制和机制，配合知识创新工程的支持，才能吸引人才。当时的脑研究所人几乎已走空，仅剩下3个研究组在开展工作；要从海外招聘人才很困难，几乎没有人愿意回来。

为此,蒲慕明、吴建屏、鲁白、梅林、饶毅五人"联名上书"中科院,建议成立一个全新的研究所,用一个新的体制和机制,配合知识创新工程的支持,吸引海外优秀人才加盟。1999年11月,隶属于中科院上海生命科学院(首任院长吴建屏)的神经科学研究所(以下简称"神经所")正式成立,同时也意味着脑研究所的结束,据说有些人甚至酝酿举行一场游行示威。蒲慕明任神经所首任所长,这是中国科学院50年历史上第一位外籍所长。另聘请了6位组长:郭爱克、李朝义、张旭、何士刚、周专、冯林音。在以后的10年里,神经所获得了稳定的经费支持,并由科学家自己制定自己的"游戏规则"。擅长于融中西方文化为一体的蒲慕明,积极致力于科研文化的建设,为中国科研体制的改革做出了积极的贡献。蒲慕明在接受《科学时报》专访时由衷地说:"我受过中国传统文化和西方先进科技的教育,能够较深刻地了解这两方,我的价值就是做跨越中西方的桥梁,发挥自己最大的作用。30年前我就开始朝着这个方向走,走到今天这一步,完全是合情合理的。"

2009年,成立10周年的神经所已经有了26个研究组,350名成员,初步具备世界一流科研所的条件:能在几个神经科学的重要领域持续地出一流的研究成果,并能引起国际同行的注意;少数研究组组长在他的研究领域具有一定的国际声誉;现在还没有能在某些研究领域中,出现做出具有开创性工作的人物。这一年,蒲慕明入选美国国家科学院院士。蒲慕明为神经科学研究所拟定的宗旨,是建立一个现代化研究所的机制,提供一个有助于严谨科研工作、高效科研产出、良性科研合作的环境,实现以业绩为准的激励和资助评估系统,以及为研究生和博士后提供高质量的专业训练。

同年,中国科学院批准了一项计划,准备用10年时间将神经科学研究所扩展到50个实验室的规模,每个研究员的经费也将由原来的60万元增至1 200万元。目前,稳定的政府拨款占到了神经所科研预算的40%—50%(以前是30%),剩下的则多半由研究基金填补。蒲慕明主持的"智力的神经基础"项目赢得了中国数额最大、竞争最激烈的基础科学基金,还纳入了科技部的国家基础研究计划。神经所将在未来5年里得到总额8 000万元的经费赞助,在之后的10年,国家也将为这个项目保驾护航。除了神经所现有的研究组之外,蒲慕明又从10家研究单位招募了十几组人马。

"我只是希望真的能在中国创造一个环境,使许多中国神经科学的学者能在此做出世界一流的工作。"蒲慕明为中国神经科学的发展,做出了最真诚、最实质,也是最为具体的贡献。

还有一个疑问,依然没有寻找到答案,就是蒲慕明在美国大学为什么老跳槽?据统计,蒲慕明在加州大学伯克利分校之前,几乎平均每三年换一个学校?叶公杼和詹裕农自1979年在加州大学旧金山分校任教后就没有离开过;很多科学家都只是跳一二次,而且几乎是个人原因,如丈夫去马里兰工作,格雷德才从冷泉港来到霍普金斯大学医学院。

注:2011年《自然》以《生长因子》为题对蒲慕明做过专题报道。本文借用该文的观点,用"营养因子"表征蒲慕明对中国神经科学发展做出的特殊的突出贡献。

从来没认真去想什么时候会得诺贝尔奖

施一公认为,科学家有两类:第一类是完全专心致力于学术,信仰学术,在学术上做得非常好、非常深;第二类是社会责任感更大一些。他说自己属于第二类。

(许路阳《施一公回应"诺奖级"研究:不为奖做课题》,《新京报》,2015-08-25。)

2015年8月23日,清华大学举行施一公研究团队"剪接体的三维结构、RNA(核糖核酸)剪接的分子基础"成果发布会。这是一项被称为"诺奖级"的研究:在世界上首次捕获了真核细胞剪接体复合物的高分辨率空间三维结构。2015年8月20日,施一公研究团队在《科学》上背靠背发表了两篇"里程碑式"研究论文。

遗传信息就像一个总统府,藏有许多文件需要交给下面的蛋白质去执行,但文件本身又比较冗杂,既有有用信息,又有无用信息。剪接体的作用就是:把没用的信息去除掉,把有用的信息拼接起来。许多人类疾病都归咎于基因的错误剪接,或是针对剪接体的调控错误。施一公团队通过单颗粒冷冻电子显微镜(冷冻电镜)方法解析的酵母细胞剪接体近原子水平分辨率(3.6Å)的三维结构,该剪接体包括5个小核核糖核蛋白(snRNP)、十九号复合物(NTC)、NTC相关蛋白以及其他辅酶和辅因子等。通过对结构的解析,他们提出了剪接体对前体信使RNA执行剪接的基本工作机理。

已有多个诺贝尔奖是围绕"中心法则"(分子生物学中描述DNA到蛋白质这一过程的规律)(见图4)产生的,其中,RNA聚合酶的结构解析获得2006年的诺贝尔化学奖,核糖体的结构解析获得2009年的诺贝尔化学奖。而剪接体是细胞内最后一个等待解析结构的超大复合体。著名癌症生物学家、美国杜克大学药理学院讲席教授王小凡评价说:"我个人相信,施一公取得的这项成就将得到诺贝尔奖委员会的认真考虑。"施一公对此回应道:在研究一线确实不可能因为诺贝尔奖去做课题,"从来不想或想不到也不可能,但从来没认真去想什么时候会得诺贝尔奖"。字里行间透露出自信与霸气,他相信自己肯定会得诺贝尔奖,只是时间而已。

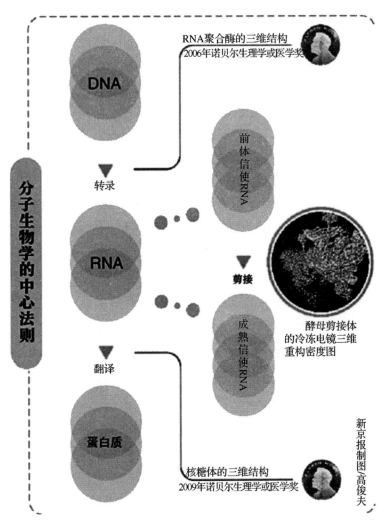

图 4 分子生物学"中心法则"的研究图景

资料来源:许路阳(2015-8-25)

去霍普金斯大学之前

施一公出生在一个知识分子家庭。爷爷出生于云南大姚,毕业于浙江大学农学院(1938年),奶奶也是大学生,还是当时杭州进步学生革命活动的主要组织者之一,并因此被国民党政府判定是共产党员而被捕入狱。父亲(施怀琳)出生后 18 天,奶奶就牺牲在国民党的监狱里。1935 年 1 月 5 日,父亲出生于浙江杭州,生长于江苏、上海等地,后来在哈尔滨工业大学读书,机械工程专业本科。母亲来自江苏丹阳的吕城镇,高中毕业后考入北京矿业学院。1962 年,父亲大学毕业后分配到河南省电力工业局,次年母亲也从焦作矿业学院调到郑州,与父亲在同一个单位工作。施一公有一个比他大 5 岁(1962 年出生)的哥哥,一个比他大 15

个月(1966年出生)的姐姐。还有一个大姐,是过继的(随施姓),是姨妈的女儿。

1967年5月5日,施一公在河南郑州出生,当时正处于"文革"的武斗期间,母亲在惊恐中生下他。父母给他取了一个有革命意义的名字,取"一心为公"的前后2个字。2岁多,随父母下放到河南省中南部的驻马店地区汝南县老君庙乡(当时称光明公社)闫寨大队小郭庄。下放的重要原因之一是受"走资派"爷爷的牵连和影响。1972年父亲被调到驻马店地区工业局,全家离开了小郭庄,搬往20公里之外的驻马店镇。施一公在驻马店镇住了整整8年,完成了小学学业。初一时随父母迁回郑州,转入河南省实验中学。他小时候,性格好强,长大以后,也常常桀骜不驯。

1977年下半年恢复"高考"时,施一公的父亲天天都会很投入地给大姐、表哥和表姐(都是姨妈的孩子)定时讲解、辅导课程。他们都参加了1977年12月10日的高考。由于基础太差,表哥和表姐都没有达到中专录取线,大姐则被湖北省一所中专录取。大姐与表哥和表姐一起,在父亲的悉心辅导下又苦读了半年。1978年高考,表姐考入了汝南师专,表哥被信阳中医学校录取,大姐进入郑州工学院水利系读本科。

施一公的哥哥高中时获得驻马店地区数学竞赛第九名。1979年参加高考,数理化三门成绩在驻马店地区名列前茅,可惜语文、政治均差强人意,总分352,尽管高中老师希望哥哥报考清华大学(录取分数线大约348分),施一公的父母最终还是保守地为哥哥选择了北京航空学院。1983年,施一公的姐姐考取了郑州电力专科学校。

1984年,作为河南省实验中学高二学生,施一公参加全国高中数学和物理竞赛,分别获得一等奖(河南省赛区的第一名)和二等奖,获得保送资格。1985年,施一公选择了清华大学的生物系,成为清华大学生物系复系后的首届本科生。

清华大学生物系是1984年重建的,并更名为生物科学与技术系,当年只招硕士生,第二年才开始招本科生。1961年毕业于清华大学工程物理系的赵南明负责复建生物系,其目标是将清华大学生物系办成世界一流的生物系,他请来加州大学尔湾分校的华裔生物学家蒲慕明担任复建系的第一任主任,自己则担任常务副系主任。

在清华大学的时候,施一公的生物学得不好,遗传学实验、遗传课、细胞学实验、细胞课的成绩在班上都是中下。施一公选修了数学系双学士学位要求的所有课程,通过加强数学、物理课程的学习来弥补生物成绩的不足。

1987年,施一公父亲因车祸去世。

1989年,施一公以综合成绩全班第一提前一年毕业(当年清华是五年制),施一公还是清华大学田径队的主力队员,曾经创造了学校万米竞走的纪录。这种锻炼使他在以后的学习、生活和工作中都受益无穷。

大学期间,施一公对学术没有兴趣,而对从政感兴趣。他认为,从政可以改变一个社会,可以为老百姓说话、做事。但是,想从政又没有途径,于是他觉得要先去经商。所以毕业时和清华大学科技批发总公司签订了一个代表公司去香港经商的协议，做公关。结果就业合同被撕毁。1989年7月24日，纠结一晚后，施一公决定考托福与GRE，出国读生物学博士。1989年8月，施一公在河南郑州畜牧兽医专科学校工作（见附录2）。

施一公在1990年4月11日之前到达美国，在艾奥瓦州艾姆斯（Ames）小镇的艾奥瓦州立大学（Iowa State University）度过了初到美国的前3个月，其中大部分时间在Herbert Fromm教授的实验室做轮转（rotation），跟随刘峰和董群夫妻两人做研究（刘峰现在德克萨斯大学西南医学中心任教授）。

在霍普金斯大学读书

1990年9月，施一公获得全额奖学金，在霍普金斯大学医学院攻读生物物理学专业博士学位（1990年9月—1995年4月）。尚不清楚，施一公当年进霍普金斯大学医学院是在1990年被艾奥瓦州立大学先录取然后转学，还是1989年申请霍普金斯大学医学院后被补录的结果。

第一年，施一公情绪波动很大，内心浮躁而迷茫，根本无心念书、做研究，而是花了很多时间选修计算机课程，在中餐馆打工。他总是想转到计算机系，学校甚至一度想停止为他提供奖学金。施一公有一门生物学课程三次考试成绩分别是52分、32分、22分，只有第一次及格，他去求老师放他一马："我是一个好学生，对学生物还在适应。如果我不及格的话，我会失去奖学金，没有奖学金的话我会读不下去，只能退学。"老师最后给了他一个"B−"。

施一公平时精力很好，但一看文章就睡着；听讲座也是，听了10分钟就睡过去了，大家一鼓掌他就醒了，正好大家一块走。他的英语也不行，于是自己规定每天背25个新单词，很快过了语言关。在学兄和启蒙老师John Desjarlais的指点下，每天上午安排完第一批实验后，在10点左右花一小时的时间阅读《华盛顿邮报》，主要看A版（新闻版）。刚开始，他一个小时只能读两三个短消息或1个长篇报道，中间还不得不经常查字典看生词。但不知不觉间，他的阅读能力明显提高。

第二年，施一公开始逐渐适应科研的"枯燥"，并有了一点自己的体会，有时领会了一些精妙之处后不免"洋洋得意"，也会产生"原来不过如此"的想法，逐渐对自己的科研能力有了一点自信。这期间，博士研究生的课程全部修完，施一公每周5天、每天从上午9点做实验到晚上七八点，周末也会去两个半天。他的博士生导师Jeremy M. Berg在33岁已是正教授、系主任。

到了第三年，施一公已经开始领会到科研的逻辑，有点儿跃跃欲试的感觉，在组会上常常提问，而这种"入门"的感觉让他发现自己也能做一点东西，对研究增加了很多兴趣，晚上常常干到11点多，赶最后一班校车从霍普金斯大学医学院回到住处附近的霍普金斯大学校本部霍姆伍德校区。1993年，施一公曾经在实验记录本的日期旁标注"这是我连续第21天在实验室工作",以此激励自己。其实,这多少有作秀之嫌,因为其中的一个周末施一公一共只做了五六个小时的实验。

到第四年以后,施一公完全适应了实验室的科研环境,也不会再感到枯燥或时间上的压力了。时间安排完全服从实验的需要,尽量往前赶。其实,这段时期的实验时间远多于刚刚进实验室的时候,但感觉上好多了。施一公的信心大增,因为已经获得了实验结果。

博士五年级,施一公感到,原来我也可以在学术界"混"个工作。不过,我们没有查到施一公博士毕业发表的学术论文。在1995年4月12日博士学位答辩以后,施一公还是不清楚自己会做什么,所以还面试了大都会中国区首席代表的职位,卖保险,而且拿到了工作邀请(offer)。在博士毕业之后施一公还设立了自己的公司,和两个哥们一起做中美间贸易交流。1995年11月,施一公从此静下心来,不再起二心,主要精力都放在做学术上直到今天。

离开霍普金斯大学之后

1996年1月,施一公开始在纽约的纪念斯隆-凯特林癌症研究中心(Memorial Sloan-Kettering Cancer Center,MSKCC)结构生物学实验室从事博士后研究,着重研究肿瘤抑制因子和发生因子以及乳腺癌致病因子,这是他学术生涯的真正转折点。施一公的博士后导师尼古拉·帕瓦拉蒂奇是一个独树一帜的科学家,只比施一公大一岁半,是对施一公影响最大的科学家之一。他有极强的实验判断力和思维能力,做出了一系列里程碑式的研究工作,享誉世界结构生物学界。在20世纪90年代的10年中,他以通讯作者的身份在《自然》《科学》上发表30篇论文,是世界上一顶一的高手。1996年4月,施一公刚到尼古拉实验室不久,纯化一个表达量相当高的蛋白Smad4。

博士后时期则是施一公这辈子最苦的两年,每天晚上做实验到第二天凌晨3点左右,回到住处躺下来睡觉时常常已是4点以后;但每天早晨8点都会被窗外纽约第一大道上的汽车喧闹声吵醒,9点左右又回到实验室开始了新的1天。每天三餐都在实验室,分别在上午9点、下午3点和晚上9点。这样的生活节奏持续12天,从周一到第二个星期的周五,周五晚上坐灰狗长途汽车回到巴尔的摩的家里。此时,施一公已经结婚。他的妻子赵仁滨是哈尔滨市第九中学毕业生,1986年哈尔滨市高考理科状元,也是清华大学生物系的本科生与霍普金斯大学的博士,后来在美国强生公司工作。他们有一双龙凤胎儿女。

施一公周末两天每天睡近10个小时,弥补过去一星期严重缺失的睡眠,周一早晨再开始下一个星期的奋斗。虽然体力上很累,但他心里很满足。他住在纽约市曼哈顿区65街与第一大道路口附近,离纽约著名的中央公园很近,那里时有文化娱乐活动,但在纽约工作整整两年,施一公从未迈进中央公园一步。施一公在Smad蛋白信号转导领域,以在《自然》《细胞》各发表1篇的研究论文的卓越成绩完成博士后的工作。

1998年,施一公正式就任普林斯顿大学分子生物学系助理教授(1998年2月—2001年

10月),校方给他提供了200 m²的实验室和近50万美元的启动基金。2000年,施一公与王晓东实验室联手,对一种神秘的抑制"细胞凋亡抑制因子"的蛋白Smac展开了研究。细胞凋亡抑制因子,在某种意义上即致癌因子,它们使细胞不能正常凋亡从而引起癌症。而Smac则让这些致癌因子失效,让癌细胞"自杀"。施一公的分子生物学系癌症结构生物学研究组,以研究细胞凋亡和癌症发生的分子机理为主攻方向。很重要的一点就是从根源上了解它们,提示其分子机制,看到癌症抑制因子和致癌因子的一些空间结构,看它们怎样相互作用,把"不正常"变为"正常"的工作手段,而这就是进行治疗和防治癌症的一个突破性的手段。施一公卓越的学术才能得到了充分的认可。

2001年,施一公被聘为普林斯顿大学副教授(2001年10月—2003年3月),终身教职。2003年,他被聘为正教授(2003年3月—2007年3月),成为普林斯顿大学分子生物学系历史上最年轻的正教授。因在细胞凋亡和TGF-信号传导等领域的杰出工作,2003年7月,他被国际蛋白质学会(The Protein Society)授予鄂文西格青年科学家奖(Irving Sigal Young Investigator Award),该奖每年发给在其独立研究生涯的早期阶段(通常不超过40岁)的一名科学家,表彰其对蛋白质研究做出的重要贡献。这项奖设立19年以来,施一公是首位获奖的华裔生命科学研究学者。2005年,他当选华人生物学家协会会长。2007年3月,他被授予普林斯顿大学终身讲席(Warner-Lambert/Parke-Davis)教授。施一公在普林斯顿大学期间加入美国籍。2008年,施一公入选美国著名的霍华德·休斯医学研究所研究员,入选HHMI被认为是美国生命科学领域的最高荣誉之一。由于已经在清华大学工作,施一公辞去了HHMI的聘任。

2003年,施一公被聘为清华大学生物系讲席教授。2006年被聘为教育部"长江学者"讲座教授。2006年5月,施一公回国参加4年一次的中国生物物理学年会。2006年5月25日,清华大学校党委书记陈希找到他,说清华大学急需人才,尤其是医学院和生物系,问他是否可以全职回清华工作。2006年5月26日,施一公答应陈希将回清华大学担任全职。2006年6月,施一公开始了回国的过渡期,慢慢关掉在普林斯顿大学的实验室,并着手在清华大学建立结构生物学中心。2007年3月,他在清华大学的实验室开始了第一个实验。2007年11月,施一公正式调入,被聘为清华大学生命科学与医学研究院副院长、生物科学与技术系副主任。2008年2月,清华大学与施一公签订了聘任合同书,全时全职回到母校清华大学任教。2008年3月,施一公接受《科学时报》采访,说明自己已经放弃了普林斯顿大学优厚的待遇。2009年,施一公入选第一批"千人计划"。2009年9月28日起,任清华大学生命科学学院院长。2009年5月,施一公的妻子卖掉在美国的房产,带着5岁的双胞胎儿女举家回到清华园与他团聚。

从2007年以来,施一公领导的清华大学研究组在膜蛋白结构与功能以及生物大分子研究中连续取得重大进展,2009年首次在世界上成功解析了细胞凋亡小体的高分裂与空间三维结构,该结构挑战并打破了学术界的传统解释,对研究细胞凋亡发生的机理有重大影响。

2009—2010年,施一公研究组首次在世界上成功解析了氨基酸反向专用蛋白的原子结构和复合物结构,这两项工作对破解一大类膜转运蛋白的转运机理做出了关键性的贡献。为此,施一公成为国家杰出青年基金获得者。2009年入选美国科学促进会会士(fellow),2010年获得赛克勒国际生物物理学奖、香港求是科技基金会杰出科学家奖、谈家桢生命科学终身成就奖。2013年,施一公先后当选美国人文与科学院外籍院士、美国国家科学院外籍院士和中国科学院院士。

2014年11月,施一公入选国家教育咨询委员会,2014年11月任清华大学校长助理,同时任北京市卫计委副主任(挂职一年),2015年9月任清华大学副校长。

施一公在细胞凋亡、重要膜蛋白的结构与功能、具有重要生理功能的大分子机器组装及调控等生命科学前沿领域开展研究,取得世界瞩目的重要原始创新成果。由于过去15年运用X射线晶体学在细胞凋亡研究领域做出的杰出贡献,他荣获2014年爱明诺夫奖,成为爱明诺夫奖自1979年设立以来的第46位得主,同时也是首位获得该奖的中国科学家。

剪接体的结构解析

多年来,剪接体结构解析一直是结构生物学领域的重大难题。1977年,Richard Roberts和Philip Sharp首次发现了基因剪接现象。1983年,Joan Steitz首次分离组成剪接体复合物的亚基组合。同年,Philip Sharp和Walter Keller利用细胞核提取物进行体外剪接的活性实验。然而,由于形态多变、成分复杂,加上一直没有合适的研究技术,导致从1983年至2014年,各国科学家虽从未间断研究,但仅仅获得剪接体部分重要组分的晶体结构和各种分辨率较低的电镜密度图。2014年6月24日,英国剑桥大学MRC分子生物学实验室Kiyoshi Nagai研究组在《自然》在线发表了一篇学术论文,将剪接体组装过程中所涉及的一个复合物三小核核糖核蛋白结构(tri-snRNP)的分辨率提高到了5.9Å,引起国际学术界的轰动。而此前人类对基因剪接体的认识精度只有29Å。Nagai的工作较之有了质的飞跃,但是还看不清组成蛋白的氨基酸细节。在国际研究最前沿的除了Kiyoshi Nagai团队,还有德国的Reinhard Lührmann团队、美国马萨诸塞大学医学院的Melissa Moore团队、哈佛大学的Robin Reed团队、范德堡大学的Kathleen Gould团队、爱丁堡大学的Jean Beggs团队,以及中国台湾阳明大学的Soo-Chen Cheng团队。施一公团队得到的结果,不仅将精度由5.9Å提高到了3.6Å,可以清楚看到氨基酸的细节,而且其解析对象是真正的剪接体,而不是Kiyoshi Nagai团队所取得的参与剪接体组装过程的复合物,从而第一次在近原子分辨率上看到了剪接体的细节。

早在10多年前,施一公就曾想研究剪接体结构,但也是因为胆量不够,搁置了下来。直到6年前,经过反复的研讨和认真的准备,施一公终于下定决心,进入这个领域研究。2014

年年底,施一公团队真正开始做剪接体蛋白纯化的工作,同时改进了计算方法和单颗粒筛选方法,实现了针对局部区域的精细优化,从而计算出了高分辨率的酵母剪接体的冷冻电镜三维重构密度图。这是一种针对这个课题专门发展的计算方法。2015年3月,施一公团队第一次在电镜下看到蛋白大概的样子。4月做数据处理时,从11Å到5Å,再从5Å到3.9Å,最后是3.6Å!

一直以来,研究蛋白质结构有三种主要方法:X射线晶体衍射、核磁共振、单颗粒冷冻电子显微镜(冷冻电镜)。过去用得更多的是X射线晶体衍射。但是,剪接体非常特殊,属于比较大的细胞机器,而且是由多个核酸蛋白亚复合物组成的动态结构,很难获得晶体进行结构解析。因此,可以说,如果没有冷冻电镜技术,就完全不可能得到剪接体近原子水平的分辨率。当然,这也得益于近些年冷冻电镜在技术上取得的革命性突破。很早以前,施一公就曾和时任清华大学党委书记的陈希说,希望可以投资建立冷冻电镜平台,很快就得到了学校的支持,清华大学也因此拥有了全亚洲第一台冷冻电镜平台,也是当今世界最大的平台之一。施一公团队通过单颗粒冷冻电子显微镜(冷冻电镜)方法解析的酵母细胞剪接体近原子水平分辨率(3.6Å)的三维结构,该剪接体包括五个小核核糖核蛋白(snRNP)、十九号复合物(NTC)、NTC相关蛋白以及其他辅酶和辅因子等。通过对结构的解析,他们提出了剪接体对前体信使RNA执行剪接的基本工作机理。接下来要做的是将工作进一步细化,通过富集等手段,进一步获得剪接体的相关数据,以期能对生命过程和机理有更深入的了解。

毫无疑问,剪接体的结构解析是诺贝尔化学奖的热门候选。但是,诺贝尔奖强调的是工作的原创性。Nagai的工作具有更高的原创性。另一方面,Nagai来自剑桥大学分子生物学实验室,该实验室具有诺贝尔奖血统(那里曾走出14名诺贝尔奖得主)。施一公团队对酵母剪接体结构解析的工作,具有明显的进步性,是我国本土科学家最近几十年最杰出的成就之一,如果他们能在此基础上进一步揭示出内含子被去除、外显子被连接的分子机制,或许施一公会在不远的将来与Nagai分享诺贝尔化学奖。

主要资料来源:

许路阳:《施一公回应"诺奖级"研究:不为奖做课题》,《新京报》,2015-08-25

施一公:《父亲是我最崇拜的人》

施一公:《从清华生物系再出发》

施一公:《我被信仰追问,回国为什么是最好选择》

施一公:《我是河南人》

施一公:《少年壮志不言愁》

施一公:《在普林斯顿大学做助理教授的日子》

施一公:《优秀博士如何养成》

附录1：

施平，原名施尔宜，1911年生于云南大姚，曾祖父是明经进士，祖父是贡生，书香世家。到父代，家道中落。原在昆明读中学，又辗转越南河内、香港、上海、南京，1931年考入浙江大学农学院。1938年，加入中国共产党。1953年，被任命为北京农业大学（现中国农业大学）副校长。1957年"反右"正式开始前，任北京农业大学党委书记。1959年庐山会议后，被北京市委点名批判，给予"撤销党内外职务"处分。1962年，得到平反。1968年，被关入监狱。在这所秘密监狱待了4年又100天，出狱后去上海市"五七"干校。1978年，被任命为华东师范大学（当时名为上海师范大学，以下简称"华师大"）党委书记。退休前为上海市人大常委会常务副主任，兼任秘书长，党组副书记。

摘自：王维佳、沈思予《施一公百岁爷爷专访：从成功学运到受困的教育改革》，《知识分子》，2015-12-05。

附录2：

施一公，男，汉族，1967年5月出生，云南大姚人，无党派，博士，教授，中国科学院院士。现任清华大学副校长。

1985年9月保送进入清华大学生物科学与技术系，1989年7月提前一年本科毕业获得学士学位。1989年8月河南郑州畜牧兽医专科学校工作。1990年9月美国霍普金斯大学攻读生物物理博士学位，1995年4月毕业并获得博士学位，1995年5月霍普金斯大学医学院博士后，1996年1月纪念斯隆-凯特林癌症研究中心博士后。1998年2月普林斯顿大学分子生物学系助理教授，2003年7月普林斯顿大学终身正教授，2007年11月清华大学生物系教授。曾任生物系副主任、生命科学与医学研究院副院长。2009年1月任生物系主任、理学院副院长。2009年6月任生物系主任、理学院副院长、医学院常务副院长。2009年9月任生命学院院长、医学院常务副院长。2014年1月任生命学院院长、生命科学与医学研究院院长。2014年11月任校长助理。2015年9月任清华大学副校长。曾获鄂文西格青年科学家奖、赛克勒国际生物物理学奖、香港求是科技基金会杰出科学家奖、谈家桢生命科学终身成就奖、瑞典皇家科学院2014年度爱明诺夫奖等奖项。美国人文与科学院外籍院士，美国国家科学院外籍院士，欧洲分子生物学组织外籍成员，教育部长江学者讲座教授，国家杰出青年基金获得者，"千人计划"首批国家特聘专家，2013年当选中国科学院院士。目前担任欧美同学会副会长，"千人计划"专家联谊会会长、青年科技工作者协会副会长、十二届全国人大代表。

资料来源：《姜胜耀等4人履新清华大学校领导（图/简历）》，人民网，2015-09-18，http://renshi.people.com.cn/n/2015/0918/c139617-27603298.html。

探索脑的奥秘

再过几天,5月5日,哈佛大学医学院神经生物学系将举办为期一天的诺贝尔奖获得者大卫·休伯尔(David H. Hubel,1926—2013)的专题纪念研讨会《眼、脑与视觉:休伯尔的科学贡献与学术生涯》(注:借用休伯尔1995年出版的著作书名《眼、脑与视觉》),神经生物学的重镇——洛克菲勒大学、斯坦福大学、西北大学、剑桥大学、加州大学旧金山分校、马萨诸塞大学、哈佛大学、苹果公司、美国国立卫生研究院眼科研究所的多位科学家、医生、工程师将做学术报告,缅怀在哈佛大学神经生物学系里成长的阶段做出获诺贝尔奖的工作并把哈佛大学医学院神经生物学系推向"外界庆贺的顶峰"(饶毅)的最辉煌的、最突出的神经生物学家。

1926年,休伯尔生于加拿大安大略省的温莎市,父母亲是从美国移居加拿大的,而祖父辈则是从德国巴伐利亚州讷德林根来的移民。1947年,他在加拿大蒙特利尔省的麦吉尔大学(McGill College)获得理学学士学位,主修数学与物理。1951年,获得麦吉尔大学医学院医学博士学位(MD)。毕业后,休伯尔一直在蒙特利尔神经病学研究所(MNI)从事研究工作,具体指导他的是著名脑电图学家贾思铂。1954年,28岁的休伯尔结婚。婚后,休伯尔前往美国发展,成为霍普金斯大学医学院的神经内科住院医生。随后应征入伍,进入美国沃尔特·里德(Walter Reed)陆军研究所工作。1958年,休伯尔回到霍普金斯大学医学院生理系,原本是要加入生理系主任芒卡斯尔(Mountcastle)实验室继续做他的视觉研究,当时生理系正在装修,需要几个月时间,医学院眼科研究所的库夫勒(Steve Kuffler,1913—1980年)建议休伯尔去他的实验室和托斯坦·尼尔斯·韦塞尔(Torsten Nils Wiesel,1924—)合作,继续休伯尔已经开始的大脑视觉中枢神经的研究,三个人在用餐时讨论30分钟形成了研究计划,约定休伯尔和韦塞尔合作9个月,后来演变成两人长达25年的合作。

1959年,哈佛大学医学院药理系主任邀请库夫勒去哈佛任教,库夫勒把全实验室同事与研究生一起移师哈佛大学医学院,并将带来的助理教授变成博士后,休伯尔和韦塞尔正式成为库夫勒的博士后。后来库夫勒成为哈佛大学医学院神经生物学系创系主任。库夫勒研究兴趣广泛,最重要的科学贡献是1953年记录视网膜对光反应,发现视网膜内部对于光的

榜样篇

信息已经进行处理。休伯尔和韦塞尔的研究策略是把库夫勒50年代早期猫视网膜的工作扩展到大脑皮层。

在1959年的一次实验中,休伯尔发现不同的神经元对不同空间方位的偏好不尽相同,还有些神经元对亮光带和暗光带的反应模式也不相同。休伯尔将这种神经元称为简单细胞。初级视皮层里另外的那些神经元,叫作复杂细胞,这些细胞对于其感受野中的边界信息比较敏感,还可以检测其感受野中的运动信息。这些研究向人们展示了视觉系统是怎样将简单的视觉特征在视皮层呈现出来的。

休伯尔和韦塞尔做了一系列在视觉发育领域异常重要的实验:猫的视剥夺实验与斜视实验。通过这些研究,两位神经科学家发现,在大脑中一个叫做"纹状皮层"的区域里,不同神经细胞会分别对双眼接收的视觉信号产生反应。为了研究视觉经历在发育过程中的作用,他们选取出生不久的小猫,将它一只眼睛的眼睑缝合起来,又在数周之后拆开手术线。结果发现,与未被缝合过的眼睛相比,重见光明的眼睛接收到光信号的时候,只有寥寥无几的纹状皮层细胞做出了响应。换言之,那只被缝合过的眼睛在早期没有接受足够的视觉刺激,所以丧失了向大脑中的视觉信号处理中心高效传递信息的能力。后来,休伯尔和韦塞尔在小猫发育的不同时间段重复了这一实验。他们发现,如果在小猫出生后4—8周之间进行缝合,两眼之间的差别最为显著。而一旦过了这一时期,缝合的作用就大大降低。而对于成年猫来说,哪怕将它的眼睛缝上一年,也没有什么明显效果。他们就此提出"关键期"(critical period)的概念。后来的科学研究证实,这种对外界刺激或早期经验格外敏感的关键时期在神经发育中比比皆是,视觉、听觉、语言习得以及运动技能中都有类似的现象。休伯尔和韦塞尔长达25年的合作研究,贡献了神经生物学教科书视觉部分近一半的内容。由于休伯尔和韦塞尔对视觉系统的信息处理过程的研究,和研究左右脑半球的罗杰·斯佩里(Roger W. Sperry)共同分享了1981年诺贝尔生理学或医学奖。

休伯尔和韦塞尔研究的重要贡献在于他们阐明视皮层细胞解释视网膜的编码脉冲信息的能力是在孩子出世后直接发育形成的,这种发育的一个先决条件是必须使眼睛受到视觉刺激,在这一期间如果一只眼睛只要闭上几天,视皮层里将发生永久性的功能变化。这项研究为我们了解和治疗幼儿白内障和斜视打开了大门,对于大脑皮层的神经元可塑性的研究也非常重要。

休伯尔和韦塞尔在库夫勒的影响下研究猫、猴大脑皮层视觉功能,研究了知觉过程中神经元活动的表现,也就是大脑内部代理的表现,把感觉生理的研究引导到认知神经科学的知觉领域。从库夫勒的跟随者变成视觉系统中视觉信息处理研究的领路者,休伯尔经过了十分艰苦的努力,做到三个"静心"。一是静心多读书,不断拓展自己的知识面从而实现学科交叉;二是静心多积累,抓住学术问题上瞬间的灵感和火花,使自己的知识不断升华从而达到融会贯通;三是静心多实验,使自己保持对科学的直觉和解决难题的能力。

从休伯尔在科研道路上探索的经历,我们也可以体悟到科学研究中诱人而神奇的魅力。2006年,休伯尔在受聘为北京师范大学荣誉教授的聘任仪式上的演讲中,以自己在加拿大麦吉尔大学的本科教育与医学教育,以及先后到美国的霍普金斯大学、哈佛大学的研究经历,强调求学游历的重要:在不同的地方做研究和学习,有利于开阔视野、增长见识。求学游历最重要的是你和什么人在一起。

你的本科到博士前学习阶段主要在遗传学的学科领域,分别在加拿大多伦多大学分子遗传学系和霍普金斯大学医学院医学遗传研究所接受教育和训练;成为博士候选人后进入神经科学研究领域,分别在霍普金斯大学医学院神经科学系和哈佛医学院神经生物学系从事研究。在北美的两国三地,你与那些痴迷科学研究、殉道般的教授们,与那些热爱科学、准备献身科学的本科生和研究生们相互交往、接触、合作,潜移默化地互相熏染,这太重要了。与这些人聚集在一起从事科学研究,也是"三生有幸"!要在这样的科学氛围里领悟到一些"以不变应万变"(例如科学精神、科学方法)的东西,这就是科学教养!除此之外,别的都不重要。

此次专题纪念研讨会《眼、脑与视觉:休伯尔的科学贡献与学术生涯》的主要内容虽然与你的研究兴趣(神经退行信号传导研究)相差较远,你还是应该暂时放下手中的实验认真地去听一听。从科学研究的角度,很多年轻的博士研究生有些不太恰当的认识,认为听学术报告要和自己的研究方向相关才感兴趣,这是非常要不得的,如果只关心自己的研究方向,你的视界会越来越小,你的思维会越来越僵化,科学研究是做不好的。尤其是神经科学,本身就是关于脑的综合性的交叉学科,因此必须更要涉猎广一些。其实所有的学科是相通的,听了很多学术报告,如果能悟到一点思路、一点方法,就已经很有收获了。

发现第一个去甲基化酶

2004年,对于施扬来说是科学人生的转折点。在这一年里,他和他的学生们发现了第一个去甲基化酶,在表观遗传学领域做出突破性贡献,这是一个具有诺贝尔奖意义的科学成就,使其一跃成为世界级的科学家。与此同时,他经过13年(哈佛大学的"非升即走"制度,不是6年不能晋升为副教授即离开走人,而是10年不能晋升为教授即离开走人)的艰苦努力,终于获得哈佛大学医学院病理学系的终身教职,成为"文革"以后第一位在哈佛大学晋升为教授的中国学者。(《赛先生》特约撰稿人涂芮/整理,《施扬(1):一不留心到了哈佛》,《赛先生》,2015-04-13,http://mp.weixin.qq.com/s?__biz=MzA3OTgzMzUzOA==&mid=205695001&idx=1&sn=fb7200507254e42491efabc5b18806b1&3rd=MzA3MDU4NTYzMw==&scene=6#rd)

深厚的积淀

1978年,施扬以上海市应届高中毕业生的身份参加高考,被调剂到上海第一医学院药学系药物化学专业,1982年获学士学位。次年,通过"CUSBEA留美项目"[该计划的全称为"中美生物化学联合招生项目(China-United States Biochemistry Examination and Application)"]赴美留学,1988年获得纽约大学分子生物学专业博士学位。1988—1991年,施扬在普林斯顿大学病毒学家Thomas Shenk教授实验室做博士后,因为发现了YY1 Factor(阴阳因子)而在国际科学界崭露头角。1991年,施扬以自己出色的研究工作、优异的演讲报告(能把自己做的东西讲得比较清楚,不做这个东西的人也能听懂),以及导师与系主任强有力的推荐,在没有论文发表的情况下(后来该成果发表在《细胞》上),依然顺利拿下哈佛大学的教职。

1991年,施扬被聘为哈佛大学医学院细胞与分子生物学系助理教授,1993年,施扬改聘为哈佛大学医学院病理学系助理教授(不知为什么要转系任同等职位,也不知取得终身教职的期限是从1991年算起还是从1993年算起)。刚到哈佛大学医学院建立独立实验室的前几年,施扬在其崭露头角的基因转录研究方向上继续前行。虽然也发了论文,但他并不满足,甚至觉得自己当时所做并非真正的生物学研究。施扬很是煎熬,希望自己去做一些真正有意义、有影响力的事情。

1995—1996年,施扬凭着学术兴趣,在没有资金、没有实验室同事支持的情况下,一个人利用周末时间和Craig Mello(他刚在美国马萨诸塞大学医学院开始独立研究不久,2000年后任霍华德·休斯医学研究所研究员)合作开始了一个新的研究课题。那时,科学界还没有提出RNAi(RNA干预)这个概念。施扬跟Craig Mello讨论了如何命名这个现象,并曾采用了RNAi这个名称,两个人把论文投给了《自然》。但是,《自然》因为论文中没有机制阐述(不知道RNAi是怎么起作用的),所以没有接收。后来,这篇论文在抽屉里放了很长时间。此时,施扬已经成为哈佛大学副教授,因为距离晋级终身教授"非升即走"期限已经没有几年时间了。在这种体制的压力下,施扬觉得去做RNAi那样的研究风险较大,必须要照顾好手上的课题,保证有持续的研究经费,继续把工作做好。所以,施扬就没有往RNAi方向做下去。但是,Craig Mello继续深入研究,用遗传学的方法鉴别出了介导RNAi应答的酶,于1998年在《自然》上发表了一篇历史性的论文。后来,Craig Mello因为RNAi(RNA干预)的工作获得了2006年诺贝尔奖。施扬虽然参与了最初研究的工作,但依然与该项"诺贝尔奖"工作"还差十万八千里"地失之交臂,令人遗憾。(《赛先生》特约撰稿人涂芮/整理,《施扬(2):"工作狂"的悲喜剧》,《赛先生》2015-04-20,http://mp.weixin.qq.com/s?__biz=MzA3OTgzMzUzOA==&mid=205923055&idx=1&sn=51eaf8f443b92aabcf19a3f70f2e0d99&3rd=MzA3MDU4NTYzMw==&scene=6#rd)

跌宕的实验

施扬主动调整了研究方向,重新回到博士后期间所从事的病毒研究,因为病毒会揭示应该去做什么。在病毒领域,当时研究者利用病毒阐明了很多的细胞功能,包括细胞周期如何调控。很多都是用病毒来做的,发现第一个肿瘤抑制基因也是通过病毒研究发现的。施扬从博士后期间的研究对象——"腺病毒(adenovirus)"着手,研究与腺病毒的一个蛋白质(E1A)发生相互作用的蛋白质(CtBP),当时几乎没有人研究过这个蛋白质。这个决定改变了施扬以后10多年的科学生涯。

当施扬决定去研究这个蛋白质(CtBP)时,他面临要去说服实验室的博士或者博士后参与这项工作的问题。施扬很幸运地找到了一个思路跟他接近的博士后石雨江,他是武汉大学生物化学专业的学士(1990年),美国佛罗里达大学细胞和发育生物专业的博士(2000年);2001至2005年在施扬实验室做博士后。施扬让他去学习如何做蛋白的串联亲和提纯(tandem affinity purify)——就是给蛋白加个标签,然后用这个标签的抗体去把蛋白提取出来。很快,实验结果就出来了,施扬一看就知道"中了大奖",因为被提取的不少蛋白都是和代谢酶有相似性,肯定这里面有文章可做。其中最重要的发现是胺氧化酶(amine oxidase),

从理论上也可以作用于蛋白质，也就是说有可能使蛋白去甲基化。虽然只是组蛋白上去甲基化的第一个酶，却可以使得原来松散的DNA压缩、变紧，进而使得这一段上的基因表达被抑制。

所以，施扬决定把其他研究工作都暂时放下，全力以赴探究这个蛋白质。当时总共有两三篇发表的文章提到了这个蛋白质，只有三个实验室关注胺氧化酶。施扬得知他们都因为这样那样的原因没有继续关注这个蛋白，他立刻说服石雨江，让他把手头的所有课题都停了，全力投入到这个课题；虽然当时石雨江有三个课题正在做，而且其中一个进展不错。

自从科学家破解了构成人类和动物基因组的碱基密码以来，研究人员将研究焦点开始转向研究基因功能的其他化学修饰层次，即表观遗传学。表观遗传学与基因序列本身一样重要，因为它控制基因是否被开启或关闭，从而决定它们是否制造蛋白质。

在过去的几十年里，科学界得到一个共识：蛋白质的功能可以被有些氨基酸侧链化学集团的修饰来改变。其中，最有名的是磷酸化，即蛋白质上面加一个或者减一个磷酸，从而改变蛋白质的活性。这个理论大概统治了生物学近40年的历史。另外一个修饰就是甲基化。把一个甲基加上去也可能会改变蛋白质的功能，但这需要有两个酶，一个是把甲基装上去，一个是减下来。把甲基装上去的酶很早就有人发现了，但是如果没有把甲基减下来的酶，这就没什么意义，因为它还不是一个调控机制。如果能找到这个去甲基酶(demethylase)，甲基化就变成一个调控机制了。施扬等人想要找到的这个酶是组蛋白的去甲基化酶。一旦找到这个酶，就能很容易地发现其他很多蛋白也有去甲基化现象，这将变成很大的一个领域。

当发现第一个去甲基化酶的时候，施扬就给它命名为LSD1（LSD是lysine-specific demethylase的缩写，赖氨酸去甲基酶），而没有把它叫作组蛋白去甲基酶。因为，施扬预测甲基化现象并不只是局限于组蛋白的，可能非组蛋白的蛋白质也可以被去甲基化，LSD原本是流行词"迷幻药"的缩写，比较容易记。LSD后面加上1，是因为施扬认为以后还可以找到一系列的去甲基化酶。LSD1发现的2年后，施扬及另外2个实验室分别报道了又一类去甲基化酶。

当拿到这个结果的时候，施扬十分清楚，还需要做很多对照实验并用不同的方法来验证已有的实验结果，着手证明这个猜测的模型。他们决定同时尝试验证潜在的两种可能性，看看LSD1到底是对组蛋白去甲基化的，还是氧化多胺组分的。在9个月到1年的时间里，他们的实验起伏跌宕，风云变幻。仔细研究数据，和正对照千余倍的多胺氧化酶活性相比，最终施扬等人还是很难让自己信服LSD1是一个多胺氧化酶。在实验室的组会上，施扬下了最后的决定，必须转回到原点，重复一次组蛋白电泳的实验，看看它会不会是将组蛋白去甲基化了。如果还是阴性的结果，那他们就此罢休。次日早晨，施扬接到石雨江的电话。他昨晚做了一个通宵的实验，最后发现LSD1是一个去甲基化酶！并做好了所有的对照。石雨江还解释了一年前他做出了阴性的实验结果的原因，是因为他之前没有做过组蛋白电泳。

因此，最终施扬等人多花了一年的时间来证明自己的猜测（Shi Y J, Lan F, Matson C, Mulligan P, Whetstine J R, Cole P A, Casero R A, Shi Y. Histone demethylation mediated by the nuclear amine oxidase homolog LSD1. Cell, 2004,119(7):941-953.）。后来，施扬总结道：科研工作需要谨慎对待，一定要认真仔细，最大程度地避免出现人为的错误。（《赛先生》特约撰稿人涂芮/整理，《施扬（3）：人生选择无参照》，《赛先生》，2015-04-28，http://mp.weixin.qq.com/s?__biz=MzA3OTgzMzUzOA==&mid=206169431&idx=1&sn=73e2e8964841b1b9cb2436bad9318afa&3rd=MzA3MDU4NTYzMw==&scene=6♯rd）

发现一个新的甲基化酶的故事，显示了科学实际上是充满了惊喜（surprises）的。施扬等人能做出这样的发现，有几个很重要的原因：一是敢于去做别人认为不可能的事情，二是问对了问题及找对了入手的方向，第三是找对了人去做这件事，这几条缺一不可。

开创的意义

被施扬命名为 LSD1 的蛋白质的重大发现，结束了生物学界长达 40 多年关于组蛋白是否可以去甲基化的争论，开创了表观遗传去甲基化领域，并对生物医药行业产生了深远影响。2010 年 3 月 19 日，饶毅在介绍应北京大学生命科学学院邀请来做学术报告的哈佛大学医学院教授施扬时说："我在 2002 年写过一篇《值得获诺贝尔奖的工作》，如果现在要写，就要加上 2004 年施扬的工作。"（《哈佛教授施扬》，http://blog.sciencenet.cn/blog-2237-311229.html）

在基因表达的研究之前，施扬主要是在转录领域，但逐渐在走下坡路，很长一段时间科学家都觉得没事做了。但是由于施扬等人发现一个新的甲基化酶，以及中间发生的一系列事情，在染色体基础上的基因调控研究又重新成了生物学里面很热的领域。以前科学家已经知道 DNA 是遗传的，但是除了 DNA 以外，还有其他东西也可以遗传下去，环境甚至个人经历都可能会对他的后代产生影响。这些现象很有可能是通过表观遗传机理介导的。所谓表观遗传学，也就是说 DNA 不完全决定你的遗传特性，表观遗传学就是在真正的生理条件下，有染色体存在的情况下，探索怎么样把一个基因打开、关掉，怎么样在应急的时候把一些基因调动起来，然后把新的基因表达谱稳定地传给新产生的细胞甚至下一代，所以染色体的调控机理是表观遗传学很重要的一部分。可以说，表观遗传学是研究环境如何影响生物的功能和行为以及某些诱导的特征如何传给后代的学科。这就是为什么科学家会对这个领域很感兴趣。蛋白的甲基化和 DNA 的甲基化等一系列的发现形成了表观遗传学的新领域。

除了基础理论很重要，有一部分原因是制药公司。因为制药公司做磷酸化酶激酶，500 多个激酶做药物靶点做了好几十年了，大多数都是失败的，所以大家都在想，是不是还有未开垦的新土地可以找到新的做药的靶点。从化学角度来讲，酶是比较好的药物靶点，因为它的化学过程是明确的,可以设计小分子去抑制酶的活性。施扬等人做了很多对照实验并用不同的方法来验证发现一个新的甲基化酶实验的结果。为此,他们建立了一系列检查去甲基化酶的技术。这也为以后寻找其他更多的去甲基化酶奠定了理论及技术基础。

学术成果向产业转化给一个科学家带来的,除了丰厚的商业回报,还有学以致用的成就感。2008年,施扬参与创立了美国星座生物制药公司(Constellation Pharmaceuticals),该公司主要致力于表观遗传学科研成果的转化,开发表观遗传学抗癌及免疫药物,目前有两类药物已进入临床一期,其巨大商业潜力正受到投资者的青睐。

施扬在国际上率先发现了首个组蛋白去甲基酶并开创了表观遗传去甲基化领域。2005年施扬受聘为教育部第六批"长江学者奖励计划讲座教授"(复旦大学长江学者讲座教授)、上海生物医学研究院分时教授并担任复旦表观遗传学研究室总负责人。2009年,施扬开始受聘为波士顿儿童医院医学系 Merton Bernfield 新生儿科学讲席教授。2012年施扬入选为"千人计划"讲座教授(B类)。施扬以第一作者和通讯作者身份在《自然》和《细胞》上已发表过11篇论文,到2015年5月为止,仅 RNAi 和 LSD1 两篇论文已经被引用3 000次(Goole Scholar 数据)。不过迄今为止,施扬还没有在《科学》上发表论文,也不是霍华德·休斯医学研究所研究员,也没有当选为美国国家科学院院士。

拿下"第一城"

2015年4月23日,美国人文与科学院2015年院士名单出炉。儿子的导师赫然在目,入选美国人文与科学院2015年新晋院士(fellows),成为新增选的197名卓有成就的学者、科学家、作家、艺术家以及在企业、慈善等领域的领袖们中的一员,终于拿下了四大科学院的"第一城"。美国全国性的科学院有国家科学院(National Academy of Sciences, NAS)、国家工程院(National Academy of Engineering, NAE)、国家医学院(Institute of Medicine, IOM)和人文与科学院(American Academy of Arts and Sciences, AAAS)。也许对于美国科技界而言,美国国家科学院和国家工程院的含金量更高、入选难度更大。当然,美国的上述四大科学院的院士在学术水平上要远高于我国的两院院士,至少平均水平而言如此。

美国人文与科学院(有人译为美国艺术与科学院、美国文理科学院),是美国历史最悠久的院士机构及地位最为崇高的荣誉团体之一,也是进行独立政策研究的学术中心。该院的宗旨是:"弘扬学术,以增进自由、独立、良善之公民德行。"该院从科学、人文、商业、政治、艺术等领域选举每个年代最优秀的学者及最具影响力的领袖为其院士,一直被认为是美国的最高荣誉之一。当选之后,他们以智囊的方式,从而为国家、社会乃至全世界贡献自己的知识、才能和智慧。目前美国人文与科学院的主要研究计划聚焦于高等教育与科研、人文与文化研究、科学与技术进展、美国政治、人口与环境、儿童福利等。其主办的季刊《代达罗斯》被广泛认为是国际最重要的学术刊物之一。

美国人文与科学院成立于1780年,首任院长为美国第一任副总统及第二任总统约翰·亚当斯。自成立以来的235年中,院士共1万余名,囊括了每个年代美国各界的"思想家和实干家"。在此之后,美国才陆续设置了美国国家科学院、国家工程院和国家医学院。目前,该院共有4 600多位院士及600多位外籍院士,其中包括超过250位诺贝尔奖得主及超过60位普利策奖得主。新晋院士入院仪式于2015年10月10日在美国人文与科学院的总部马萨诸塞州的剑桥市举办。届时,我们刚好在美国波士顿。

需要特别说明的是,美国人文与科学院和出版《科学》的美国科学促进会(American Association for the Advancement of Science, AAAS)不是一回事,尽管两者看起来很相似。美国科学促进会的会士(fellow)的当选难度和含金量还是不能和美国人文与科学院院士相提并论的,尽管前者也很不容易。此外,将美国人文与科学院翻译成"艺术与科学院"也是不准确的译法。

美国人文与科学院共分为5个学部及24个学组:Ⅰ.数理科学部,包括数学组、物理组、化学组、天文及地理学组、工程科学与技术学组、计算机科学组;Ⅱ.生命科学部,包括生物化学与分子生物学组、细胞生物学组、神经科学组、演化生物学组、医学组;Ⅲ.社会科学部,包括心理学组、经济学组、政治学组、法律(包括法律实践)学组、考古学组;Ⅳ.艺术与人文科学部,包括哲学组、历史学组、文学及语言学组、文学创作学组、视觉艺术及表演艺术组;Ⅴ.公共事务、商业与行政管理学部,包括公共事务组、商业组、教育组。儿子的导师名列在生命科学部新设立的交叉学科组。

今年有5位华裔当选美国人文与科学院院士,他们是:

物理学:Tin Lun Ho, Ohio State University(何天伦,俄亥俄州立大学),1972年本科毕业于香港中文大学,1977年博士毕业于美国康奈尔大学。

化学:Linda C. Hsieh-Wilson, California Institute of Technology(琳达,加州理工学院),耶鲁大学化学系学士、博士。

生物化学与分子生物学:Wei Yang, National Institutes of Health(杨薇,美国国立卫生研究院),1980年考取复旦大学生物化学系,1983年赴美深造,获哥伦比亚大学生物化学博士,2013年当选美国国家科学院院士。

文学批评:Kang-I Sun Chang, Yale University(张孙康怡,耶鲁大学),台湾东海大学英国文学学士,之后就读于台湾大学(1966—1968年)、罗格斯大学(1971年获图书馆学硕士)、南达科他州立大学(1972年获英国文学硕士)、普林斯顿大学(1976年、1978年分别获古典中国文学硕士、博士)。

视觉艺术:Jay Xu, Asian Art Museum of San Francisco(许杰,旧金山亚洲艺术博物馆),1983年上海大学中文系毕业,进入上海博物馆工作,后赴美深造获得普林斯顿大学博士。

值得关注的是,之前已经当选为美国人文与科学院院士的华裔(从中国的大学毕业)还包括:

谢宇,社会学家,密歇根大学教授,2004年当选。1982年获得上海工业大学工学学士学位,1984年获得美国威斯康星大学科学史硕士和社会学硕士学位,1989年获得威斯康星大学社会学博士学位。此后在美国密歇根大学历任社会学系助理教授(1989—1994年)、副教授(1994—1996年)、正教授(1996年至今)。2009年当选美国国家科学院院士,现为普林斯顿大学教授。

田刚,数学家,麻省理工学院教授,2004年当选。1982年毕业于南京大学数学系,1984

年获北京大学硕士学位,1988年获美国哈佛大学数学系博士学位,现任北京大学教授及美国麻省理工学院西蒙讲座教授。2001年当选为中国科学院院士。

袁钧瑛,生物学家,哈佛大学教授,2007年当选。1982年在复旦大学获得本科学位,于1989年在美国哈佛大学获得神经科学方面的博士学位。随后,她在麻省理工学院进行博士后训练,1992年在哈佛大学医学院任助理教授,2000年任教授。

谢晓亮,化学家,哈佛大学教授,2008年当选。1962年出生于北京,1984年毕业于北京大学化学系,1990年获美国加州大学圣地亚哥分校化学博士学位。1990—1991年在美国芝加哥大学从事博士后研究。1992—1998年在美国太平洋西北国家实验室(PNNL)环境分子科学实验室工作。1999年被聘为哈佛大学化学与化学生物学系正教授,2009年被聘哈佛大学Mallinckrodt讲席教授。2011年5月当选美国国家科学院院士。

张首晟,物理学家,斯坦福大学教授,2011年当选。1978年,在没有读过高中的情况下,15岁的张首晟直接考入复旦大学物理系。1979年(大二),作为交流学生被送往德国柏林自由大学深造。1983年,获德国柏林自由大学硕士学位,同年赴美国纽约州立大学石溪分校,师从著名物理学家杨振宁教授,1987年获博士学位。同年进入加州大学圣巴巴拉分校(University of California, Santa Barbara)从事博士后研究。1989年年底,结束博士后研究,与妻子余晓帆一起到IBM继续从事科学研究工作。1993年,被聘为斯坦福大学物理系副教授。1995年,年仅32岁的张首晟被聘为斯坦福大学物理系教授,成为斯坦福大学最年轻的终身教授之一。2013年,当选中国科学院外籍院士。

张寿武,数学家,哥伦比亚大学教授,2011年当选。1983年毕业于中山大学数学系,1986年在中科院数学所获硕士学位后赴美国留学,1991年获哥伦比亚大学博士学位,1996年任该校教授。

杨培东,化学家,加州大学伯克利分校教授,2012年当选。1988年毕业于木渎中学,1993年从中国科学技术大学应用化学系毕业,后赴美国哈佛大学求学,1997年获哈佛大学化学博士学位。1999年至今,先后任美国加州大学伯克利分校化学系助理教授、副教授、教授。他是加州大学伯克利分校化学系历史上被聘为正教授的两位华人科学家之一。

骆利群,生物学家,斯坦福大学教授,2012年当选。1981年初中毕业后考取中国科学技术大学少年班,1987年8月赴美留学,在美国波士顿布兰迪斯大学生物系攻读博士学位,1992年6月获博士学位。1992年9月赴加州大学旧金山分校从事博士后研究,1996年6月在斯坦福大学任助理教授。2005年当选美国HHMI研究员,2012年当选为美国国家科学院院士。

庄晓威,物理学家,哈佛大学物理系和化学系教授,2013年当选。1972年出生于江苏省如皋县。1987年从苏州中学科大少年班预备班考入中国科学技术大学少年班,1991年获中国科学技术大学物理学学士,1996年获美国加州大学伯克利分校物理学博士,随后在斯坦福大学从事生物物理学博士后研究工作，自2001年起任教于哈佛大学。2012年当选为美国国家科学院院士。

郁冰，数学家，加州大学伯克利分校教授，2013年当选。1980年进入北京大学数学学院学习。1985年赴美，先后在加州大学伯克利分校获得统计系硕士和博士学位。1990—1993年，她任教于美国威斯康星大学麦迪逊分校统计系，1993年回到加州大学伯克利分校担任助理教授，2001年，担任加州大学伯克利分校的统计学教授，2009年到2012年担任统计系主任。

从上述资料可知，谢宇、谢晓亮是先当选为美国人文与科学院院士后当选为美国国家科学院院士，庄晓威是先当选为美国国家科学院院士后当选为美国人文与科学院院士，骆利群是同年当选美国人文与科学院院士和美国国家科学院院士。

儿子导师的研究领域和科学、医学也都沾边，不知何时可以拿下美国国家科学院和美国国家医学院的院士，但与工程关系不大，基本上是无缘美国国家工程院院士。

独立青年科学家的楷模

2015年12月7日,43岁的庄晓威当选中国科学院外籍院士。1972年1月出生的庄晓威成为最年轻的中国科学院外籍院士。这是继庄晓威成为最年轻的美国国家科学院院士之后,又一次获得的最年轻的科学家荣誉。庄晓威可以堪称独立青年科学家的楷模。

1991年,19岁的庄晓威从中国科学技术大学物理学专业本科毕业,采纳了杨振宁的建议,赴美攻读实验物理学博士学位,选择师从加州大学伯克利分校沈元壤教授(Yuen-Ron Shen,1935—)。沈先生是台湾大学的学士(1959年),斯坦福大学的硕士(1959年),哈佛大学的博士(1963年),美国人文与科学院院士(1990年)。他的研究领域包括非线性光学、激光光谱学、表面科学、凝聚态物理等,是液晶非线性光学与表面非线性光学研究的开拓者。沈先生教会庄晓威的第一件事就是质疑,不要轻易相信,不惧权威、不迷信论文,一切要经过自己的严谨的科学研究方法和实证,勇于接受挑战。"You see it, then you believe!"这就是庄晓威选择光学的理由,也是她今后独立研究工作的基础!

1997年,庄晓威博士毕业。在导师沈元壤的鼓励下,庄晓威开始寻找教职。斯坦福大学物理系学术委员会成员曾给庄晓威打电话:"我们对你非常感兴趣,准备给你一个位置,但还需要写一份书面材料给物理系主任,需要你提供一些更详尽的信息。"但是,很快这位斯坦福大学的老师给了一个善意的建议:"你还没有准备好!我们给你一个很好的博士后,让你在2—3内可以跟任何教授合作,证明自己!"经过激烈的思想斗争与深思熟虑,庄晓威决定接受这个fellowship而拒绝其他学校的教职!庄晓威从内心里发现自己确实没有准备好!她需要沉下心来做几年博士后!

庄晓威选择加入朱棣文在斯坦福大学的实验室,并转向了此前毫不了解的生物学领域。当年,朱棣文在劳伦斯·伯克利国家实验室因"发明了用激光冷却和俘获原子的方法"荣获诺贝尔物理学奖。获得诺贝尔奖,也给朱棣文带来了全球声誉。他说服一些大企业捐资,由他亲自主持,在斯坦福大学修建了世界上第一个Bio-X实验室,这也是当时世界上最先进的Bio-X实验室。朱棣文要求庄晓威做有重要影响力的课题(big impact),不能盲目跟风!所以,庄晓威选择了用物理的方法去解决生物的问题,与化学、生物学科的合作伙伴一起开始做一些跟踪分子行为的实验,但头两年几乎仅仅限于摸索和辛苦的试探,没有任何结果。从一无所知到找到自己的研究方向,也是一个艰难的寻找过程。但是功夫不负有心人:她的选题获得了朱棣文的鼓励;2000 年,庄晓威获得了美国国立卫生研究院国家研究个人奖(Individual National Research Service Award, National Institute of Health);她的论文发表在了《科学》上! 当然也推开了一扇门:用她擅长的光学去"看"浩瀚的生物世界!在这个过程中,她开始逐渐准备好去做一个独立的研究者,去发现重要的问题、解决重要的问题! 庄晓威认为,在博士和博士后阶段更应专注于课题研究,成功的研究成果一定会引起别人的关注,功到自然成。

2001 年,经过四年的准备与努力,29 岁的庄晓威被聘为哈佛大学助理教授,在哈佛大学建立自己的实验室,开始成为独立的青年科学家。在哈佛大学,庄晓威选择重要、有难度、有风险的课题,以至于头两年并不顺利,申请基金也很困难。庄晓威开展的研究,是要探明生物体系中单个分子或单个粒子的运动表现。长达 10 年的物理学根底赋予她敏锐而重要的直觉,带领她创造性地将带荧光的分子标记物附在病毒上,当用激光照射时,标记物会发射出特殊的彩色光。用这种方法,借助显微镜,庄晓威跟踪了单个病毒的行为,也跟踪了诸如蛋白质和核糖核酸(RNA)片断这样的单个分子行为。她拍摄到单个流感病毒的连续影像,这是世界上首次记录到病毒的各阶段过程。麦克阿瑟奖(MacArthur Fellowship, 2003 年)、斯隆研究奖(Sloan Research Fellowship, 2004 年)因此向她垂青。庄晓威创造性地将荧光光谱和显微分析技术应用于单个分子,这种崭新的物理手段,使得实时揭示复杂生物过程中的分子个体及其运动步骤成为可能。她在单分子动力学、核酸与蛋白的相互作用、基因表达机制、细胞核病毒的相互作用等领域做出了杰出的贡献。她发明了突破光学衍射极限的 STORM 荧光成像技术,使得光学显微镜分辨能力接近纳米尺度,极大地推动了亚细胞微观结构的研究。她连续多年在《自然》《科学》《细胞》等重要学术期刊上发表多篇文章。

庄晓威认为要做一个独立的科学家必须有几个基本要素:

第一是专注(Single-Mindedness),一心一意做一件事情,心无旁骛一心做科学。没有外界的干扰,一心一意做一件事情很难有做不好的。

第二是远见[Vision (far-reaching)]要有一个很长远的高瞻远瞩的眼光,这决定你最后做出成就的大和小。远见和想象力需要一定的训练。

第三是攻坚(Fearless)。不要害怕做难的东西,不要害怕做花精力的东西,不要捡便宜做。贪图便宜一般是很短视的,你做出来的东西成就有限,一定要很胆大地做有创新性的东西,尽管这个东西可能花的时间、花的精力比较多一些。

第四是坚持(Persistence),执着地做一件事,不轻言放弃。持之以恒,要有耐心,要耐得住寂寞。

第五是运气(Some Luck),也要有点小运气,这当然来自好的性格和品德,心态纯然。

2014年诺贝尔化学奖公布后,很多学界专家都认为华裔科学家庄晓威更有资格获得该奖。

长期以来,光学显微镜的成像效果被认为受到光的波长限制,无法突破 0.2 μm 即光波长 1/2 的分辨率极限。获诺贝尔奖的三位科学家则以创新手段"绕过"这一极限,通过激光束激活荧光分子,在荧光分子发光的时候通过特别手段消除或过滤掉多余荧光,从而获得比"极限"更精确的成像。这 3 个物理学家是:美国霍华德·休斯医学研究所珍利亚农场研究园区研究员艾力克·贝齐格(Eric Betzig)、德国马克斯·普朗克生物物理化学研究所所长斯特凡·W. 赫尔(Stefan W. Hell)和斯坦福大学教授 W·E·莫纳(W. E. Moerner)。他们的突破性工作将显微技术带入"纳米"领域,让人类能够"实时"观察活细胞内的分子运动规律,为疾病研究和药物研发带来革命性变化。

最早推出超分辨率技术的德国人赫尔的研究最开始时遭到业内人士的强烈抵制,"人们觉得这个'极限'自 1873 年就存在,再去做一些研究……有点疯狂,不太现实"。1994 年,赫尔另辟蹊径最先发表文章阐述了自己的 STED(受激发射损耗,Stimulated Emission Depletion)理论,并且在 2000 年开发出 STED 显微镜,证明其可行性,从而在原理和技术上实现了超分辨率。在他发明的 STED 荧光成像技术中,虽然激发光脉冲能够激发 0.2 μm 区域内的所有荧光分子,但是另一种甜甜圈形状的激光能将其照射区域的所有分子的荧光消除,从而只留下中间的分子的荧光。通过扫描整个样品,从而实现对整个样品的成像。但因为生物兼容性很差,很容易将生物样品烧坏,因此一直没能大范围应用。赫尔教授也在技术上不断改革,使得生物兼容性很好。像赫尔这样既提出理论又将其实现的,获得诺贝尔奖是没有争议的。

超分辨率荧光显微镜很重要的一个方面是荧光。荧光是一种致冷发光现象。荧光分子能够吸收一种波长的光,放射出另外一种波长的光。荧光分子是有一定寿命的,其持续发光一段时间后,将不能继续发光(光致褪色现象)。荧光分子可以是荧光蛋白质分子(如 2008 年诺贝尔化学奖得主钱永健发现的绿色荧光蛋白),也可以是有机分子。在莫纳之前,人们观测荧光分子时都是同时观测到几百万几千万个分子,得到的结果是其平均统计结果。而莫纳是第一个能够探测单个荧光分子的人,在 1989 年将技术推进到观测单个荧光分子。虽然单个荧光分子成像后也是一个 0.2 μm 的爱里班,但是在没有其他分子存在的情况下,它的中心位置可以更精确地被确定下来的。在一定条件下,单个荧光分子的定位精度能达到 1 μm。这是超分辨率显微镜的基础。1997 年,莫纳找到控制荧光"开"和"关"的方法,像控制电灯泡一样方便地控制荧光蛋白发光的方法:一些已褪色的荧光蛋白在照射 405 nm 激光后能够被激活,再照射其激发光(如 488 nm)即可重新发出荧光。这个方法被称为"光激活(photoactivation)"。经过一些波折之后,2005 年莫纳发现了一种可以随意开启或关闭其荧光的蛋白质。2006 年莫纳利用自己的发现对之前的设想进行改进得到了溶酶体外膜结构的超高分辨率图像。能够探测并观察单个荧光分子是超分辨率显微镜极其重要的功能,莫纳的成果无疑是具有奠基性质的。

美国应用物理学家和发明家贝齐格受莫纳的启发于 1995 年在《光学快报》上发表了一篇概念性论文,提出利用不同荧光实现单分子精确定位的理论设想,尽管他当时并没有条件去实现这个概念。贝齐格发明的超分辨率显微镜叫光激活定位显微镜(photoactivated localization microscopy,PALM),其中所利用的就是莫纳发现的光激活方法。贝齐格利用微量的 405 nm 激光照射样品,使得其中极小部分荧光分子能够发出荧光。由于这些发光的荧光分子很稀疏从而相距较远,它们的位置能够被精确地确定下来。等这些分子光致褪色后,再次照射 405 nm 激光而激活另一小部分荧光分子。重复这个过程即可将样品中的所有分子定位出来,从而得到整个样品的图像。

值得一提的是,几乎与贝齐格 2006 年发明 PALM 同时,庄晓威也独立发明了另一种超分辨率显微镜(STORM,stochastic optical reconstruction microscopy)。PALM 和 STORM 这两种显微技术不仅同年,而且理论基础也是一样的,且生物兼容性非常好,这个技术一下子火起来。庄晓威确实为超分辨的发展和推广应用做出了巨大贡献。不同之处在于贝齐格利用的是光激活蛋白,而庄晓威使用的是有机荧光分子对。

今天,科学家们能够从最微小的分子细节来研究活细胞,这在前人看来是不可能的事情。在纳米显微 (nanoscopy)领域,科学家可以观察到更小的结构,也可以观测活细胞中不同分子的运动—— 他们能够看到脑部神经细胞间的突触是如何形成的(赫尔),他们能够观察到与帕金森病、阿尔茨海默症和亨廷顿舞蹈症(一种神经退化性紊乱疾病)相关的蛋白聚集过程(莫纳),他们也能够在受精卵分裂形成胚胎时追踪不同的蛋白质(贝齐格)。这无疑将推动人类从分子水平理解生命科学中的现象与机理。三位科学家的研究成果为微生物研究带来了无限的可能,理论上讲,如今没有什么物质结构小得无法研究。

在荧光显微技术这一领域,庄晓威也是极为重要的贡献人,她的工作绝对是诺贝尔奖级别的。庄晓威发明的 STORM 方法,是用很弱的光激发荧光分子,使细胞内的一小部分荧光分子发光,而不是全部。这样由于发光的点分布比较分散,重叠比较少,因此每个光晕可以近似为一个荧光分子。在一次激发中,可以确定一部分光晕的中心,在下一次激发中,可以确定另外一部分光晕的中心,把这许多次激发的结果叠加,就是完整而清晰的图像。这种超分辨率显微镜技术,能够识别个体病毒粒子进入细胞的机理,并用单分子技术从本质上研究核酸与蛋白的相互作用。庄晓威曾拍摄到单一枚感冒病毒如何影响一枚细胞,这是首次有科学家记录到这个过程。庄晓威使得光学显微镜分辨能力提高 20 倍,接近纳米尺度,能够表现组织或细胞更加细微的结构,极大地推动了亚细胞微观结构的研究。STORM 荧光成像技术在转让给尼康公司后,基于该技术生产的荧光显微镜已经上市。但是,诺贝尔奖奖励的是最原创的发现,诺贝尔奖委员会可能认为庄晓威只是做了技术上的进步,而没有概念上的创新。所以，这还是比较公平公正的。

庄晓威曾经说过，在选择课题时，不要自己生拉硬扯地制造一个题目，虽然不排除少数人有独到的眼光能发现一些别人还没有想到的问题，但是那些很多人都在关心却还没有想到方法来解决的问题，同样值得去研究，而且做出的结果意义会很大。或许庄晓威从一个独立的科学家到一个原创的成熟科学家还有一段距离。

榜样篇

细胞凋亡研究领域的开拓者

哈佛大学医学院有史以来第一位女性华人教授——袁钧瑛出身于书香世家,是家庭兄弟姐妹中最小的一个,也受到了无微不至的关怀,可以说生活十分幸福。1977年,中学毕业后,她被分配到上海机械厂工作。不久,高考恢复,袁钧瑛以应届生身份参加高考,这也就是她人生中的"第一个关键点(first key)"。当时没有复习资料,是她的老师从被封的图书馆中把高中课本拿了出来给她,4个月的奋斗使她成就了人生中的第一次辉煌,成为恢复高考后上海市首届状元。

袁钧瑛人生中的"第二个关键点(second key)"是选择生物化学专业。袁钧瑛祖父专攻有机化学,他认为,生物适合女孩子,化学是方向,化学与生物学结合以后将大有前途。所以,袁钧瑛高考志愿就选择了上海复旦大学生物系生物化学专业,并在这里遇到了她未来的丈夫俞强。

1982年初,袁钧瑛大学毕业,获学士学位。通过考试,她被上海第一医科大学(现复旦大学医学院)录取为研究生,同时以优异成绩(1981年11月参加笔试、面试)入围首届CUSBMBEA(教育部中美生化和分子生物学留美项目)项目(第一届,共58人)。

袁钧瑛人生中的"第三个关键点(third key)"是在CUSBMBEA项目支持下赴美国哈佛大学医学院攻读博士学位。她在第一个导师那里并没有得到太多机会,细胞传代的工作并不适合她。她真正的事业的开始是在第二个导师那里,那时她作为博士生接触到了亨廷顿舞蹈症病人,他们坐在轮椅中颤抖的样子深深地触动了她,觉得那十分骇人,只要得这种病就没有办法治,医生只能给予一些减轻症状的药物。基于有关这一方面的学习,她提出了对当时公认观点的一种质疑,就是人体细胞死亡可能不单单是被饿死,而可能是一种"细胞自杀(cell suicide)",因为人的神经在发育过程中也会有大量的细胞死亡。这样,袁钧瑛教授就开始寻找做这方面研究的实验室。

袁钧瑛曾在2003年2月撰文介绍当年她是如何选择人生中的"第四个关键点(fourth key)",即开展细胞凋亡研究的背景与过程(《通往斯德哥尔摩的道路——记2002年诺贝尔生理学或医学奖》,《科学通报》,2003年第4卷第3期)

现代分子生物学的建立在很大程度上依赖于噬菌体遗传研究。1963年,英国剑桥大学生物中心(MRC)的主任悉尼·布雷内(Sydney Brenner,2002年诺贝尔生理学或医学奖得主之一)产生了一个全新的研究设想。作为分子生物学创始人之一,他希望利用真核模式生物研究发育生物学,并最终选定线虫。他召集了一批年轻而富有献身精神的科学家,开始了一场对发育生物学有重大意义的研究。

线虫发育图谱分析显示其发育过程中的细胞死亡具有可重复性,这个结果令人惊讶,它揭示了程序化细胞死亡的基因控制,引起了罗伯特·霍维茨(H. Robert Horvitz,2002年诺贝尔生理学或医学奖得主之一)的极大兴趣。但是,直接识别细胞死亡突变体是十分困难的,因为细胞死亡总是瞬时发生。

20世纪80年代初,布雷内的一名博士后Hedgecock博士发现了ced-1和ced-2突变体,克服了上述困难。ced-1和ced-2中的突变体通过阻断凋亡细胞的吞噬,即消除死亡细胞的过程来延缓死亡细胞的消失。霍维茨在麻省理工学院的研究生Hilary Ellis发现了在程序化细胞死亡中有缺损的线虫突变体ced-3和ced-4,由此定义了能够杀死细胞的新型基因。袁钧瑛第一次听说ced-3和ced-4是在1983年霍维茨博士的一个学术报告会上。当时,袁钧瑛是哈佛大学医学院的新生,对ced-3和ced-4这类"死亡基因"的存在很感兴趣。那时还没有证据证明脊椎动物有类似的基因。袁钧瑛刚巧在研究生课上学到了脊椎动物发育中大量发生的发育细胞死亡和神经变性疾病中的选择性神经变性,袁钧瑛想也许研究线虫的细胞死亡能够帮助解释这两种现象。尽管是哈佛大学医学院的学生,但袁钧瑛的运气和导师的热心支持使袁钧瑛有机会加入麻省理工学院的霍维茨实验室。Hilary Ellis完成论文毕业后,袁钧瑛接过了ced-3和ced-4课题。袁钧瑛利用遗传镶嵌分析,很快证明了ced-3和ced-4在细胞死亡中的作用,即ced-3和ced-4是细胞自杀机制的一部分。这一发现在当时很出人意料,因为它指出发育细胞凋亡是自杀,而不是谋杀或饥饿引起的死亡。接着,袁钧瑛克隆了ced-3和ced-4,但对ced-3这类基因(现在称为Caspases)的作用机制尚不清楚。袁钧瑛是世界上第一个细胞凋亡基因的发现者。该发现为世界细胞凋亡研究领域奠定了研究基础,引发了世界上众多的实验室从不同的角度开始对细胞凋亡进行系统的研究,也为霍维茨教授获得2002年的诺尔奖做出了重要贡献。

在《科学通报》上发表的这篇文章下有个标注:作者袁钧瑛"1983—1989年在麻省理工学院Horvitz博士实验室完成博士论文",不知麻省理工学院的霍维茨教授是否算是哈佛大学医学院的博士研究生袁钧瑛的博士导师。尽管在麻省理工学院完成博士论文,1989年,袁钧瑛获得的依然是哈佛大学医学院的博士学位。之后袁钧瑛继续在麻省理工学院霍维茨实验室进行博士后研究,合作导师是霍维茨。1992年,袁钧瑛受聘于哈佛大学医学院,任助理教授。1996年任哈佛大学医学院副教授。2000年任哈佛大学医学院终生教职(tenured full professor),至今一直是正教授。

榜样篇

袁钧瑛后来总结：科学最重要的是问，而且是要在了解某一方向后提出一些新的问题，这就需要我们对知识的进一步积累；在做研究时，我们一定要"耐得住寂寞"，而且要"坚持做下去"，只有坚信自己的研究是值得的，才能够最终有所收获。袁钧瑛在做细胞凋亡工作的开始阶段，人们都对她的研究持怀疑态度，她并没有得到太多支持，但她最终开启了细胞凋亡研究的新领域；当然，这还要建立在自身有一定的悟性的基础之上，没有悟性终究是体会不到科学的奥秘的。

袁钧瑛认为，找到一位好的导师很重要，他/她可以让你从此获得好的训练，并为以后的研究打下基础。研究的动力是好奇心。对于科研而言，创造性是最重要的。但中国的传统教育不重视创造性的训练。而机械的背书、严格听老师的话，与科学家的训练可以说是背道而驰。有些中国来的学生在原来导师的指导下实验可以做得很好，一旦自己建立独立实验室，需要自己思考时，就会碰到麻烦。做开创性的工作，一定要思想开阔，要有跳跃性思维，不能按部就班。再有，就是要勤奋，不能偷懒。假说只有得到证据才能成为科学，而证据是用汗水换来的。

注1：俞强是上海复旦大学生物系生化专业1977级学生，1982年考入中国科学院上海生物化学研究所研究生，并被该所推荐参加CUSBEA项目（第一届），赴美国罗切斯特大学（University of Rochester, U of R）攻读博士学位。1988年获博士学位，后进入麻省理工学院进行博士后研究。1992年受聘于波士顿大学医学院，先后担任助理教授和副教授，并兼任美中生物医学专家协会理事、秘书长，美中生物医药开发协会理事。2002年应中国科学院"百人计划"邀请回国受聘于中国科学院上海药物研究所，担任研究员、学术委员会委员。他同时担任上海浦东新区生物医药协会理事、《中华医药杂志》编委、《中国天然药物》杂志编委、中国抗癌协会抗癌药物专业委员会委员、上海市药理学会肿瘤化疗药理专业委员会主任。俞强教授从事细胞生物学和分子生物学研究多年，先后在《自然》《科学》等国际一流期刊上发表论文70余篇，申请专利20余项。

注2：1979年，美籍物理学家、诺贝尔奖获得者李政道教授发起中美物理学联合招生项目（China-United States Physics Examination and Application Program，简称CUSPEA项目），每年选派100多名中国学生赴美国一流大学和科研机构学习物理。1981年，康奈尔大学吴瑞教授在得知CUSPEA项目实施之后，决定发起CUSBEA项目，选拔中国学生赴美国学习生物化学和分子生物学，以缩短中国生命科学与世界先进水平之间的差距。

高淳漆桥走出的神经科学家

2017年5月20日—21日,首届江苏发展大会邀请了何志刚作为特邀嘉宾出席大会。大会组委会派记者专门前往波士顿采访何志刚,重点向公众推荐宣传这位不为大众所了解的神经科学家。江苏发展大会由江苏省委、省政府主办,每两至三年举办一次,旨在增进与海内外江苏籍和在江苏学习、工作过的各领域知名人士的联系、交流和合作。大会立足江苏人文资源优势,搭建起一个联络感情、对话交流、共谋发展的平台,全面深化江苏的对外交流合作,为建设"强富美高"新江苏汇智聚力,推动江苏经济社会又好又快发展。

其实,我很早就关注何志刚了。2009年,在多伦多大学分子遗传学系40周年庆典上,儿子就结识了这位学长,何志刚是该系最优秀的博士之一,回母校做学术报告。听儿子说,这位学长曾在南京医科大学工作过,恰好有位同学的母亲曾是他在病理生理学教研室的同事。2011年,在霍普金斯大学医学院神经科学系的学术研讨会上,儿子又听过何志刚的学术报告,并与之共进晚餐交流。2014年的"分子和细胞神经生物学"戈登会议结束后,他们同机从香港飞回南京,儿子还搭乘某单位派来接他的专车一同去古南都饭店,然后自己打车回家。为此,我还在一篇文章中记录了何志刚的一些情况。

何志刚1965年1月出生于南京市高淳县的漆桥镇。出身于农村的何志刚有着不一般的求学经历。他的中学时代处于"文革"后期和"文革"刚刚结束恢复高考的时候,何志刚的高中时代在短短2年间经历了墙围中学、漆桥中学、高淳县中学三所学校。1979年,年仅14岁的何志刚,参加高考,因数学成绩优异,在政治20多分的情况下,还是考上南京医学院(现在的南京医科大学),成为一名临床医学专业的本科生。不过,何志刚"对做医生兴趣不大,更想做的是生物医学研究。"1984年本科毕业后,何志刚考入南京医学院的病理生理学专业,攻读硕士学位,导师蔡海江。蔡海江,女,1986年获"国家级有突出贡献专家"称号,1991年获"全国高校先进科技工作者"称号。

1987年获得硕士学位后,何志刚留在南京医学院的病理生理学教研室工作了3年。1990年,他来到美国做访问学者,1992年到加拿大多伦多大学分子遗传学系攻读博士学位。1996年获遗传学博士学位后,他随后在美国加州大学旧金山分校(UCSF)解剖学系的著名发育神经生物学家马克·特榭-勒温(Marc Tessier-Lavigne)实验室做博士后研究工作。当时，特榭-勒温副教授是公认的科学界的明星。特榭-勒温1959年出生于加拿大，1977年至1980年在加拿大麦吉尔大学读物理学专业，1982年曾在《物理化学杂志》发表论文，主要介绍双层膜上脂质介导的分子间相互作用。1980年至1982年获英国罗德奖学金资助在牛津大学读哲学和生理学第二本科学位。1983年至1987年在伦敦大学学院读生理学，研究视觉电生理，获得博士学位。1987年至1991年在美国哥伦比亚大学医学院做博士后，其间开始研究神经纤维连接的关键步骤——轴突导向，以1988年1篇在《自然》上发表的论文引人瞩目，一举找到了轴突跨越中线的吸引性指导分子。1991年加入加州大学旧金山分校(UCSF)，他在助理教授期间的研究蜚声科学界，他和他实验室的博士后于1994年在《细胞》发表2篇论文，用生物化学方法分离提纯吸引性轴突导向的蛋白质(netrin)，这是被公认为达到诺贝尔奖程度的研究成果。1999年，他实验室与当时在加州大学伯克利分校的Corey Goodman、华盛顿大学的饶毅同时在《细胞》分别发表论文报道他们3个实验室发现排斥性轴突导向蛋白质(Slit)。特榭-勒温于2001年转任斯坦福大学人文与科学院Susan B. Ford教授、生物科学以及神经学和神经病学教授。2003年至2011年曾任基因泰克公司研究执行副总裁，2011年至2016年任纽约的洛克菲勒大学第十任校长。他于2001年入选英国皇家学会，2005年当选美国国家科学院院士，2011年当选美国国家医学院院士。2016年9月1日，在斯坦福大学125年校庆之际，神经生物学家特榭-勒温教授成为第11任校长。

1999年，何志刚被美国哈佛大学医学院附属儿童医院聘为助理教授，从事神经再生分子机制研究。很多疾病都是因为神经受到损害而造成的，比如脊髓损伤、中风等，这类疾病的治疗一直都是医学难题。中枢神经通道就像一根电话线，大脑要控制身体每个部位的活动，主要通信渠道就是神经纤维，这一通道一旦断了，就不能修复。何志刚及其团队主要研究的问题就是，为什么它不能再生，如果把这个问题研究清楚了，就可以设计神经修复的办法。2008年，何志刚团队首次向世界证明了定向抑制细胞内一个分子可诱导神经轴突的再生；2015年，他们又在小鼠实验中实现了前所未有的视神经再生，证明了哺乳动物神经再生的可能性，打开了人类攻克神经系统疾病的一扇神秘之门，也让许多过去无法治愈的疾病有了康复的可能，比如说让瘫痪的人能够重新站起来。目前，何志刚及其团队致力于研究将这一发现转变为临床的治疗途径。十几年如一日沉浸在神经修复再生———一项可能改变人类命运的科学研究中，何志刚发现了一个很重要的调节神经再生的通路，历史上第一次在动物模型身上实现了促进神经再生，这可能是有史以来世界上第一次发现神经再生。这就证明了哺乳动物神经再生的可能性，便给设计神经修复提供了理论基础，打开了人类攻克神经系统疾病的大门，也让许多过去无法治愈的疾病有了康复的可能，比如说让瘫痪的人能够重新站起来。

2014年，何志刚教授入选"2014世界最具影响力科学家"。汤森路透知识产权与科学事业部(Thomson Reuters Intellectual Property and Science Business)发布《2014年度全球最具影响力科学家》(*The World's Most Influential Scientific Minds*：2014)，列举了全世界范围内发表获得同行高频引用论文的顶级科学家。全球最具影响力科学家，又被称为高被引科学家，指与同一领域同一发表年份的其他作者相比，发表文章的被引频次位列全球前1%。该名单基于汤森路透文献计量专家通过 ESI 数据及相关评论等两个独立研究完成。通过对2001年至2012年21个学科领域发文情况进行分析，同时对发表过被引频次进入同领域同年份前1%文章的作者进行追踪，汤森路透确认其发文在所属研究领域十分重要且有价值。该名单从全球3 200位科学家中遴选出来。由汤森路透与上海交通大学世界一流大学研究中心合作完成。何志刚教授入榜神经科学与行为领域2014世界最具影响力科学家名单。

最近10多年，何志刚与国内特别是江苏的合作更加密切。2004年，何志刚出席南京医科大学再生医学研究中心举办的"干细胞与再生医学研究国际研讨会"。2006年，何志刚成为南京医科大学的特聘教授(柔性引进)，与南京医科大学基础医学院动脉粥样硬化中心保持密切合作，并获得2006年国家自然科学基金委员会生命科学部海外、港澳青年学者合作研究科学基金海外青年学者合作基金的资助。

2007年，何志刚成为上海交通大学长江学者讲座教授。讲座教授(Chair Professor)不同于国外的讲席教授(Chair Professor)，一般也不需要全职，但对于工作量有严格的要求。长江学者要求每年全职回国工作3个月。在这段时间内，讲座教授要全职工作。讲座教授奖金为每人每月3万元人民币，按实际工作时间支付。

2008年6月，何志刚出席南京医科大学再生医学研究中心举办的"干细胞与再生医学研究国际研讨会"，并参与研讨"江苏省医药动物实验基地"的建设方案、功能布局、国际合作等。

2009年，何志刚成为华东师范大学兼职教授、认知神经科学研究所衰老与神经系统研究室负责人。

2012年12月，何志刚出席南京大学医学院附属鼓楼医院建院120周年学术活动，并为2012干细胞与再生医学国际论坛暨间充质干细胞治疗自身免疫病新进展学习班授课。

2013年9月，何志刚被江苏省中医院特聘为医院首席科学家，获资助100万元。

2013年10月，与蒲慕明等出席冷泉港亚洲学术会议——神经回路的发育、功能和疾病，均为科学组委会成员，并做学术演讲。

2015年依托南京医科大学获得国家"千人计划"资助(创新人才短期项目)。创新人才短期项目支持对象是不能全职回国(来华)工作的海外高层次人才，中央财政给予"千人计划"短期项目引进人才每人人民币50万元的补助，有关地方提供配套支持。

2016年12月，何志刚协同德国科学院院士 Frank Bradke 莅临南京生物医药谷考察交流，参观了南京高新生物医药公共服务平台。

由于与国内有较多的科研合作,何志刚的学术论文的数量急剧增长:2004年8篇,2010年9篇,2014年12篇,2015年14篇,2016年41篇,2017年(1—5月)15篇。之前,大多是每年2—3篇。

　　何志刚还是瑞健生物医药(苏州)有限公司(Rugen Therapeutics (Suzhou)Co., Ltd)的核心技术主要来源者之一。瑞健生物医药(苏州)有限公司是由美国富达生物科学(Fidelity Bioscience)研究启动基金投资,在中国专注于中枢神经系统药物开发的生物技术公司。

有华裔背景的麦克阿瑟奖得主

被誉为"天才奖"的麦克阿瑟奖(MacArthur Fellows Program or MacArthur Fellowship)9月16日宣布2014年的得主中又有一位是有华裔背景的得主,新罕布什尔大学数学与统计学系教授张益唐。

麦克阿瑟奖(俗称"天才奖")是美国跨领域最高奖项之一。该奖创立于1981年,为纪念银行生命灾难公司的创始人约翰·D.麦克阿瑟而命名,由麦克阿瑟基金会(John D. and Catherine T. MacArthur Foundation)设立,基金会总部设在芝加哥。麦克阿瑟奖旨在表彰在社会发展中发挥重要作用的创造性人才,每年评选各领域20名至25名杰出人士,并在5年中给每人提供总额50万美元的奖金,且没有附加条件,获奖者可自由支配,让他们能更自由地继续探索。麦克阿瑟奖的评选制度是:由私人搜索、匿名提名审核,既不要求个人提交申请,也不需要面谈,只需遵循成就性、原创性与前瞻性等遴选标准。

截至2014年,在12个年度中有14位具有华裔背景的获奖者:

1. 1985年:丘成桐(Shing-Tung Yau,1949—),客家人,原籍广东省蕉岭县,1949年出生于广东汕头,同年随父母移居香港。父亲丘镇英是一位哲学教授,在丘成桐14岁时去世,母亲梅城是最后一位秀才梁伯聪之女,她克服种种困难供其上学。丘成桐在香港培正中学就读时勤奋钻研数学,成绩优异,1966年入香港中文大学数学系,1969年提前修完四年课程,为美国加州大学伯克利分校陈省身教授所器重,破格录取为研究生。在陈省身指导下,丘成桐于1971年获博士学位。后在斯托尼布鲁克的纽约州立大学石溪分校、斯坦福大学等校任教,并为普林斯顿高级研究所终身教授,获奖时,在加州大学圣地亚哥分校(UCSD)任教。

2. 1994年:李中汉(Stephen Lee,1956—),祖籍苏州,生于美国,诺贝尔物理学奖得主李政道的次子。1978年获耶鲁大学学士学位,1985年获芝加哥大学博士学位。后在密歇根大学任教,1993年起出任助理教授。1995年曾以访问学者的身份赴康奈尔大学。1999年起他正式加盟康奈尔大学,获聘为化学与化学生物学系终身教授。

3. 1998年:管坤良(1963—),现为加州大学圣地亚哥分校药学系教授。1982年浙江大学(原杭州大学)生物系本科毕业,考取中科院上海植物生理生态研究所研究生,并同时被录取 CUSBEA 赴美研究生,在美国普渡大学攻读博士学位(1983—1989 年),其后于该系从事博士后研究。1992—1996 年任密歇根大学生物化学系的助理教授,1996—2000 年任副教授,2000 年起任教授,2003 年起任 Halvor Christensen 教授。

4. 1999 年:徐冰(1955—),1977 年考入中央美术学院,1981 年毕业留校任教,1987 年获中央美术学院硕士学位。1990 年接受美国威斯康星大学的邀请,以荣誉艺术家身份移居美国。2008 年回国,现为中央美术学院副院长、教授,中国最著名的当代艺术家。以创造了汉字式的西方书法"天书"而著称。

5. 2000 年:姚鸿泽(1959—),英文名为 Horng-Tzer Yau,数学家,出生于台湾。1981 年本科毕业于台湾大学,1987 年博士毕业于美国普林斯顿大学,现为哈佛大学教授。

6. 2001 年:萧强(1961—),1979 年毕业于北京四十四中学,1984 年毕业于中国科学技术大学物理系(理论物理),1986 年 8 月在美国圣母大学(University of Notre Dame)攻读天文物理博士学位,1989 年获博士学位。2003 年起在加州大学伯克利分校的新闻研究生院任教,开设中国报道、人权和新媒体等相关课程,并于 2004 年创办了新闻网站"China Digital Times",为新闻研究生院专聘教授(Adjucnt Professor)。2005 年起,在信息学院和新闻研究生院开设跨科系的"参与媒体和集体行动"课程。2009 年在信息学院设立"逆权力实验室(Counter-Power Lab)",启动"中国数字时代"中文网站并从事对网络审查及反封锁技术的研究。2012 年起为加州大学伯克利分校信息学院专聘教授,开设"数字行动(Digital Activism)"课程。

同年,还有一位获奖者:盛宗亮(Bright Sheng),1955 年出生于上海,1982 年获得上海音乐学院作曲系学士学位,移居美国纽约,先后获得皇后区纽约市立大学音乐学院的硕士和哥伦比亚大学的博士作曲学位。师从著名导师 Leonard Bernstein、George Perle、Hugo Weisgall 和周文中等。1995 年起,在美国密歇根大学音乐学院作曲系任终身作曲教授。他的音乐深受中国传统民间音乐和戏剧音乐的影响,"既有肖斯塔科维奇式的乐感,又具有巴托克式的节奏动感,同时透射出中国音乐特有的抒情而明快的旋律"。2003 年 7 月,盛宗亮根据江青生平改编的歌剧《江青》(Madame Mao),在新墨西哥州的圣塔菲露天歌剧院首演,并轰动西方。在作品中,盛宗亮将江青定位为中国男权社会的受害者,是一个在党内斗争的绞肉机里被腐化了的人物。从上海滩的名利场,到延安的窑洞,再到北京中南海,江青 77 年的一生被盛宗亮浓缩成三个小时——她不断被男人引诱、利用、抛弃、压迫,痛苦而压抑,在"文革"掌权后,终于爆发为向男性社会的疯狂复仇,江青也在这场毁灭与被毁的游戏中走完她的悲剧人生。

7. 2003 年:庄晓威(1972—),本科毕业于中国科学技术大学少年班,哈佛大学化学和物理系的双聘教授。庄晓威利用改进的荧光光谱技术来研究单个分子,研究流感和艾滋病病毒如何侵入宿主细胞,这有助于研发治疗病毒性疾病的方法。

8. 2005年:陈路(1972—   ),1993年本科毕业于中国科学技术大学生物系,1998年博士毕业于美国南加州大学(神经科学),现为斯坦福大学教授。

9. 2006年:陶哲轩 (Terence Chi-Shen Tao), 1975出生于澳大利亚,1996年获普林斯顿大学博士学位后任教于UCLA,24岁时便被UCLA聘为正教授。他是2006年菲尔兹奖(数学中的诺贝尔)得主,是继1982年的丘成桐之后获此殊荣的第二位华人。

10. 2009年:何琳(1964—   ),生物学家,加州大学伯克利分校分子和细胞学助理教授。1997年从清华大学毕业,2003年在斯坦福大学获得博士学位,曾在美国冷泉港实验室从事博士后研究。她因对微RNA(核糖核酸)在肿瘤形成与治疗中的作用研究做出重要贡献而获奖,为未来开发癌症治疗新手段打下了基础。

11. 2010年:李翊雲(1972—   ),1996年本科毕业于北京大学生命科学学院,后在美国艾奥瓦大学获得免疫学硕士学位,也在该校获得一个写作方面的硕士学位,开始了她的成功转行,其英文小说在美国有一定影响力。同年获得该奖的还有一位毕业于清华大学(1996年,本科)的女科学家宋晓东(Dawn Song),知名计算机安全专家,2002年毕业于加州大学伯克利分校,现为该校副教授。

12. 2014年:张益唐(1955—   ),出生于中国上海,祖籍浙江平湖市。1978年考入北京大学数学系,1982年本科毕业;1982—1985年,师从著名数学家、北京大学潘承彪教授攻读硕士学位;1992年毕业于美国普渡大学,获博士学位。2013年5月,也在国际著名的《数学年刊》(*Annals of Mathematics*)发表论文《质数间的有界距离》(*Bounded Gaps Between Primes*),证明存在无穷多对质数间隙都小于7 000万,破解"孪生质数猜想"的千古数学难题,让他从一个普通的大学讲师一步登天,跻身世界重量级数学家行列。

奖励:以国家的名义

日前,国家留学基金管理委员会发出公告:2016年"国家优秀自费留学生奖学金"北京时间2016年5月20日0时至2016年7月10日24时开始申请。

"国家优秀自费留学生奖学金"项目是国家留学基金管理委员会经教育部批准于2003年设立的。其目的是为体现国家对自费留学生的关怀,奖励优秀自费留学人员在学业上取得优异成绩,鼓励他们回国工作或以多种形式为国服务。目前,奖励规模为500人(其中"特别优秀奖"不超过10人),在自费留学人员较集中的美国、加拿大、澳大利亚、英国、法国、德国、日本等29个国家实施,奖励对象为一年级以上(不含一年级)、报名时年龄40周岁以下(含)的自费在读博士生,奖励金额为6 000美元/人,其中特别优秀奖为10 000美元/人。不受理曾获得该奖学金、不受理享受过或正在享受国家留学基金资助、不受理在本年度1月1日前已获得博士学位的人员的申请。

为体现"公开、公平、公正"原则,奖学金评选工作严格按照"个人申请,资格审查,专家评议,网上公示,择优推荐,国内终审,网上公布"程序进行。采取国外限额推荐、国内差额评审的办法。未经驻外使(领)馆或教育处(组)网站公示的人选,国内不予终审。

从2003年到2015年的13年里,这种以国家名义的奖励,霍普金斯大学中有42人获得此殊荣,占总数的0.85%(总数为4 914名);其中男女比例为5∶2(男30,女12)。

从学科分布上看,神经生物学7人,分子生物学6人,生物医学工程5人,化学、物理化学、药理学各3人,凝聚态物理学2人,其余人类基因遗传、生物物理学、生物化学、病理生物学、生理学、公共卫生、宇宙学、光学工程、材料科学与工程、电子与计算机工程、中国古代史各一人,还有两人学科不明。

从年度分布上看,2015年度4/500人,2014年度4/500人,2013年度6/518人,2012年度5/489人,2011年度5/495人,2010年度2/506人,2009年度2/500人,2008年度3/310人,2007年度2/301人,2006年度4/302人,2005年度2/202人,2004年度1/204人,2003年度2/95人,其中:比例最高的年份是2003年,达2.11%;比例最低的年份是2010年,达0.40%。

在驻美使馆馆区"国家优秀自费留学生奖学金颁奖仪式"上,奚杰峰(2013 年)、王磐(2012 年)、张雅静(2011 年)、李响(2007 年)、段昕(2007 年)、韩叶斐(2006 年)、花巍(2003 年)、邓云滨(2003 年)代表获奖同学分别发言。

在 2015 年,有三位同学通过"个人申请,资格审查,专家评议,网上公示,择优推荐"等进入初审推荐人选名单,但是,不知何故,没有通过"国内终审,网上公布"环节,最终无缘该奖,他们是:卿芸,女,27 岁,六年级,分子生物学与遗传学;司方伟,男,29 岁,生物物理学;赵俊杰,男,27 岁,五年级,神经生物学。

在获得"国家优秀自费留学生奖学金"之后再创佳绩,成绩比较突出的有两位:一位是留在美国任教的马登科助理教授,一位是回国任教的丁轶教授。2016 年的斯隆研究奖得主、加州大学旧金山分校助理教授马登科(2008 年),2002 年毕业于清华大学物理系,2009 年获得神经生物学专业的博士学位。随后他在麻省理工学院做博士后,师从罗伯特·霍维茨(2002 年诺贝尔奖得主)。现任加州大学旧金山分校医学院生理学系心血管研究所助理教授。他在《细胞》《科学》《自然—神经科学》《神经元》等国际知名学术期刊发表多篇研究论文,曾获查尔斯·A. 金信托博士后奖学金(Charles A. King Trust Postdoctoral Fellowship,2013)、美国国立卫生研究院独立之路奖(NIH Pathway to Independent Award,2014—2018 年)、斯隆研究奖(Sloan Research Fellowships,2016 年)的神经科学奖。

2015 年入选英国皇家化学会会士(Fellow of the Royal Society of Chemistry, FRSC),天津理工大学丁轶教授,1975 年 4 月出生,江苏常熟人,中国科学技术大学化学系学士(1998 年)、硕士(2001 年,导师钱逸泰院士)。他是山东省首批"泰山学者"山东大学特聘教授(2006—2010 年),2014 年 12 月作为天津理工大学"新能源材料与低碳技术"科研团队核心成员全职调入,多年从事纳米材料的合成、表征、性质及应用研究;开创了新型纳米多孔金属材料的研究方向。他在《科学》《德国应用化学》《美国化学会志》《先进材料》等学术期刊上发表学术论文 20 篇,并有国际专利 2 项、美国专利 1 项、个人 H 指数 41,主持国家 863 计划(2007—2009 年)、重大科学研究计划、国家自然科学基金等科研项目 10 余项。入选教育部新世纪优秀人才支持计划(2007—2009 年),曾获得山东省自然科学奖二等奖(第一完成人),其指导的徐彩霞博士的学位论文《纳米多孔金属材料的设计、制备与催化性能研究》获得 2012 年全国优秀博士学位论文提名。

在《海外学人》的"国家优秀自费留学生奖学金"获得者剪影中介绍过两人:

冯明业(2010 年),男,1998 年曾获全国中学生数学奥林匹克竞赛、化学奥林匹克竞赛四川赛区一等奖;本科就读于中国科学技术大学生命科学学院(1999—2004 年),曾参与导师姚雪彪教授主持的国家 973 项目"调控细胞增殖重要蛋白质作用网络的研究",毕业论文被评为校优秀论文,并发表 SCI 论文 1 篇,获中国科学技术大学郭沫若奖学金(2003 年)。博士阶段,其师从拉吉妮·饶(Rajini Rao)博士(2004 年 8 月—2011 年 3 月),2005 年获 H. A. 和

榜样篇

玛丽·K. 查普曼青年研究者奖学金(The H. A. and Mary K. Chapman Young Investigator Fellowship),2008—2010年连续3年获得美国心脏协会博士前的奖学金(Predoctoral Fellowship),以第一作者身份在《细胞》(2010年)上发表论文,获 The Martin and Carol Macht Doctoral Research Award(2011年);2011年4月开始在斯坦福大学干细胞研究所所长、干细胞和癌症研究领域知名学者欧文·魏斯曼(Irving Weissman)博士的实验室从事博士后研究,主要研究方向是肿瘤细胞的免疫监控。

黄海亮(2011年),男,1981年出生,2003年获南京大学基础学科强化部学士学位,2005年获美国霍普金斯大学物理系硕士学位,2012年获该校生物医学工程系博士学位。博士毕业后,在麻省总医院分析和遗传转化单元(Analytical and Translational Genetics Unit, Massachusetts General Hospital)、哈佛大学医学院和哈佛-麻省理工博德研究所从事博士后研究。研究领域包括人类遗传学、计算生物学以及生物信息学。博士期间在核心期刊上发表论文7篇,其中第一作者论文4篇,并多次在国际学术会议上做报告。

此外,还可以收集到几位获奖者的点滴信息:

段昕(2007年),男,1998年毕业于山东省实验中学,被保送进入清华大学生物系学习。2002年,他以全系第一名的成绩从清华大学生物系毕业,并荣获蒋南翔奖学金、清华大学优秀毕业生称号。2007年,他的博士毕业论文的一部分研究成果在《细胞》上发表,荣获霍普金斯大学医学院"年轻科学家奖"(2008年)。其现为哈佛大学分子与细胞生物系副研究员。

叶欣(2009年),女,1982年生,2000年四川省理科状元,以总分687的高分被清华大学生物系录取。2004年曾在罗永章教授领导的清华大学肿瘤生物学实验室做毕业论文。博士毕业后,去了麻省理工学院医学研究所做博士后。

周宇炼(2014年),女,泸州天立国际学校首届毕业生,2005年以高考总分全市理科应届第一名叩开清华之门。

附录:霍普金斯大学的"国家优秀自费留学生奖学金获得者"

2015年度 4/500人:吴良,男,凝聚态物理;
　　　　　　　　　曲丹茹,女,凝聚态物理学;
　　　　　　　　　周家旺,男,物理化学;
　　　　　　　　　苏萌,女,病理生物学。
2014年度 4/500人:张新星,男,物理化学;
　　　　　　　　　胡可,男,化学;
　　　　　　　　　周宇炼,女,分子生物与遗传;
　　　　　　　　　余涛,男,生物医学工程。
2013年度 6/518人:朱晓雷,男,物理化学;

戴亮,男,宇宙学;

张鸿康,男,生物化学与分子生物学;

刘音,女,神经生物学;

孙路,男,神经生物学;

奚杰峰,男,生物医学工程。

2012 年度 5/489 人:李旸,男,化学;

吕燕慧,女,药理学;

王磐,男,药理学;

张婷,女,中国古代史;

张翼,男,生物医学工程。

2011 年度 5/495 人:郭俊杰,男,神经生物学;

黄海亮,男,生物医学工程;

金鹏,男,分子生物学与遗传学;

沈伟,男,生物化学;

张雅静,女,生物医学工程。

2010 年度 2/506 人:冯明业,男,生理学;

郭霆,男,神经科学。

2009 年度 2/500 人:叶欣,女,分子与遗传生物学;

张康,男,光学工程。

2008 年度 3/310 人:申林(女)(专业不详);

马登科,男,神经生物学;

张晓松(女)(专业不详)。

2007 年度 2/301 人:李响,男,化学;

段昕,男,神经生物学。

2006 年度 4/302 人:沈栋,男,人类基因遗传;

蓝赣辉,男,生物物理;

张勇,男,分子生物学与遗传学;

李萌,男,药理与分子科学。

2005 年度 2/202 人:韩叶斐,女,生化、细胞、分子生物学;

陈溪,女,神经生物学。

2004 年度 1/204 人:丁轶,男,材料科学与工程。

2003 年度 2/95 人:花巍,女,公共卫生;

邓云滨,男,电子与计算机工程。

后记

西方的博士生教育已有近 800 多年的历史,其间经过数次变革,积累了丰富的经验。目前,有关如何描绘攻读博士学位的书籍,主要有如下几个类型:

第一类是综述体。代表性著作是北京大学教育学院陈学飞教授等著的《西方怎样培养博士:法、英、德、美的模式与经验》(2002 年,教育科学出版社,279 页)。它是以西方博士生教育最具代表性的法国、英国、德国和美国为实例,较系统地描述了这些国家博士生培养模式的演变历程和现实状况,分析归纳了其特点、主要影响因素及发展趋势,为我们了解与理解西方博士生教育模式提供了重要的文献资料。该书是国务院学位委员会办公室委托的"法、英、德和美博士培养模式研究"课题的研究成果,作为北京大学教育学院教育研究专著出版。

第二类是随笔体。代表性著作是《科技导报》主编冯长根教授在"主编心语"栏目撰写的系列文章汇集而成的《如何攻读博士学位》(2013 年,中国科学技术出版社,218 页)。该书以博士生为读者对象,围绕博士生们为获得学位所进行的各种日常事务展开论述,旨在指导博士生打造成功科研生涯的理想开端。该书有较强的务实性、针对性和可读性,对博士生走向不同阶段的成功有很高的参考价值和实际指导作用。

第三类是自传体。代表性著作是心理学者岳晓东的《与真理为友:我的哈佛求学之路》(2004 年,上海人民出版社,280 页)。这本书记述了作者在哈佛大学求学六年的所思所想、所见所闻。它涉及作者的读书经验、打工经历、生活趣事及有关哈佛大学的种种趣闻轶事,立体地展现了作者在美国的留学生活,反映了作者在哈佛攻读博士学位的艰辛和快乐。

第四类是家书体。代表性著作是俞天白、俞可的《留德家书:一个本土作家和他留德博士儿子的人生对话》(2006 年,上海远东出版社,289 页)。该书真切展露了父子间的心路历程。在作者的儿子留学德国,从本科到硕士再到博士的 14 年往来的 300 余封家书,作家父亲与博士儿子之间的细致而真切的对话,大到世界观、人生观、价值观,小到如何切洋葱,完整真实地传达着社会转型期之下父辈与子辈眼中的中西方文化范畴、社会价值、人生选择的交锋与坚持。

第五类是博文体。代表性著作是澳大利亚纽卡斯尔大学国家岩土中心(ARC Centre of Excellence for Geotechnical Science and Engineering)王善勇研究员的《海漂:一个"青椒"的追梦之旅》(2014年,清华大学出版社,300页)。该书取材于作者近些年在科学网上发表的系列博文,经过作者和出版社编辑精心地构思和整理,以讲故事的形式原汁原味地向大家展示了作者在香港读博士、在美国做博士后,以及在澳大利亚的大学从事教学科研工作的心路历程,道出了一个青年学者在学术之路上奋斗的酸甜苦辣。该书带你走近当代"青椒",一窥"青椒"们的修炼之路,体验学术圈的生存之道,感受"海漂"们的别样人生。

《学会研究:享受科学生活》充分吸收上述著作的精华,结合作者自身的学术积累与实际体验,秉承作者上一部著作《学会学习:享受留学生活》倡导的宗旨,记录了儿子从一个青年学子成长为一位青年科学家的心路历程,从而构成了《学会学习:享受留学生活》的续集。如果说,《学会学习:享受留学生活》主要讨论如何读好国外大学,则《学会研究:享受科学生活》主要讨论如何读好美国博士,前者重点是学习,后者重点是研究,两本书共同构成海外留学的经验与体会。

《学会研究:享受科学生活》有如下几个显著的特点:

1. 美国一流大学怎样培养理科博士的全景扫描

《学会研究:享受科学生活》虽然不能全面反映西方怎样培养博士的所有状况,却以案例研究的形式,从教学计划、学生来源与师资构成等多维角度,阐明美国一流大学的顶尖医学院博士培养的基本构架;从学术背景、科研成就、培养学生等几个方面,评估选择何人相对适合做导师;对参与博士培养的科研机构,霍普金斯大学医学院遗传医学研究所(The McKusick-Nathans Institute of Genetic Medicine, Johns Hopkins University, School of Medicine)、杰克逊实验室(Jackson Laboratory)、霍普金斯大学医学院神经科学系(The Solomon H. Snyder Department of Neuroscience, Johns Hopkins University, School of Medicine)、哈佛大学医学院神经生物学系(Department of Neurobiology, Harvard Medical School)等生物医学研究机构,分别做了较为全面深入的研究,揭示它们在培养博士过程中所起的功能与作用;对国际科学交流的学术平台,主要是戈登会议,分析其是如何建构以及如何运作,提出拉大参加学术会议的附加价值的议题与途径;对于资助博士课题研究与给予生活补助的科学基金,主要是霍华德·休斯医学研究所(Howard Hughes Medical Institute, HHMI)、美国国立卫生研究院(National Institutes of Health, NIH),恰好是美国最著名的官方研究基金与私人公益性科研基金,较为详细地介绍了它们设立的宗旨、运作的特点以及资助的要求等。对博士研究生研究成果集中体现的论文投稿目标CNS的特点与要求做了具体的介绍,其中,《细胞》的特征与要求:科学远见卓识、编辑主导原则、叙述长文格式。《细胞》寻找的是那些可以提出改变生物学发展进程的,甚至有可能震撼生物学界的问题的研究。同时,展现科学家如何充分地做实验、验证过程以及得出严谨的结论。《自然》对专业学术论文的审稿标准也很独特,即更关注新发现。这种新发现必须具备以下三个特质:能为基础科学研究开拓新的方向,提出新的问题;提供的证据和解释能有力地解决当前具有争议性的科学问题;具有公众效应,或者说是具有新闻价值。此外,《学会研究:享受科学生活》还对参与直接与间接指导博士研究生的老师群体做了专门详尽的描绘与评论,不仅包括导师与导师组成员,还包括讲授课程,面试考核的诺贝尔奖得主、科学院士、学界精英,以及一同合作研究的同门师兄姐。可以这么说,本书堪称一部美国博士培养的袖珍百科全书。

　　本书纠正了许多人对美国博士培养中的一些偏见与误解,例如,课程学习不重要,导师的权力至高无上,学生只是导师完成课题的"雇佣劳动",等等。该书特别说明了美国一流大学在博士的培养过程中如何特别强调集体智慧的协同作用。在课程学习阶段,学生必须上较多的课程,而且每门课几乎都是多位老师组合讲授;每位老师只讲自己最擅长、最熟悉的内容,一般不超过4—6学时,也就是2—3次课。再加上师生之间的讨论活动,在一定程度上确保实现博士教育"专而全"的培养要求。在论文研究阶段,虽然也是由导师负主要责任,但是不可忽视实验室的集体力量:技术人员的辅助与支撑、博士后的带领与指导,还有就是师兄弟(姐妹)的相互启发与通力合作;特别是博士论文指导委员会,如何为完成高质量的博士论文起到保驾护航的作用。该委员会有力地拓展学科领域的广度与深度,弥补导师知识结构的限制;加强基础研究与应用研究的结合,广泛促进学科交叉融合;全程监督与审查博士论文研究的进展与质量。从论文开题到每年的阶段审核直至定稿论文的通过,博士论文指导委员会全权负责,不仅直接审查博士论文研究的进度与水平,而且间接监督论文导师指导工作的状况与成效,在一定程度上起到维护学生与导师各自的合法权益,仲裁与调解学生与导师之间的分歧与冲突,为建立起学术平等的良好和谐师生关系提供有约束的保障机制。

　　2. 世界一流学科如何培养博士研究生的操作指南

　　《学会研究:享受科学生活》主要不是从宏观上指导如何攻读博士学位,而是从微观操作的方式提供了一份世界一流学科的学习与研究的指南手册,即从招生到课程学习以及课题研究直至论文发表、答辩毕业等相关"程序"实际"运行"的全过程。在学习这一条轨道上详细说明听课、轮转、研讨、汇报、写作、实习等多个环节应当注意的规则,构成一个相互支撑、有机协调的整体构架;在研究这一条轨道上,对选题、实验、检查、写作、答辩等多个环节应当注意的要点均一一道来。课程学习和论文研究是博士生教育的两条轨道,既相对平行,又有所交叉,统一于如何顺利攻读博士学位这一方向中。课程水平是确保博士培养质量的前提条件,论文水平是衡量博士教育质量的主要标尺。实验室轮转是获得科研能力训练的基本途径,选择感兴趣与有意义的研究课题,寻找心仪的博士论文的指导教师。在迎接综合考试的过程中,要求做好:所学知识的融会贯通、学科领域的直觉感悟、临场发挥的能言善辩等等。在论文选题中,需要特别关注:选题视角的独特性、选题内容的原创性、选题追求的挑战性。把论文开题作为一场"热身赛",它主要是检验博士研究生的研究能力与构建博士论文的研究纲领。其中主要包括:通过科研训练获得与众不同的学术眼光,敢于选择难度大且有深远意义课题的风险意识,并完成实验验证的实验能力。高度重视年度检查,认认真真、扎扎实实地将其当作学术生涯的一个重要的关节点,汇报已经完成的实验与取得的成果,提出下一步研究计划、实验设想,准确评估实验研究的进程与质量,适当说明受到的启发与帮助,经受严格的训练,而不是像某些人那样不重视"说起来不算是什么很正式的事情"。

3. 中国留学生博士生涯的心智如何成长的完全记录

《学会研究:享受科学生活》并非是当事人的自述的心路历程,而是作为观察者与研究者的父亲给予儿子的必要的关注、提醒、引导与激励,促进其心智的健康成长。在儿子迈向博士生涯的第一天,父亲告诫儿子在铺满鲜花的征程上处处有荆棘与陷阱,也会经历痛苦和失望。在选择博士课题的时候,存在一个烦躁、困惑、难以言表的时期,该书引用了岳晓东的经验,帮助儿子正确对待"心灵探索的灰暗期"。其实,心灵探索的灰暗期,就是自我成长的契机,也是自我提升的时机,是人生宝贵的财富。在痛苦的自我探索之后会带来更美好的自我体验。正如美国芝加哥大学社会学系阿伯特教授所言:"Light at the end of the tunnel."(灯光在隧道的尽头。)这个比喻用在攻读博士学位的莘莘学子身上实在是再贴切不过了。斯坦福大学计算机系的郭伽(Jia Guo)《博士磨难:一个博士生的回忆录》(*The PhD Grind*:*A PhD Student Memoir*),回顾了自己6年的博士生涯,满篇都是他的煎熬、无助和废寝忘食。不过,他认为博士训练是人生一段宝贵的经历,它让莘莘学子在激烈的竞争中变得愈发强大。人的成长是需要这样一个历练的体验过程。论文写作中,完成一篇具有里程碑式、可以写进神经生物学教科书的原创论文,博士生需要内心深处有对自己成功的渴望和对自己情绪的控制,远离喧闹的都市活动,回归到"文章不写半句空"的境界,才能忘我地投入到论文写作中。未来发表出去的文章上印着自己的名字,就一定要对数据负责,半点强求不得,一定要经得起实验检验与同行质疑!面对明天,儿子依然充满着一腔激情,因为你的思想是自由的,你依然可以去追逐,去奋斗,去开辟属于你自己的学术事业与生活道路。坚定的信念是人生的灯塔和方向标。

参考资料

陈学飞,等.西方怎样培养博士:法、英、德、美的模式与经验[M].北京:教育科学出版社,2002.

冯长根.如何攻读博士学位[M].北京:中国科学技术出版社,2013.

岳晓东.与真理为友:我的哈佛求学之路[M].上海:上海人民出版社,2004.

俞天白,俞可.留德家书:一个本土作家和他留德博士儿子的人生对话[M].上海:上海远东出版社,2006.

王善勇.海漂:一个"青椒"的追梦之旅[M].北京:清华大学出版社,2014.

卡尼格尔.师从天才:一个科学王朝的崛起[M].上海:上海科技教育出版社,2012.

郭伽.博士磨难:一个博士生的回忆录[EB/OL].(2012)http://pgbovine.net/phD-memoir htm.